»ALSO SPRACH SARAH TUSTRA«

Nietzsches sozialistische Irrfahrten

Matthias Steinbach

»ALSO SPRACH SARAHTUSTRA«

Nietzsches sozialistische Irrfahrten

mitteldeutscher verlag

Für N.

Jede Gesellschaft hat die Tendenz, ihre Gegner bis zur Karikatur herunterzubringen und gleichsam auszuhungern, – zum Mindesten in ihrer Vorstellung.

NIETZSCHE, Nachgelassene Fragmente [KSA 12, 521]

INHALT

VORBEMERKUNG

»Marx und Nietzsche als Geschichtsdenker« war Thema eines Miniseminars, das in Jena Anfang der 1990er Heinz Dieter Kittsteiner abhielt, damals einer der vielen tingelnden Privatdozenten aus der alten Bundesrepublik, die in den neuen Ländern einen Job suchten. Kam er aus Bielefeld oder Essen oder von der FU Berlin? Egal, der Mann war gut, irgendwie. Tres faciunt collegium – man kam oft dran und musste viel lesen. Marx lag eigentlich hinter uns, Nietzsche schrieben wir manchmal mit, manchmal ohne ›z‹. In den Stasiakten zur Sache war notorisch von »Nitsche« oder »Nitzsche« die Rede. Dem Jenaer *Schillerprofessor* Manfred Riedel trieb es darüber immer die Zornesröte ins Gesicht. Von jener, in einer Tonbandnachschrift überlieferten geheimnisvollen »Sarah Tustra« wusste er zum Glück nichts. War sie Nietzsches Hauptwerk oder seine heimliche Geliebte? Wusste Elisabeth Bescheid?

Vom Nutzen und Nachteil der Historie für das Leben kannte ich, bevor es mich 1992 in Kittsteiners Kolleg verschlug, aus den Seminaren Andreas Flitners. »Übrigens ist mir Alles verhasst, was mich bloß belehrt«, so begann Nietzsche seine Historienschrift. Wir saßen auf der Schaukel. Kittsteiner empfahl Reclam, gelbe Reihe, Nr. 7134. Er freute sich darüber, in einem hiesigen Antiquariat, es gab damals noch mehrere in der alten Universitätsstadt, gerade die komplette Marx-Engels-Werkausgabe, MEW (gesprochen MEFFFFFF) für zwanzig Mark erworben zu haben. Im Westen kostete sie zweihundert oder mehr. Wir sollten sie eigentlich auch haben, war wohl der Wink mit dem Zaunpfahl. Ich erinnere mich an Sitzungen im alten Hauptgebäude am Jenaer Fürstengraben, einem wunderhübschen Jugendstilbildungspalast von neuidealistischem Geist.

Erbaut 1906–1908. Kein Campus im 1970er-Jahre-Plattenbau (West) oder in vormaligen Fabriken oder Kasernen. In einem für uns vier Hansel viel zu großen Seminarraum mit einer Tafel, an der nur selten etwas stand, *antiquarisch* vielleicht, oder *Theodizee*, fanden zähe Sitzungen statt. Es war ein heißes Sommersemester und nachmittags und Kittsteiner kein Lehrer, der sich darüber Gedanken machte. Klassisches Klein-Klein an den Texten. Moderne, Postmoderne, Hayden White. Wir spürten die hoffnungslose Unterlegenheit in allem und jedem, blieben aber am Ball, vielleicht aus sozialistisch eingeübter Disziplin oder auch nur, um den armen Dozenten nicht zu enttäuschen. Bei Nietzsche waren die Faulsten fleißig, bei Kittsteiner auch. Er sprach leise, manchmal zu leise, gelangweilt abwesend zuweilen, fragte gern nach dem Leben im Osten und unseren Studienerfahrungen vor und nach 1989. Erschrocken musste er feststellen, dass wir mit Röcken so gar nichts anzufangen wussten. Er hatte einen Hang zur Marginalie, zum Anekdotischen, zum Loch in Lenins Schuh. So ging es dann öfter um Nebensächliches (das ja immer hängenbleibt), wie Nietzsches Igelschreibmaschine oder Marxens Zigarren. Das *Kapital* trug Letzterem, so hörten wir erstaunt, nicht einmal das Geld für diejenigen ein, die er während der Arbeit daran geraucht hatte. Und Engels musste es ausbaden. Und Nietzsche fror im Süden, weil er sich nur kalte Nordzimmer leisten konnte. Effekt? Ein Hauptwerk in Zetteln, entstanden im Gehen. Als später das *Komma von Sans, Souci*, Kittsteiners Potsdamer *Forschungsbericht mit Fußnoten*, »gedruckt ohne Unterstützung der Deutschen Forschungsgemeinschaft« erschienen war,[1] machte ich Proseminare daraus. Mein Interesse an abwegigen Geschichten um große Männer und Denker, die in die Besenkammern der Vergangenheit führen, ins politisch unvermittelt Inkorrekte auch, verdanke ich in nicht geringem Maße Heinz Dieter Kittsteiner und seinem kritisch-ironischen Spiel mit unserem Fach. Und ich verdanke ihm die Erkenntnis, dass die Nietzsche-Aneignung noch über 1990 hinaus zugleich eine Angelegenheit des Ost-West-Konflikts war.

NIETZSCHE IM GELÄNDE – MOTIVE EINER SPURENSUCHE

»So wenig als möglich sitzen; keinem Gedanken Glauben schenken, der nicht im Freien geboren ist und bei freier Bewegung, in dem nicht auch die Muskeln ein Fest feiern.«

[Ecce homo]

Denkmäler mussten nicht gestürzt werden. Friedrich Nietzsche war den Deutschen stets ein unbequemer Geist. Er mochte sie nicht und das beruhte zumeist auf Gegenseitigkeit. Schwierig blieben auch die Orte, die hierzulande mit seinem Leben und Wirken verbunden waren. Vor allem galt das für die mitteldeutschen Nietzsche-Stätten: für Röcken, Naumburg, Leipzig, Tautenburg, Jena und Weimar, nach 1945 allesamt in der sowjetisch besetzten Zone liegend, ab 1949 Deutsche Demokratische Republik. Lediglich Bonn mit den zwei Semestern und der (gefühlten) Syphilis gehörten dem amerikanisierten Westen. Nietzsche im kleinen, ostzonalen *Preußen*? Was sollte er da noch? Immerhin: Die DDR war zweifellos die *deutschere* der beiden Teilrepubliken geblieben. Obzwar von Beginn ihrer Existenz an Ressourcen und Menschen ausgedünnt, ohne Marschallplan und D-Mark, eine piefige sowjetrussische Satrapie[2], so verfügte sie doch mit Weimar und Potsdam über jene beiden Orte, die mit einer Idee verbunden werden konnten.[3] Und Nietzsche stand für beide Pole. Als Dichter und Denker verkörperte er den *Geist von Weimar*, wie Schiller und Goethe, ohne den Thomas Mann, Gottfried Benn, Ernst Bloch nicht zu denken sind. Er stand aber auch für den *Geist von Potsdam* – als Stichwortgeber und Vordenker des *politischen Irrationalismus*, des Militarismus und zuletzt des *Faschismus*, wenn man an die Thesen und Urteile Georg Lukács' denkt, für deutsche Linksintellektuelle in Ost und West verbindlich bis heilig.[4]

Nietzsches Irrfahrten oder Metamorphosen unter sozialistischen Himmeln. Wie das Leben einer Pflanze war auch sein Denken einer evolutionären Anpassung an sich verändernde (ideologisch-politische) Umweltbedingungen unterworfen, die ihn und seine Philosophie verformte, zugleich aber ihr Überleben unter neuen gesellschaftlichen Verhältnissen sicherte. Eine Irrfahrt wie die des Odysseus, nur ohne Heimkehr. Die Geschichte der Nietzsche-Rezeption in der DDR ist Kuriosum und Politikum zugleich. Sie ist vor allem ein *deutsches Drama* (Manfred Riedel) und eine kleine Kulturgeschichte des Sozialismus, Marke *Ostberlin,* zu lesen als Beispiel für die Vergeblichkeit, einen ideologisch unliebsamen Geist zu töten. Friedrich Nietzsche, den Kosmopoliten, den guten Europäer und Antideutschen zu einer »Karikatur herunterzubringen und gleichsam auszuhungern« war unmöglich. Gleichwohl gelang es, ihn durch Denunziation und Verschweigen zumindest zeitweise zu einer historisch retardierenden Macht herabzuwürdigen. In offizieller Lesart hatten sein bloßer Name und einige Schlagworte zur Denunziation des ideologischen Gegners herzuhalten, wozu mit eigensinnigen Abweichungen auch der akademische Diskurs seinen Beitrag leistete. Nietzsche war und blieb erlaubte Folie, sofern dadurch der Klassenfeind grinste. Ansonsten diskutierte man noch von Zeit zu Zeit mit mehr oder weniger Sachkenntnis darüber, ob und inwiefern er in irgendeiner Weise erlaubtes Bildungsgut für Sozialisten und des Lesens würdig sein könne. Über seiner eigentlichen Philosophie und seinen Texten aber lag ein bleierner Mantel der Unkenntnis und des Schweigens.

Dies wäre die eine Geschichte.[5] Die andere, damit verbundene ist jene vom unzeitgemäßen, einsamen Denker Friedrich Nietzsche, der Einsame und Unangepasste anzog. Nietzsche als eine mögliche Chiffre politischer Irritation und Subversion, als Identitätsangebot jenseits (selbst-) verordneter Denk- und Redeverbote, als öffentliches Ärgernis. Dies ausführlich zu dokumentieren, vergessene und versteckte Stimmen vernehmlich zu machen, lohnt sich. Und irgendwie hatten es die Propagandisten und Ideologen des SED-Staates ja auch geahnt, dass Nietzsche gerade durch seinen von Lukács gescholtenen *Irrationalismus* im Gewand aphoristischer Form die Gefühle nicht unbedingt der Massen, aber doch gewisser Kreise der Bevölkerung zu erreichen und so unvermittelt als ein chaotischer Gegenpropagandist zu wirken vermochte. Und dieses neuerliche »Rattengift im Gedärm«[6] betraf nun vor allem die Orte. Auch hier war Nietzsche noch Politikum, und der Umgang mit ihm führt hinein in eine Geschichte der Montage und Demontage von Ideologien.[7] Das Gespenst ging jedenfalls weiter um in der DDR, zuletzt dann im verdämmernden *vormundschaftlichen Staat*. In den Vorlesungen blätterten wir Jenaer Studenten, damals 1988, unter der Bank in Rolf Henrichs Buch vom »Versagen des real existierenden Sozialismus« und in den Kernbergen sangen wir, ohne zu wissen, dass dies Liedchen von Hoffmann von Fallersleben stammte: »Die Gedanken sind frei, wer kann sie erraten? Sie fliehen vorbei wie nächtliche Schatten. Kein Mensch kann sie wissen, kein Jäger erschießen mit Pulver und Blei. Die Gedanken sind frei!«

Nietzsche passte dazu. Er kam mir in einem zerfledderten Reclam-Gedicht-Bändchen von 1942 unter. Ich war gerade aus der Neubauwohnung meiner Eltern ins altehrwürdige, aber ziemlich heruntergekommene Jenaer Damenviertel umgezogen. Ganz oben unterm Dach wohnte ein uralter Musiklehrer und Anthroposoph, Edmund Barczyk, Jahrgang 1895, gebürtiger Oberschlesier. Meine Vermieter erzählten mir sogleich von diesem lustigen und klugen Musikus, einem *Anthroposophen* und *Schlaraffen*[8], der gern Gleichgesinnte zum Griechisch & Lateintalk, zu gemeinsamem Dichten und Musizieren – nach dem Motto: *In arte voluptas* – in seiner Rautenklause versammelte. Leider lernte ich ihn nicht mehr kennen, weil er durch einen Hausunfall kurz zuvor verstorben war. Im Haus wohnte aber noch seine Nichte, eine betagte Dame mittlerweile auch schon, die mitbekommen hatte, dass ich mich für Geschichte interessierte. Sie bot mir an, Bücher und einige Möbel aus der Wohnung des Onkels zu übernehmen, was ich gern tat. Der Bestand war überschaubar, neben Noten und Musikgeschichte vor allem Philosophie und Lyrik, viel Antikes. Eine kleine Arbeitsbibliothek. Ich zog dies und jenes heraus, vertiefte mich in von Benutzerspuren übersäte Reclam- und Inselbändchen. Nietzsche steckte da zwischen Fichtes *Reden an die deutsche Nation*, Schellings *Weltalter*, Schopenhauers *Über Religion*, Kellers *Kleider machen Leute*, Haeckels

Kristallseelen. Daneben Gedichte Baudelaires, Rilkes und Morgensterns, dann auch Walter Flex' *Wanderer zwischen beiden Welten* – Lektüren eines Jugendbewegten der Kriegsgeneration von 1914, wie mir später aufging. Barczyk hatte nun wie gesagt die Angewohnheit, ihm wichtige Stellen frischfröhlich anzustreichen, gelegentlich zustimmend, öfter auch mit kritischen Kommentaren, manchmal rot an den Rand geschrieben. Bezeichnend eine Assoziation zu Nietzsches Gedicht »Beim Anblick eines Schlafrocks«, worin es geheißen hatte:

> Kam, trotz schlumpichtem Gewande
> einst der Deutsche zu Verstande,
> weh, wie hat sich das gewandt!
> Eingeknöpft in strenge Kleider,
> überließ er seinem Schneider,
> seinem Bismarck – den Verstand![9]

Barczyk hatte unter Bismarck »Hitler« geschrieben, mit Bleistift in Klammern. Nun war der Mann gewiss kein systematischer Kopf, der im Sinne eines deutschen Sonderweges – von Bismarck zu Hitler – argumentiert, oder gar mit marxistischem Theorierüstzeug die Auswüchse des Bonapartismus, also den freiwillig auf unmittelbare politische Herrschaft verzichtenden und dafür von einer autoritären Führung begünstigten Bürger kritisiert hätte.[10] Aber die Anmerkung zeigte doch, dass Nietzsche entgegen einer nationalsozialistischen Inanspruchnahme mitten im Krieg durchaus als Feind des totalitären Systems gelesen wurde. Gerade in dieser Erkenntnis und dem Wink auf eine eigensinnige, andere Nietzsche-Rezeption[11] lag wohl auch das Aha-Erlebnis für jemanden, der das Wenige, was er wusste, von Lukács' vernichtenden Urteilen hatte (man zitierte jedenfalls diese und nicht die abwägend-ambivalenten, die es bei ihm ja auch gab). Als Gorbatschowbewunderer erschloss sich mir das Gedicht noch ganz unmittelbar politisch: Dem Volk musste irgendwann der Kragen platzen. Es musste raus aus der Uniform und sich einen besseren Schneider suchen. So ließen sich dann auch Ulbricht und Honecker in die Klammer schreiben, und später, nach der Wiedervereinigung, auch Helmut Kohl.

Nietzsche führt, und das mag überraschen, mitten hinein in den intellektuellen und kulturellen Alltag des *real existierenden Sozialismus.*[12] Eine hübsche Metapher für dessen DDR-Nachleben hatte bereits Stefan George mit seinem Gedicht »Nietzsche« von 1909 geliefert, von Kurt Hildebrandt ins Nachwort der besagten Reclam-Ausgabe aufgenommen. Es passte unvermittelt zu unserer politischen und geistigen Sozialisation im ummauerten halben *Honeckerdeutschland*:

> Schwergelbe wolken ziehen überm hügel
> Und kühle stürme – halb des herbstes boten
> Halb frühen frühlings ... Also diese mauer
> Umschloss den Donnerer – ihn der einzig war
> Von tausenden aus rauch und staub um ihn?
> Hier sandte er auf flaches mittelland
> Und tote stadt die letzten stumpfen blitze
> Und ging aus langer nacht zur längsten nacht.

So hatte es also 1889 um Nietzsche gestanden, um seinen von der Mauer der Jenaer Irrenanstalt umschlossenen Geist. Und jetzt waren wir und mit uns Nietzsches Mitteldeutschland von einem *antifaschistischen Schutzwall* umgeben. Aus der Klinik des Schweizer Psychiaters Otto Binswanger hatte der geistig Umnachtete nach Georges Vorstellung *die letzten stumpfen blitze* gesandt und – das gefiel uns spätsozialistischen Studenten – von der Stadtrandhöhe herab, so wie wir jetzt von den Kernbergen, auf die *Heerde* herabgesehen: »Blöd trabt die menge drunten, scheucht sie nicht!«, hieß es da noch. Im Staatsexamen lobte ich Nietzsche, das war 1993, als »Klassiker der Pädagogik«, wollte ihn als den Anwalt der Differenz und des Individuellen, des Kindes als Künstler auch verstanden wissen: »Erziehung«, so hatte ich bei ihm gelernt und mit eigenen Erfahrungen in Deckung bringen können, sei »im Wesentlichen das Mittel, die Ausnahme zu ruinieren zu Gunsten der Regel.«

Aber auch Erich Kästners distanzierter Steckbrief gefiel mir: »Keiner vor ihm, noch hinterher / Warf je sein hüstelndes Gehirn / So stolz in die Brust wie er. / Zur Hälfte Schnurrbart, zur Hälfte Stirn – / Er hatte es schwer.« Nietzsche hatte es tatsächlich schwer, denn er lebte in Italien am Ende, man würde heute sagen, *prekär* und jedenfalls aus »betrübten Eingeweiden«, in der größten Not von den Resten der Hotelküchen. Mutter und Schwester schickten Pakete, zuletzt kam aus Naumburg noch ein Ofen im Süden an, weil er bisweilen jämmerlich fror.[13] Der Schnurrbart blieb Alleinstellungsmerkmal, hervorstechend noch in den Zeiten des Weimarer Siechtums. Welcher Philosoph konnte und kann schon mit etwas Vergleichbarem aufwarten? Heideggers Führerbärtchen oder Sloterdijks Hippielippe fallen da doch stark ab. Nietzsches Bart war freundlich, einladend, Markenzeichen: »freier Geist«, wenn auch vermutlich beständig mit Resten übersät, die die jeweilige karge Speisekarte verrieten. Als fröhlicher Fremdenführer brauchte Nietzsche jedenfalls keinen Regenschirm. An Resa von Schirnhofer schrieb er aus Nizza im März 1884:

> *»Kommen Sie nur, mein verehrtes Fräulein! Und versuchen Sie es mit dem Hause, in dem ich jetzt wohne. – Sie werden es zutrauenswürdig und schweizerisch-brav finden.* [...] *Also – ich werde Ihnen Nizza zeigen und auch, so gut es gehen will, mich selber, da Sie denn durchaus den alten Einsiedler ›kennen lernen‹ wollen. Indessen! Jeder Einsiedler hat seine Höhle, nämlich in sich, und manchmal hinter der Höhle noch eine Höhle und noch eine – ich wollte sagen, es ist schwer, einen Einsiedler kennen zu lernen. Nehmen wir an, dass Sie am 3. April mit dem Morgenschnellzug von Genua abfahren: so sind Sie gegen Mittag in Nizza und finden mich am Bahnhofe, bereit Ihnen zu dienen und erkennbar an einem großen Schnurrbarte und an einem Briefe, den ich in der Hand halte«* [KSB 6, S. 491f., Nr. 500].

In die Höhlen und hinter die Texte und Werkexegesen zu sehen, *einen Blick ins Buch und zwei ins Leben* zu wagen – dies ist auch ein Weg zu Nietzsche in sozialistischer Umgebung. Der Umgang mit ihm und seiner Philosophie ist überhaupt ein Spiegel für die wechselnden ideologischen und intellektuellen (und auch körperlichen) Verfasstheiten der Deutschen nach ihm. Ausgehend von den Diskursen führt eine dialogische Heuristik zu versteckten Spuren und einer *historia abscondita*, die Überraschungen birgt.

Im Berliner Bundesarchiv atmet man noch die Luft der Kadettenanstalt Ernst von Salomons. Arbeitsnotiz, 28. August 2013: »Punkt acht Uhr bin ich der Dritte im Lesesaal des Bundesarchivs, ehemalige Kadettenanstalt Berlin-Lichterfelde. Die verstreuten Klinkerbauten riechen noch nach den Offiziersanwärtern und ihrer straffen Ausbildung, zu der auch keine schlechte Bildung gehörte. Preußisch-militärischer Eindruck, inzwischen mit demokratischen Ein- und Anbauten (Schwimmhalle). Längeres Gespräch mit einem anfangs noch Leberwurstbrot kauenden Bediensteten um die dreißig. Er fragt mich ein wenig über meine Philosophie als Wissenschaftler und Mensch aus, interessiert sich für das Erkenntnisinteresse am doch so nutzlosen Papier. Der Mann überrascht mich in seiner kritischen Haltung den Benutzern gegenüber. Keine Ahnung vom stillen Abenteuer Forschung, was angesichts der meisten aus den Akten hastig in ihre Laptops hackenden Nutzern allerdings auch einiger Phantasie bedarf. Er fragt: ›Wofür machen die das jahrelang, NS in Zahlen und Namen und so? Ist doch alles Schall und Rauch.‹ Einer, so erzählt er, habe jahrelang ›immer über denselben langweiligen Akten‹ gesessen, und dann sei er ›einfach nicht mehr gekommen, gestorben wahrscheinlich. Die schöne Lebenszeit.‹ Er wolle genießen. Bei meinen Angaben auf dem Kopierauftrag (inzwischen darf man fotografieren) horcht er kurz auf, hält mich ›für einen doch sehr jungen Professor‹, was wohl in etwa heißt: ›Dass Sie so einer sind?‹ Und er fragt noch, was man sich denn dafür kaufen könne. Ich: ›Nix, aber man ist Beamter auf Lebenszeit, sein eigener Herr und macht bestenfalls das, was einem gefällt.‹ ›Er sei auch Beamter!‹, entgegnet er daraufhin noch.«

Die Nietzsche-Aktenberge sind verursacht vor allem durch Wolfgang Harich, den eigenwilligen Denker, Warner, Schreihals, literarischen Denunzianten, ein Opfer und Täter zweier Diktaturen. Ohne ihn hätte es keinen öffentlichen Nietzsche-Streit in der späten DDR gegeben, dafür aber diverse Nietzsche-Ausgaben und Monografien. Die alte königlich preußische Kadettenanstalt, Nietzsche und Harich, das so nutzlose Papier: Das alles passt irgendwie nicht zusammen, ist schief gewickelt, wie das ganze *Deutsche Jahrhundert*[14]. Harichs Philippiken an die Macht sind, im Ormigdurchschlag, einem Verhinderungsopus in Briefen, oft im Umfang mittlerer Abhandlungen, als Schreiben an Kurt Hager, an Honecker und Stoph, an Kulturbundfunktionäre, Dichterfürsten und Verlagsleiter gerichtet. Harichs wutschnaubende Federexzesse richteten sich gegen eine, wie er glaubte, durch die Führung gedeckte wissenschaftliche *Nietzsche-Renaissance.* Es ging um nicht mehr und nicht weniger als die Theorie und Praxis des Sozialismus, ja um dessen Überleben im Systemkonflikt. Man muss hier sehr aufpassen, denn es gab keineswegs nur diesen *Berliner* Nietzsche in Texten, den aus dem »Büro Hager« und aus der *Sinn und Form*-Debatte der späten 1980er. Harichs warnende und drohende Einlassungen selbst verweisen *nolens volens* auf Nietzsche-Regungen an den mitteldeutschen Orten und im Gelände. Es gab nämlich auch noch den *Weimarer* Nietzsche der Archivare, Philologen und Bildungsbürger; den *Röckener* der Pfarrer und der Pfarrhausgäste; den *Tautenburger* der zufälligen Sommerfrischler. Nietzsche existierte in verschiedenen politischen und kulturellen Kontexten fort und sein Nachleben erschließt sich nicht nur aus Akten und Büchern, nicht nur aus dem »Eisberg der Verdammung« (Renate Reschke) in den Verrissen von Becher bis Harich[15]. Die Rückkehr über ihn in die DDR-Zeit ist auch eine Rückkehr zur Sprache und Weltanschauung des *Kalten Krieges.*

ELISABETHS SCHATTEN – WEIMARER BESTANDSAUFNAHMEN

Weimar, 17. Juli 2017: Nach einem langen Tag im Goethe- und Schiller-Archiv über der Nietzsche-Nutzungs-Korrespondenz der Direktion mit vor allem westlichen Interessenten. Alles weit weniger ideologisch als gedacht. Ich tippe an der Ilm noch dies und das zu Nietzsches Weimarer DDR-Nachleben in den Laptop. Es ist hier unten am Wasser nicht mehr ganz so heiß wie oben auf dem Berg, wo das Archiv steht. Ein Pärchen, Mitte Ende Zwanzig, gesellt sich zu mir auf die Bank, vielmehr er. Sie will lieber weiter gehen. Ihn interessiert, was ich mache: »Schreiben Sie Geschichten?«. Zuvor hatte er mich gefragt, ob er rauchen dürfe. Kein Problem. »Geschichten? Ja, so ähnlich«, sage ich. Er: »Was denn genau?« Ich erzähle ihm von meinen Nachforschungen im Archiv, und dass ich Historiker sei. Nietzsche sage ihm jetzt so nichts. Ich kläre ihn auf, über Nietzsches Leben, den Wahnsinn, Hitlers durch die Schwester motiviertes Interesse. »Aha, ein Psycho, finde ich spannend! Und durch die Schwester ist er berühmt geworden, ja?« »Sie auch durch ihn und mit ihm«, entgegne ich. Wann Nietzsche denn gelebt habe, fragt er. »1844 bis 1900, Bismarckzeitgenosse.« Ja, ja, der 30-jährige Krieg und Bismarck wären im Geschichtsunterricht noch interessante Themen gewesen. Halb fragend, aber erfreut, bringt er hervor: »Zuckerhut und Peitsche! Das war doch Bismarck?«. »Mm«, stimme ich zu und fast stimmt es ja auch. Das berühmteste Nietzsche-Wort sei so ähnlich, sage ich: »Du gehst zu Frauen? Vergiss die Peitsche nicht!« Er feixt. Sie war am Wasser und ist inzwischen wieder da und hört auch mit zu. Jetzt will sie aber weiter. Er im Gehen: Es sei doch schön, dass es so Leute wie mich gäbe, die sich ernsthaft mit Geschichte befassten, zumal mit einer »so geheimnisvollen«. »Das mit dem Weib und der Peitsche, steht im *Zarathustra*«, sage ich noch, den er, falls er einsteigen wolle, aber nicht zuerst lesen sollte. »Was dann?«, fragt er. »Besser Briefe!«

Im Oktober 2011 war ich mit Braunschweiger Studenten in Weimar, manche erstmals auf Exkursion im Osten. Wir stehen vor dem *Kolleg Friedrich Nietzsche*, ehemals Nietzsche-Archiv. Zuvor noch bei Regen im Goethepark. Oben hat sich der Leiter, der uns laut Zusage vom selben Vormittag führen wollte, durch eine Hilfskraft entschuldigen lassen. Er sei plötzlich krank geworden. Claus-Arthur Scheier, mitreisender Philosoph, findet das Verhalten »flegelhaft«. Das Museum, der *Van-de-Velde-Salon*, bleiben uns so leider verschlossen. Geheimniskrämerei fast wie zu DDR-Zeiten. Im Foyer dann Gespräche über Elisabeths Archiv und ihre Modernität, über Lukács und Nietzsches Spazierstock, den Hitler von der Schwester überreicht bekam. Scheier erzählt von Alfred Baeumler und dessen angebräuntem Nietzsche, der – im Austausch mit Ernst Niekisch entstanden![16] – noch in die Zeit vor 1933 gehöre. Wir schleichen durch den Garten und ums Haus und entdecken, siehe da, durch ein Fenster Nietzsches Schreibmaschine. Ein hübscher Treffer. »Ich brauche nichts als ein Stück Papier und ein Schreibwerkzeug, und ich werde die Welt aus den Angeln heben«, hatte ihr Besitzer euphorisch behauptet.

Eine der marxistischen Grundannahmen des Nietzschetadels ging genauso: Rede und Diskurs werden notwendig und gewollt Praxis und praktische Politik, »die Theorie wird zur materiellen Gewalt, sobald sie die Massen ergreift«. Marx gegen Hegel. Nietzsches Philosophieren war demnach nichts als politischer Gestaltungswille, vorgedachte (böse) Tat, systematischer Präfaschismus im Extremfall und Antikommunismus unbedingt. Auf der *Malling-Hansen*, vom Philosophen im Frühjahr 1882 erworben, ein lustiger Tipp-Igel, entstanden nur ein paar Verse. Er schrieb weiterhin lieber mit der Hand. Die Maschine war häufig defekt.

Zu Elisabeths Zeiten war mehr los in der Luisenstraße, Nietzsche eine öffentliche Angelegenheit der europäischen Avantgarde, der Schwester und ihrem bigotten Naumburger Preußentum zum Trotz. Haus und

Garten sehen heute aus wie geleckt, wiederentdeckt nach 1990 von einer akademischen Nietzscheindustrie – ideologisch gereinigt und ästhetisch oder kulturwissenschaftlich ambitioniert. Giorgio Colli und Mazzino Montinari waren da noch aus anderem Holz: Als Historiker und Editionsphilologen mit Herz und Hand, mit dem Willen zum authentischen Ort, waren ihnen Nietzsche-Texte nie allein Texte, sondern Erlebnis und lustvoller Zugang zu dessen Leben und Denken. Das kleine Museum im Erdgeschoss, ich kannte es schon, ist heute eine Mischung aus antiquarisch materialisiertem Hirn des Genius' und kritischer Dokumentation seiner Rezeption, insbesondere im nationalsozialistischen Weimar. Oben wohnen glückliche Stipendiaten. Die Villa hat ihre wechselvolle, im Verlaufe der DDR-Zeit bis zur Unkenntlichkeit übertünchte Geschichte. Im aktuellen Audioguide zum Museum heißt es zum Ende des Nietzsche-Archivs nach 1945: »Bald nach Ende des Zweiten Weltkriegs schlossen die Sowjets das Archiv. Nach weiteren Diskussionen entfernten sie auch die Schrift. Denn im gesamten Ostblock galt Nietzsche jetzt als Vertreter einer irrationalistischen Philosophie, die dem Nationalsozialismus den Weg bereitet habe.«

In Anfragen und Forschungsvorhaben, die an die Direktion herangetragen wurden, war Elisabeth nach 1945 noch gelegentlich Referenzpunkt. Aus Schmalkalden erkundigt sich noch 1948 ein Hugo Möcker *hochachtungsvoll* bei Frau Förster-Nietzsche nach dem Fortgang der Gesamtausgabe der Werke ihres Bruders.[17] Ganz ohne sie, die ihn bekanntlich immer abgöttisch geliebt und verehrt hatte, ging es auch zu DDR-Zeiten nicht. 1897 hatte sie ihn, bereits schwerkrank, aus Naumburg nach Weimar geholt, um sein Leben und Denken und am Ende seinen Ruhm in ihrer – war es eine? – »Fälscherwerkstatt« zu usurpieren. Der Begriff ist wohl zu hart, lässt zudem böse, präfaschistische Absichten, Auschwitzfantasien gar assoziieren, die man ihr abgesehen von eher symbolischen Anbiederungsszenen an die braunen Machthaber nicht unterstellen sollte. Hitler wurde allerdings ein zuverlässiger Sponsor des Archivs, das sie, und das war schon eine Leistung, nach dem Tod des Bruders in großem Stil aufbaute. Harry Graf Kessler sah noch, wie Lisbeth den Siechenden als »lallendes Kind« liebevoll betrachtete und dieser dabei »nicht einem Kranken oder einem Wahnsinnigen, sondern eher einem Toten« glich.[18] Er bewunderte sie nicht schlecht als dessen erste Biografin, die, überaus fleißig, noch aus Kindertagen zu fabulieren wusste und, für eine mittelschulgebildete Pfarrerstochter wenig überraschend, auch leidlich gut deutsch schreiben konnte. Wunderhübsch ihre Anekdote, wonach bereits der Bruder als Naumburger Musterknabe ein ordnungsliebender Preuße gewesen sein soll:

»Eines Tages strömte gerade am Schluss der Schule ein tüchtiger Platzregen hernieder [...]. *Alle Jungen stürmten wie das wilde Heer nach Hause – endlich erscheint auch unser Fritzchen, welcher ruhig daher schreitet, die Kappe unter der Schiefertafel verborgen, sein kleines Taschentuch darüber gebreitet.* [...] *Da unsere Mutter ihm, als er vollkommen durchnässt ankam, darüber Vorwürfe machte, sagte er ernsthaft: ›Aber Mama, in den Schulgesetzen steht, die Knaben sollen beim Verlassen der Schule nicht springen und laufen, sondern ruhig und gesittet nach Hause gehen.‹«*[19]

Elisabeths bezeichnender Kommentar: »Fritzchen befolgte das Gesetz unter den erschwerendsten Umständen.« Nietzsche ließ sich so, fast wie ein sozialistischer Jungpionier, als folgsamer preußischer Untertan und späterer Freund des Bismarckreiches verkaufen, als guter Deutscher sowieso! Davon gingen dann, freilich ablehnend, noch Franz Mehring und Georg Lukács aus. Goldene und schwarze Nietzsche-Legenden.[20] Als Archivarin ohne akademische Ausbildung hatte Elisabeth von Anfang an in der Kritik gestanden. Ernst Horneffer, Mitarbeiter in Weimar seit 1900 und zeitweise engstem Vertrauten, war das, was von ihr für das Archiv ausging, bereits von »äußerst zweifelhaftem Wert«. Sie habe »ein völlig falsches Bild von Nietzsches Person und seiner Tätigkeit in den Köpfen der Menschen« verankert.[21] Und Alfred Kerr höhnte anlässlich ihres 60. Geburtstages am 27. Juli 1906 im *Berliner Tag*:

Nietzsches Schwester sechzigjährig.
Aktus. Feiert sich gehörig.
Jubel-Dame. Bild geschenkt,
Festlich ins Archiv gehängt.

Im Hotel ist unterdessen
Großes Gala-Nietzsche-Essen.
Oben um den Leuchter schwebt
Friedrich. Hätt‹ er's doch erlebt!

Komplimente. Wundersame
Blumenspenden. Telegramme,
Toaste, Reden. Dank, Sperenzchen.
Übermenschenkaffeekränzchen.

Dennoch verfügte Liesbeth als alleinige Weimarer Nietzsche-Erbin und Hilfskraft des Bruders in frühen Jahren über ein hohes Prestige und galt auch international als anerkannte deutsche Kulturbotschafterin mit Zeug zum Nobelpreis. Wissenschaft, Kunst und Politik machten ihre beständige Aufwartung, und aus Jena kamen alle Semester die historischen und philosophischen Proseminare auf einen Plausch zum Tee. »Wollen die Damen denn alle Professor werden?«, fragte sie einmal einen Mediävisten, der nach dem Weltkrieg mit inzwischen überwiegend weiblicher Kundschaft gekommen war. Er: »Nein, aber einen heiraten!« Elisabeth gefiel derlei. Unter dem Spitzenhäubchen zwinkerte sie durch ihre Augengläser. Sie war emanzipiert und ihre eigene Frauenbeauftragte.[22] An der Saale machte man sie 1921 sogar zur ersten Ehrendoktorin.[23] Die Geheimräte sollen für die alte Dame im Spitzenhäublein, die sich nebenbei wie ein kleines Kind an einfacher Hausmusik erfreuen konnte, von Zeit zu Zeit sogar gesungen haben.[24]

Über einen Mangel an ideeller und materieller Unterstützung des Archivs und damit des Weimarer Nietzschehortes konnte Elisabeth jedenfalls nicht klagen.[25] Allerdings verstummte auch die Kritik nicht: Kurt Tucholsky hielt das Nietzsche-Archiv schlicht für »ein Unglück«[26] und Karl Schlechta, um die Mitte des vergangenen Jahrhunderts ausgewiesener Nietzschephilologe, sah in ihr nichts Anderes als eine einsichtslose Herausgeberin und raffinierte Fälscherin.[27] Indes und ungeachtet dieser Stimmen: Alle Welt verneigte sich zu ihren Lebzeiten andächtig-höflich, wenn nicht in Ehrfurcht. Dafür bedankte sich Frau Dr. phil. h.c. dann 1927 mit einer eigens bevorworteten *Zarathustra*-Ausgabe, die in zahllosen Privatbibliotheken landete. Ihr Bruder, so erklärte sie im Vorwort, habe darin seiner *höchsten Hoffnung* wie seines *fernsten Ziels*, nämlich der »Züchtung der bedeutenden Menschen« Ausdruck verliehen:

> »*In dem Gedanken der Züchtung zum Übermenschen hin kommt Nietzsches Jugendideal, dass ›das Ziel der Menschheit in ihren höchsten Exemplaren liegt‹ (oder wie es in ›Schopenhauer als Erzieher‹ noch deutlicher sagt: ›die Menschheit soll fortwährend daran arbeiten, einzelne große Menschen zu erzeugen, – und dies und nichts anderes sonst ist ihre Aufgabe‹) neu geweiht zum Ausdruck.*«[28]

Nietzsche bar jeder Klassensolidarität. Elisabeths Bruder, das wussten Franz Mehring, Georg Lukács, Ernst Niekisch und selbst Anhänger wie Ernst Bloch aus eingehender Lektüre nur zu gut, war, wenn nicht *Nazi*, so doch rigoroser Antisozialist und individualistischer Solitär. Er taugte allenfalls zur Kapitalismuskritik, nicht aber zu sozialistischer oder *volkseigener* Traditionspolitik. Auch ohne die Eingriffe der Schwester in sein Werk hatte er allemal das Zeug zum Staatsfeind. Der Sozialismus, so Nietzsche im Jahr des Bismarckschen Sozialistengesetzes (1878), sei doch nur »[...] *der phantastische jüngere Bruder des fast abgelebten Despotismus,* [...] *seine Bestrebungen sind also im tiefsten Verstande reaktionär. Denn er begehrt eine Fülle der Staatsgewalt, wie sie nur je der Despotismus gehabt hat, ja er überbietet alles Vergangene dadurch, daß er die förmliche Vernichtung des Individuums anstrebt* [...], *er braucht die alleruntertänigste Niederwerfung aller Bürger vor dem unbedingten Staat*« [KSA 2/I, 307f., Nr. 473]. Dabei musste Nietzsche nicht zwingend so zitiert oder auf derlei Ausfälle reduziert werden. »Sage mir, was du brauchst, und ich will *dir* dafür ein *Nietzsche*-Zitat besorgen«[29], so sah es bereits Kurt Tucholsky, und er nahm damit in gewisser Weise Giorgio Collis Einwand gegen jedes zitatgestützte Nietzsche-Kleinklein, insbesondere durch einseitig politisierende Interpreten vorweg.[30]

Zu Elisabeths philologisch-wissenschaftlichen Defiziten kamen erschwerend noch ihre persönlichen Sympathien für Mussolini und Hitler hinzu. Die berühmte Fotografie vom Führerbesuch in Weimar, Anfang

Adolf Hitler besucht das Nietzsche-Archiv in Weimar: Empfang durch Elisabeth Förster-Nietzsche

Oktober 1935, einen Monat vor Elisabeths Tod, versinnbildlicht diese Linie. Nietzsches vermeintliche Rolle als Vordenker und Stichwortgeber des Nationalsozialismus schien angesichts ihrer Eingriffe in seine Texte und jener plakativen Spazierstockübergabe an Hitler mindestens zweifelhaft. Konnte es daher nicht, wenn man Nietzsche wirklich nähertreten wollte, Aufgabe einer philologischen Forschung *sine ira et studio* sein, das politische Verdikt zu entkräften? Aus Weimars Bibliotheken und Archiven war er herauszuholen aus der *Fälscherwerkstatt* (die Übertreibung musste sein), um ihn gegebenenfalls antifaschistisch, ja sozialistisch umgedeutet lesbar und lesenswert zu machen. Hinter dem *Eisernen Vorhang* konnten die Verfehlungen der Schwester so zumindest für offiziell erlaubtes Lesen wie kritisches Neuüberdenken der Werke des Bruders nützlich sein.

Nach Kriegsende werden Haus und Archiv durch die SMAD versiegelt, sein letzter Leiter, Max Oehler, ein Major a.D. und Vetter Nietzsches, verhaftet. Er bleibt verschollen. Ihm fehlte wohl, anders als dem nicht weniger angebräunten GSA-Chef Hans Wahl, die Goethe-Aura als Schutzschild. Im April 1946 transportieren die Russen den Nietzsche-Nachlass ab, bringen ihn aber wenig später auf Intervention des Thüringischen Ministerpräsidenten Paul wieder zurück.[31] Vielleicht hatten sich die Kulturoffiziere auch nur besonnen und einem überbordenden FDJ-Vandalismus Einhalt geboten. Einige Bücher und Handschriften verschwinden durch Diebstahl.[32] Ansonsten bemüht man sich um die Erhaltung von Haus und Inventar: Der zerfledderte Bestand, 111 Kisten, wird erneut mühevoll geordnet, die berühmte Büste Max Klingers aus Leipzig ins Archiv überführt. Noch aus Elisabeths Zeiten herrührende Mietschulden für einen Steinway-Flügel sind zu begleichen. Auch der alte Hausmeister, über den zunächst die Anfragen eingehen, muss weiterbezahlt, das Nietzsche-Mobiliar aus vermieteten Wohnungen eingesammelt werden. Wissenschaftlich und publizistisch motivierte Anfragen werden in der Übergangsphase zumeist freundlich abschlägig beantwortet, Wünsche aus dem Ausland aber erfüllt. 1947 erhält die schwedische Strindberg-Gesellschaft Kopien von Strindbergs Briefen, der Baseler Nietzsche-Forscher Edgar Salin eine Doublette der Briefe Cosima Wagners an Nietzsche. Die Lage bleibt zunächst noch unsicher. Die Hoffnung auf Restitution des eigenständigen Archivs erstirbt mit der Auflösung der durch die Schwester geschaffenen Stiftung. Ernst Bloch, der nietzscheanische Marxist, war noch für den neuen Vorstand gehandelt worden. Die *Villa Silberblick* verwaist, auch wenn Hans Wahl, bis 1949 Leiter des Goethe- und Schiller-Archivs, den Vorschlag macht, wenigstens Nietzsches Sterbezimmer im alten Zustand museal zu erhalten. Sein Nachfolger Gerhard Scholz erneuerte das Ansinnen in einem Schreiben an das Staatssekretariat für Hochschulwesen im August 1950, wobei der beginnende *Kalte Krieg* und die sich abzeichnende deutsche Teilung erkennbar bereits den Hintergrund der Eingabe bildeten. Es schien inzwischen angezeigt, »Nietzsches Sterbebett und einige andere Utensilien im Sterbezimmer des [...] früheren Nietzsche-Archivs«, öffentlich freilich nicht zugänglich, wiederaufzustellen. Begründung:

> *»Der Anfragen über den Verbleib der Nietzsche-Handschriften und den Stand der Ordnung dieser Hinterlassenschaft aus den westlichen Ländern waren so viele und der Falschmeldungen in den westlichen Zeitungen über die Verwahrlosung des Nietzsche-Erbes so zahlreiche, dass man es erwägen sollte, eine entsprechende Geste jetzt folgen zu lassen.«*[33]

Die Initiative blieb folgenlos, Nietzsches Musealisierung ein Anachronismus im Zeitalter des *großen Verdachts*. Das ehemalige Archivgebäude wird allerdings bald als Gäste- und Konferenzhaus genutzt, Nietzsches Nachlass in die Magazine des Goethe-Schiller-Archivs überführt. Hier ist er der Forschung bald wieder zugänglich, irgendwie versteckt zwar, im Schatten der Klassiker, aber für all jene benutzbar, die sich wissenschaftlich interessierten. Öffentliches Totschweigen bei eben ruhiger Sicherheitsverwahrung des Weimarer Nietzsche-Nachlasses, das war die Situation zu Beginn der 1950er Jahre.

Die von Scholz erwähnten »Falschmeldungen« über etwaige Verwahrlosung des Nachlasses und den Zugriff der *Kommunisten* auf das Archiv, um es zum Zweck der Kulturpropaganda zu gebrauchen, gab es damals durchaus[34] und immer wieder über die gesamte DDR-Zeit hinweg.[35] Aufs Ganze gesehen waren sie haltlos, wurden eigentlich bereits durch die selbstverständliche Nutzungspraxis im Laufe der 1950er Jahre und dann durch die (uneingeschränkt ermöglichte!) Kärrnerarbeit Giorgio Collis und Mazzino Montinaris an den Originaltexten widerlegt. Bereits Erich F. Podach wies, um Gerüchte zumindest unter westlichen Nutzern wie Publizisten endgültig zu zerstreuen, im Anhang seiner Ausgabe von Nietzsches *Werke des Zusammenbruchs* (1960) dezidiert und dankend auf die allgemein üblichen und völlig uneingeschränkten Möglichkeiten der Nutzung wie den guten Zustand des Nietzsche-Materials hin. Abgesehen vom ehemaligen Archivgebäude, das Podach noch in gutem Zustand mit der intakten, von Henry van de Velde geschaffenen Inneneinrichtung vorfand, seien die Nietzsche-Manuskripte – im Widerspruch zu Gerüchten, wonach der in Unordnung gebrachte Nachlass Nietzsches »entweder unzugänglich in Kisten lagere« oder eine »Einsichtnahme an untragbare Bedingungen geknüpft« werde:

»in den Handschriftenschränken des GSA untergebracht und zur Benutzung im Arbeitssaal des GSA bereitgestellt [...]. *Seit dem Jahre 1954 ist das GSA, dank dazu eingearbeiteter Archivbeamter, in der Lage, schriftliche Anfragen über Manuskripte Nietzsches zu bearbeiten und zu beantworten. Auch werden Abschriften und Fotografien von Handschriften unter den bei Archiven üblichen Bedingungen zur Verfügung gestellt, d.h. von Einzelstükken, nicht von geschlossenen Manuskripten oder Briefwechseln. Ausgeliehen werden Handschriften von dem GSA, ebenfalls allgemeinen Gepflogenheiten entsprechend, nicht, weder an Bibliotheken der DDR noch an die der Bundesrepublik oder solche außerhalb Deutschlands.«*[36]

Die Nutzung des Nachlasses durch DDR-Wissenschaftler stand auf einem anderen Blatt, das, wir kommen darauf zurück, von selbst verordneten Affekten und ideologischen Vorurteilen ebenso wie von administrativ-politischen Hindernissen erzählt. Schwierig und von Zeit zu Zeit unter verschiedentlicher Begründung »sekretiert« blieb allein der Umgang mit Elisabeths Nachlass sowie dem Familiennachlass Nietzsche, obschon auch diese spätestens seit Mitte der 1970er Jahre und nach allen guten Regeln archivalischer Arbeit erschlossen waren.

In Weimar konnte Nietzsche für die kritische Außenwahrnehmung ein Nischendasein im Vorraum des Politischen insofern beanspruchen, als die Annahme des durch die Schwester missbrauchten Denkers den kleinsten gemeinsamen Nenner möglicher Forschungsaktivitäten bildete. Steffen Dietzsch spricht in diesem Zusammenhang doppelsinnig vom *Eingeschlossenen von Weimar*[37]. Er hat wohl Recht, denn immerhin blieb Nietzsches Nachlass hier trotz äußerer Anfeindungen vor möglichen systemideologischen Zumutungen oder gar politisch motivierten Kassationsphantasien geschützt, so wie sie später am schärfsten und absurdesten von Wolfgang Harich geäußert wurden. Klassische Archivprofessionalität war nach den überstandenen Wirren der Nachkriegsjahre bei genauerem Hinsehen ohnedies nicht wirklich durch politische Drangsale in Mitleidenschaft zu bringen, selbst wenn Konzessionen zum Geschäft gehörten. Im Zweifelsfalle war und blieb die Schwester schuld. Erhärtet wurde diese Ausgangslage erneuter Nietzsche-Interpretationen mit Erscheinen der kritischen

Gesamtausgabe Karl Schlechtas 1956[38], der das Archiv noch aus Elisabeths Zeiten kannte. Seither stand zumindest die Unschuld des Bruders am nachträglich von ihr und Köselitz kompilierten Hauptwerk *Der Wille zur Macht* (1901) fest. Ihre Machenschaften hatten seinem Ruf geschadet[39], und das *Lama*, wie Fritz sie gern nannte, konnte als Alibi für eine neuerliche (linke) Annährung an den verbrämten Denker und ebenso gut für fortgesetzte latente Ignoranz und Unkenntnis ihm gegenüber herhalten. Aber wie gesagt: Vollends überzeugte diese Übereinkunft in Sachen sich anbahnender, neuer (auch sozialistischer) Nietzsche-Aneignung nicht jeden. So blieb etwa Podach, der durchaus kein Freund der Schwester war, überaus skeptisch und wollte in Schlechtas kritischer Philologisierung der Texte mit Blick auf dessen frühere eigene Mitarbeit in Elisabeths Werkstatt sogar etwas Rechtfertigendes sehen.[40] Und ob Nietzsches Hauptwerk wirklich nur ein Fake und wieder im Nachlass aufzulösen und damit für null und nichtig zu erklären war, blieb umstritten. Jedenfalls zweifelte daran nicht nur Alfred Baeumler, der Nietzsche einst in die SA-Uniform gesteckt hatte.

Eine neue ideologische Auseinandersetzung um Nietzsche bahnte sich im Vorfeld des Mauerbaus an und färbte auch auf Weimar ab. Mit dem Schweizer Podach korrespondierte damals der Jenaer Philosoph Georg Mende (1910–1983), einer der ganz wenigen DDR-Wissenschaftler, die sich in dieser Phase für Nietzsches Nachlass interessierten und dazu vor Ort recherchierten. Intern galt er als Hardliner und 150-prozentiger Marxist-Leninist. Zunächst ging es um Nietzsches Jenaer Krankenakte, über deren Inhalt und Verbleib sich Podach näher informieren wollte.[41] Damit eng verknüpft war die Frage nach Nietzsches Spätwerk und dessen Bewertung, die Podach dann in besagter Ausgabe der *Werke des Zusammenbruchs* eingehend behandelt hatte. Mende pilgerte seither öfter nach Weimar, stellte sogar Hilfskräfte ab, um noch unerschlossene Nachlassteile rascher nutzen zu können. Helmut Holtzhauer (1912–1973), mächtiger, aber nicht unumstrittener Generaldirektor der NFG, bekräftigte dessen Interesse, da es nach Schlechtas Veröffentlichungen und Heideggers Nietzsche-Buch (1961), das der »Nietzsche-Renaissance neuen Treibstoff« gebe, auch in seinen Augen dringlich wurde, »von marxistischer Seite hier einzugreifen«[42]. Anfangs schien Mende als Reaktion auf Schlechtas und Podachs Ausgaben noch an ein ostdeutsches Pendant, möglicherweise an eine eigene marxistisch-kritische Textausgabe Nietzsches, zumindest aber an eine größere Monografie zu dessen Wirkungsgeschichte gedacht zu haben. In einem, die Privilegien des einflussreichen Ordinarius der frühen DDR-Zeit wiederspiegelnden Schreiben Mendes an Hahn kündigte jener einen längeren Archivbesuch mit der Absicht an:

> *»sich in der Zeit vom 24. Juni bis 8. Juli 1963* [...] *für 14 Tage in Weimar einzuquartieren, um in den bisher sekretierten Beständen, soweit, wie sie der Bearbeitung zugänglich sind, ein wenig der Wirkungsgeschichte der Nietzsche'schen Philosophie nachzuspüren. Ich wäre Ihnen dankbar, wenn ich dabei die freundliche Unterstützung des Archivs in Anspruch nehmen dürfte und wenn ich – bitte haben Sie dafür Verständnis – meinen Arbeitsplatz an einer Stelle aufschlagen könnte, an dem ich nicht am Rauchen gehindert bin. Ohne zu rauchen kann ich nun einmal nicht arbeiten.«*[43]

Hahn antwortete prompt und zuvorkommend. Selbstverständlich stünden Mende die Archivalien »uneingeschränkt zur Einsicht zur Verfügung«, und es sei auch möglich, »einen separaten Raum bereitzuhalten«, in dem geraucht werden könne.[44] Nietzsches Handschriften, heutigen Archivaren verschlägt es darüber die Sprache, unter dem Qualm revolutionärer Papirossa. Kein einziges sekretiertes Blatt allerdings, für Mende zumindest nicht! Das unmittelbare Erkenntnisinteresse Mendes entsprang der Kontroverse *Podach-Schlechta*, die er in einer längeren Rezension in der Deutschen Zeitschrift für Philosophie aufgegriffen und in ideologisch passgerechte Fahrwasser gebracht hatte.[45] Einer *antikommunistischen Tendenz* bei Schlechta stellte er hier Podachs Arbeiten gegenüber, in denen neben ihrer kritischen Stoßrichtung gegen neue Nietzsche-Verklärungen in der Bundesrepublik die positiven Schilderungen der Weimarer Arbeitsverhältnisse besonders gefielen. Mende hatte dafür nicht nur Podachs und Schlechtas Werkausgaben und Aufsätze auf dem Schreibtisch liegen, sondern auch eine wunderbar bissige Besprechung der *Werke des Zusammenbruchs*, die Ludwig Marcuse gerade für die ZEIT verfasst hatte. Über

Nietzsche lägen heute in Deutschland bewölkte Himmel, aber, so hatte Marcuse gemeint, würden er und Heine und Marx als »peinliche Götter« mehr Leben in die Bude bringen als die ganze Klassikerverehrung zusammen.[46] Der ideologische Appetizer, den Marcuse Mende dabei lieferte, ging so:

> *»Heute liegt das Nietzschearchiv nicht mehr im bayreuthischen Deutschland und nicht mehr im Dritten Reich – was schon schlimm genug war –, sondern in einem Land, das Nietzsche immer als Feind Nummer eins betrachtet hat: als so was wie – den philosophischen Repräsentanten der Bourgeoisie im Zeitalter des Monopolkapitalismus. In jenem Klima ist die neueste Nietzsche-Ausgabe zustande gekommen«.*

»Weshalb«, so fragte Marcuse noch ätzend, werfe Podach »nicht Weimar vor, die Bestände eines Philosophen zurückgehalten zu haben, mit dem man doch nichts weiter anfangen kann, als ihn gelegentlich auf den Haufen bourgeoisen Verfalls zu werfen?« Auch die Bemerkung, jener »sowjetisch-deutsche Nietzsche« erwähne »die radikale Ausschaltung des Denkers im Lande des Nietzschearchivs nicht mit einer einzigen Silbe«, konnte Mende für seine Argumentation verwerten.[47] Denn gerade der *sowjetisch-deutsche Nietzsche* habe doch erst die Verbindung von Spätwerk und paralytisch verursachtem Irrsinn Nietzsches belegt: Die Schwester fälschte also nur Texte des ohnehin schon wahnsinnigen Bruders, so die Interpretation. Und entgegen der Invektiven des Rezensenten *West* habe sich eben erwiesen,

> *»dass das ›Klima‹ des in der Deutschen Demokratischen Republik gelegenen Weimar mit seinen Nationalen Forschungs- und Gedenkstätten und dem dazu gehörenden Goethe- und Schiller-Archiv zum ersten Male in der Geschichte der Bestände des Nietzsche-Archivs eine objektive Nietzsche-Forschung auf der Grundlage der Manuskripte ermöglicht hat.«*[48]

Ein wenig ironisch klang das schon, und Mende wusste natürlich, dass es in Sachen marxistischer Nietzsche-Lesarten weniger um wissenschaftliche Objektivität als um ideologischen Klassenkampf ging, den er ja selbst führte, etwa mit Berichten über Ernst Bloch an die Hauptverwaltung Aufklärung des Ministeriums für Staatssicherheit.[49] Wenn man aber bedenkt, dass nebenan im Weimarer Archiv seit 1961 der italienische Kommunist Mazzino Montinari an den nachgelassenen Nietzsche-Papieren und einer nun aus linken Sympathien erwachsenden *Kritischen Gesamtausgabe* arbeitete, ist die Behauptung einer zumindest möglichen und durch Podach vor Ort beispielhaft praktizierten »objektiven Nietzsche-Forschung auf Grundlage der Manuskripte« nicht nur ein spöttischer Seitenhieb auf Schlechta, der einen Gang in die Weimarer Archive nach 1945 stets gescheut hatte.[50]

Über Zigaretten und Nietzsche-Handschriften kam dem Jenaer Philosophen noch eine dramatisch-didaktische Idee, die er einige Zeit später, veröffentlicht im weitverbreiteten populärwissenschaftlichen Jahrbuch *Urania Universum*, dem DDR-Publikum präsentierte. Nietzsche wird hierin in einen Disput mit dem »Arbeiterphilosophen« Joseph Dietzgen verwickelt, der, es liegt nahe, am Ende nicht nur der Gesündere, sondern auch Klügere von beiden ist.[51] Nietzsche oder Marx? Man hatte sich zu entscheiden. In Mendes Dramaturgie begegnen sich die beiden auf dem Dresdner Bahnhof in Leipzig zum rhetorischen Klassenkampf. Nietzsche ist der Feind der Masse, Dietzgen ihr Verteidiger, der sich auf die gesetzmäßige Tatsache beruft, »dass sich die ganze bisherige Geschichte mittels Klassenherrschaft und Klassenkampf entwickelt« habe. Nietzsche dagegen lässt die Massen und deren ganzen grauen Lebensalltag nicht gelten, nimmt sie zur Kenntnis, allein:

> *»als verschwimmende Kopien der großen Männer, auf schlechtem Papier und mit abgenutzten Platten hergestellt, sodann als Widerstand gegen die Großen, und endlich als Werkzeuge der Großen; im übrigen hole sie der Teufel und die Statistik! Wie, die Statistik bewiese, daß es Gesetze in der Geschichte gäbe? Gesetze? Ja, sie beweist, wie gemein und ekelhaft uniform die Masse ist: soll man die Wirkung der Schwerkräfte, Dummheit, Nachäfferei, Liebe und Hunger Gesetze nennen?«* [KSA 1, S. 319f.]

So Nietzsche wörtlich, den Mende dann noch seinen Hass über den Sozialismus als »zu Ende gedachte Tyrannei der Geringsten und Dümmsten« ausgießen lässt, »das heißt der Oberflächlichen, Neidischen und der Dreiviertelschauspieler« – alles in allem eine »Schlussfolgerung der modernen Ideen und ihres latenten Anarchismus.« Für seinen Disput zitierte Mende breit aus Nachlassfragmenten und nachgelassenen Schriften Nietzsches:

> *»Wen hasse ich unter dem Gesindel von Heute am besten? Das Socialisten-Gesindel, die Tschandala-Apostel, die den Instinkt, die Lust, das Genügsamkeits-Gefühl des Arbeiters mit seinem kleinen Sein untergraben, – die ihn neidisch machen, die ihn Rache lehren … Das Unrecht liegt niemals in ungleichen Rechten, es liegt im Anspruch auf ›gleiche‹ Rechte.«* [KSA 6, S. 244]

Wegen des an sich »harmlosen Lämmer-Glück[s] ihrer Hoffnungen und Wünschbarkeiten« wird es, so die zitierte Prognose Nietzsches, »dem nächsten Jahrhundert […] hie und da gründlich im Leibe ›rumoren‹, und die Pariser Commune, die auch in Deutschland ihre Schutzredner« habe, sei »vielleicht nur eine leichtere Unverdaulichkeit gewesen im Vergleich zu dem, was kommt. Trotzdem wird es immer zu viel Besitzende geben, als dass der Sozialismus mehr bedeuten könnte als einen Krankheitsanfall.«[52]

Der marxistische Philosoph war in Weimar zu einem Nietzsche-Leser geworden, der im Kontext von *Philosophie und Ideologie* in gebotener volkspädagogischer Distanz noch öfter auf ihn zurückkommen sollte. So zeige sich etwa gelegentlich seiner wiederholten *Don Quijote*-Lektüre – »mit einem bitteren Geschmack auf der Zunge, fast mit einer Tortur« [KSA 5, 301f.] – die Volksferne Nietzsches, die Cervantes gesellschaftskritischen Humor nicht habe erfassen können.[53] Man wähnte sich immer etwas klüger, kam aber nur später. Dem blassen, nervösen, »in sich versponnenen« Geist Nietzsches, bei dem so einiges »durcheinanderging«, stellt sich der seiner Sache sichere Arbeiterphilosoph entgegen. Dietzgen hat auf der Bank am Dresdener Bahnhof in Leipzig dann auch das letzte Wort, weiß, »dass die Philosophie eines Handarbeiters klarer ist wie durchschnittlich unsere heutige Professorenphilosophie.« Ihre Philosophie, so muss sich Nietzsche belehren lassen, »ist keine Wissenschaft, sondern ein Schutzmittel wider die Sozialdemokratie.«[54]

Im Weimarer Goethe- und Schiller-Archiv über Nietzsches Papieren und den vielen *F6*-Zigaretten oder den etwas teureren *Kabinett* hatte Georg Mende damals, zu Anfang der 1960er Jahre, wohl recht. Die DDR mit Marx und Dietzgen und dem Jenaer Philosophen wähnte sich auf der Siegerseite der Geschichte, Nietzsche hingegen gehörte als falscher Prophet zu den Verlierern. Aus der Vogelperspektive über den unerledigten Verteilungs- und Gerechtigkeitskämpfen auch zu Anfang des dritten Jahrtausends könnte man sich indes auf Nietzsches Seite schlagen, auf die des *unzeitgemäß* Denkenden. Dietzgens Professorenkritik hat dennoch einiges für sich. Mir fiel beim Lesen noch ein Satz Ernst Jüngers ein, gesprächsweise vorgebracht und türknarrend-trocken belacht. Es ging um die Bauern der Schwäbischen Alb, die Jünger auf seinen Spaziergängen öfter traf. Diese schwäbischen Bauern, so meinte er, sprächen doch oft ein besseres Deutsch als die Professoren in Tübingen.

»VERMISST, VERSCHMÄHT, ENTFERNT« – NIETZSCHE ZWISCHEN POTSDAM UND WEIMAR

Nietzsche in der mitteldeutschen Provinz. Schwierige Lage für den Denker, nicht erst nach 1945, aber jetzt erst recht. Auch wenn Thomas Mann in einem berühmten Text von 1947 geneigt war, »nicht zu glauben, daß Nietzsche den Fascismus gemacht hat, sondern der Fascismus ihn [...]«[55], drohte Nietzsche zumindest bei Rigoristen in der Umsetzung von Befehlen der SMAD unter das Dekret zur »Aussonderung faschistischer und militaristischer Literatur« (Befehl Nr. 4) zu fallen. In den Universitätsbibliotheken fanden gelegentliche Aussonderungen statt, die dann aber, wenn die Bücher beim Hin- und Herräumen nicht tatsächlich verschwanden, zumeist wieder rückgängig gemacht wurden: *Vermisst, ausgeschieden (sekretiert)* oder *vernichtet*, so lauteten, aufsteigend nach dem vermuteten Grad ideologischer Abweichung, Vermerke in den alten Bandkatalogen. Nach derlei Einteilung konnte Nietzsches noch ganz philologische und politisch kaum anstößige »Tragödienschrift« lediglich *vermisst* sein, während der *Zarathustra* oder *Der Wille zur Macht* als *ausgeschieden* oder *vernichtet* galten.

Wie lässt sich unliebsamer Geist töten? An den Nietzsche-Orten suchte man zunächst jegliche Erinnerung an ihn zu tilgen und mögliche Traditionslinien zu kappen. Oder es wurde einfach nur totgeschwiegen. In Leipzig musste der Nachkriegsrektor, Hans-Georg Gadamer, von Stalins Kulturoffizieren genötigt, den berühmten Studenten aus dem Ehrenverzeichnis der Universität streichen. In Gadamers Erinnerungen nimmt sich der Eintrag zur Sache fast schmeichelhaft für die Sowjets aus: »Mir war von Anfang an klar«, so der Vermerk:

»dass die Russen misstrauische Leute waren, und ich begegnete ihnen daher immer mit absoluter Offenheit, auch mit entschiedenem offenen Widerspruch. Wenn ich mich mit demselben nicht durchsetzte, und das war natürlich meistens so, konnten sich die Russen darauf verlassen, dass ich ihre Anweisungen – auch gegen meine Überzeugungen – jedenfalls genau durchführte. Ein interessantes Beispiel, das unwichtig, aber symptomatisch war, sei erzählt: Im Vorlesungsverzeichnis der Universität Leipzig war nach altem Brauche eine Liste der berühmtesten Leipziger Studenten – von Camararius, Altdorfer über Christian Wolff, Ranke, Richard Wagner bis Friedrich Nietzsche auf einer Art Ehrenliste aufgeführt. Die Russen verlangten von mir die Streichung des Namens Nietzsche. Ich widersprach – ein Name von diesem internationalen Range könne unmöglich ausgelassen werden. Die Russen gaben zu, daß ›später einmal‹ eine Nennung vielleicht wieder möglich sein werde, aber aus politischen Gründen sei er zur Zeit nicht zulässig. Darauf entschied ich, daß dann die ganze Ehrenliste zu streichen sei, und die Russen haben diese Entscheidung respektiert.«[56]

Unterschwellig wird die Geschichte vom guten russischen Kulturoffizier miterzählt, der – anders als *vandalistisch* gegen alles *Bürgerliche* vorgehende FDJler – die deutschen Klassiker liebt und das ideologisch verbrannte Kind nicht mit dem Bade ausschütten will. Man kennt die Erzählungen, wonach das preußisch-deutsche Erbe schon einmal von den Sowjets verteidigt wurde (Moltke in Parchim). Auch davon erzählt Gadamers Episode, trotz der ihm letztlich aufgenötigten Streichung der Namen.

In Naumburg kommt das letzte Wohnhaus des Philosophen, einst erstes Archiv, völlig herunter. Straßen werden umbenannt, die Familie Nietzsche und ihr Schicksal vergessen. Als Manfred Riedel Mitte der 1980er Jahre am Weingarten 18 steht, gleicht das Haus, in dem der kranke Nietzsche von seiner Mutter fast sieben Jahre gepflegt wurde, einer Ruine: »das Dach offen, die Fenster schadhaft, der Putz abgefallen und die Wände vom Einsturz bedroht«. Nietzsches *Die Wüste wächst* geht dem Westbesucher durch den Kopf. Erhalten hat sich die von der Schwester angebrachte Inschrift: »Hier wohnte der Philosoph Friedrich Nietzsche zum Besuche bei seiner Mutter 1890–1896«. Ein Euphemismus, der »das tragische Geschick« übergeht, »das dieses Haus umspielt«.[57] Viel besser, obwohl das Dach inzwischen gedeckt und das Haus wieder bewohnt war, sah es auch 1990 noch nicht aus. Dieter Kneist, ein einfacher Mann, hatte inzwischen mit einer, Nietzsche hätte gesagt *antiquarischen* Verehrung begonnen, Nietzschesplitter zu sammeln und Bittbriefe zu schreiben, um Nietzsches Naumburger Spuren wieder sichtbar zu machen. Heute birgt das Haus ein kleines Museum und ist Teil des 2010 neu geschaffenen Dokumentationszentrums.[58]

Im Mai 2014 treffe ich den Leiter, Ralf Eichberg, noch zu DDR-Zeiten in Halle akademisch sozialisiert und zu Nietzsche gekommen. Er begrüßt mich in seinem Reich, dem »Glassarg«, wie der Naumburger Volksmund frotzelt. Es ist ein wenig auch sein Haus, sein Archiv und passt tatsächlich nicht so recht zum alten Wohnhaus nebenan. Eichberg ist ein Nietzschefreak! So jedenfalls muss den Eindruck haben, wer ihn da zwischen all den Büchern, Briefen, Nachlässen, Büsten, Bildern, Plakaten, Möbeln, Devotionalien aus aller Welt sieht und hört. Neben einer witzigen Fingerpuppe der unschlagbare Kraftriegel »WILL TO POWER«, Geschenke aus Amerika.

Im lichten und luftigen Haus präsentiert uns Eichberg stolz eine besonders schöne Büste Nietzsches. Max Kruse, der Mann der berühmteren Puppenfrau, hat sie geformt: feingliedrig, zerbrechlich fast wirkt der Philosoph da, wie eine Figur Giacomettis. Ein leidender Mann. Lebendig erzählt Eichberg vom Westrückkehrer Manfred Riedel und seinen Macken, aber auch von Hans-Martin Gerlach, seinem Hallenser Lehrer, nach 1990 von allen Seiten zigmal auf Stasitätigkeit durchleuchtet, und dem offenen, international ausgerichteten Denkklima an der dortigen Universität Mitte der 1980er Jahre. »Ich bin damals nach Halle gekommen, an die Sektion«, so Eichberg, »und auf der ersten Sektionsvollversammlung [...], das war im Herbst '84, trat ein Professor Mocek auf und berichtete von seinem einjährigen Aufenthalt in den Vereinigten Staaten [...], hat also dort über die Philosophie in Amerika gesprochen, und da dachte ich: Mensch, das ist ja eine – in dieser kleinen Sektion, die ja nur alle zwei Jahre 10 Studen-

ten hatte und nur ein paar Zimmer bei den Wirtschaftswissenschaften mitbewohnte – das ist ja eine weltoffene Sache hier. Fand ich wirklich Klasse. Und dann hatte Mocek auch eine Vortragsreihe organisiert an der Sektion. Da habe ich dann als Student so an nachmittäglichen Kontaktseminaren teilgenommen. Da kam Alfred Grosser, da kam auch Niklas Luhmann, da kam Jürgen Mittelstraß, alles zu DDR-Zeiten! Und dann kam Jürgen Habermas, und als Habermas kam, da war plötzlich der Raum so voll, dass wir in die große Aula der Universität umziehen mussten [...].[59]
Wir kommen ins Gespräch über Naumburg und Dieter Kneist und die Inschrift, die überlebte:

Steinbach: »Kneist, so sagen Sie, war ein ganz einfacher Mann? Hat Anträge an die Mächtigen geschrieben ...«

Eichberg: Dieter Kneist? Ja also, im Prinzip fing das Ganze so an: Dieses Haus, das war ja zu DDR-Zeiten ein Wohnhaus. Ich habe jetzt gehört, was die Stadtführer so erzählen, jetzt auch Geschichten über dieses Haus.«

Steinbach: »Es ist legendär, irgendwie ...«

Eichberg: »Ja, aber in einer Weise das es wirklich schlimm ist. Ich gehe zum Kaffeetrinken und dann höre ich, was die über das Haus erzählen. Da wird erzählt, ja, dieses Haus, das wurde zu DDR-Zeiten benutzt, um Problembürger unterzubringen. Das heißt, man quartierte Asoziale ein und wartete drauf, dass sie endlich die Treppe abbrennen und das Haus abfackeln und dass es dann verschwinden sollte, dieses Haus. Das erzählen die Stadtführer, ja ...«

Steinbach: »Die Legenden, die gerne gehört werden.«

Eichberg: »Die Legenden, die gerne gehört werden. Die Busse, die stehen hier oben an der Vogelwiese. Dann ist das hier der erste Punkt. Hier vorm Nietzsche-Haus stehen die und da erzählt man das dann. Ich wäre fast aus dem Anzug gesprungen. Denn, dass mein lieber Freund Dieter Kneist in diesem Haus gewohnt hat, bedeutete dann für ihn ... Naja, hier vorne, da wo wir jetzt diesen Balkon haben, da hat eine alte Dame gewohnt. Die war aber schon bettlägerig und gehbehindert und was weiß ich. Und auf der anderen Seite, Richtung Straße, da hat Dieter Kneist gewohnt. Da war sein Schlafzimmer, an der Ecke, und das Kinderzimmer. Und unten im Keller, nicht im Keller, im Erdgeschoss, waren das Wohnzimmer und die Küche. Der hat das halbe Haus so bewohnt. Und es regnete immer durch und er hat dann in den 1980er Jahren einen Brief geschrieben an den Bauminister Junker. Schon mit kunsthistorischen und architekturhistorischen Bezügen und auch mit kulturhistorischen Bezügen in Sachen Nietzsche, damit am Ende wenigstens das Dach neu gedeckt wurde.«

Steinbach: »Was ja glücklicherweise geschah. Was war das eigentlich für ein Mann? Was hat der gelernt?«

Eichberg: »Kneist war Schlosser. Er lebt ja noch und arbeitet jetzt im Wasserwerk.«

Steinbach: »Ach so, der ist noch gar nicht so alt?«

Eichberg: »Ne, der ist so alt wie ich, damals noch ein junger Mann. Hat zwei Kinder gehabt. Ich habe ja damals auch kleine Kinder gehabt, mit meiner ersten Frau. Die haben uns besucht. Wir haben hier unten in der Küche zusammengesessen und sind wandern gegangen und so. Das war im Prinzip einer, der ist auf Nietzsche nur gekommen, weil er in diesem Haus wohnte.«

Steinbach: »Durch die Tafel.«

Eichberg: »Also das Interessante ist ja, bei dieser Tafel, dass sie das einzige Stück war, was in irgendeiner Form zu DDR-Zeiten Bezug auf Nietzsche nahm. In ganz Naumburg. Und gar nicht mal von Anfang an, sondern erst seit Mitte des Ersten Weltkrieges.«

Steinbach: »›Hier wohnte der Philosoph Friedrich Nietzsche zum Besuche bei seiner Mutter 1890–1896‹, eine schöne Geschichte, aber nicht die Wahrheit ...«

Eichberg: »Ja, das ist eine interessante Geschichte. Die hat auch mit der Nietzsche-Rezeption zu tun. Diejenige, die diese Tafel angeregt hat, war eine Schriftstellerin, die im Bürgergartenviertel gewohnt hat, Frau von einem jugendbewegten Nietzscheaner aus Baden-Württemberg. Der hieß Emil Gött, ein Schriftsteller und Lebensreformer. Der war vor dem Ersten Weltkrieg so ein bisschen ökologisch-biologisch-dynamisch unterwegs, wollte von eigener Hände Arbeit leben, ökologische Landwirtschaft betreiben. Ist aber gescheitert. Und seine Frau oder Witwe hat dann irgendwie in Naumburg gewohnt, war auch Anthroposophin. Und die hat gesagt: »Lasst uns eine Tafel machen. In diesem Haus wohnte Friedrich Nietzsche.«

Steinbach: »Das hat Jürgen Teller genauso für Weimar und das nicht mehr erkennbare Nietzsche-Archiv machen wollen, in den 1980ern. Keine Chance.«

Eichberg: »Und jetzt war da Folgendes. Die Gött hat sich, das war noch vor dem Ersten Weltkrieg, an die Stadt gewandt und gesagt: So, ich finanziere euch diese Tafel. Es soll nur draufstehen: ›In diesem Haus wohnte Friedrich Nietzsche.‹ Und das kam dann in die Zeitung, wo es Elisabeth Förster-Nietzsche las und sich prompt an die Stadtverwaltung, den Magistrat wandte. Das ginge so nicht. Da darf es keine Tafel geben. Und schon gar nicht darf draufstehen: ›Hier wohnte Friedrich Nietzsche.‹ Er hat nie dort gewohnt. Und dann ging das hin und her. Die von der Stadt haben sich gesagt ›Naja, touristisch ist das doch gar nicht schlecht und lasst uns das mal machen.‹ Und Elisabeth Förster-Nietzsche schoss permanent dagegen. Und dieses ›zum Besuche bei seiner Mutter‹, diese Formulierung, das war dann die Kompromissformel. Elisabeth wollte natürlich die Erinnerungen an Naumburg tilgen und Nietzsche und das erste Archiv ganz nach Weimar herüberholen. Das hing auch damit zusammen, dass sie bestimmte Vorbilder hatte, natürlich Cosima Wagner in Bayreuth.«

Steinbach: »Naumburg, das war ja auch bloß die piefige kleine Beamtenstadt, die Nietzsche hasste. Die musste irgendwie getilgt werden.«

Eichberg: »Und vor allem auch die Erinnerung an diesen Verrückten.«

1990 ist Manfred Riedel wieder in Naumburg gewesen, gewahrt jetzt »im Fenster des alten Hauses das Neue: ein Nietzsche-Bild mit Biografie für die Naumburger, in Maschinenschrift getippt wie die Flugblätter vom Herbst 1989, die sie zur Versammlung auf den Marktplatz riefen.« Ein trauriger Eindruck noch immer und ihm, Riedel, im Nachhinein Bestätigung »des Widerwillens, den der späte Nietzsche gegenüber Naumburg empfand«.[60]

Ob er inzwischen mit der Stadt versöhnt ist, sie mit ihm, frage ich Eichberg noch. Er ist sich da nicht so sicher, fühlt sich irgendwie einsam in seiner Nietzsche-Vermittlerrolle im Dokumentationszentrum. Zum Thema Stasi erinnert er noch eine bezeichnende Episode. Es habe damals, in den 1980ern, eine Akte mit einem Tonbandmitschnitt von einem Nietzsche-Vortrag gegeben, der Referent war, vielleicht, Hans-Martin Gerlach. Das sei aber gar nicht so wichtig, nur die Tatsache der Abschrift vom Tonbandmitschnitt durch eine Sekretärin, die offenbar auch nicht ganz so gut in der Materie stand. Die hat dann daraus gemacht: »Friedrich Nietzsche hat ein Hauptwerk geschrieben, das heißt: Also sprach Sarah-Tustra.« Ich denke an Riedels Horror vor den Stasiakten (und nicht nur denen), worin notorisch von »Nitsche« und schlimmer die Rede ist. Er empfand dies als Zeichen der ideologischen wie bürokratischen Ignoranz im Arbeiter- und Bauernstaat gegenüber dem unabhängigen Geist. Das wirkte nach. Als 1990 Straßen und Plätze umbenannt wurden, gab es in Naumburg plötzlich auch wieder eine »Nitschestraße«. Eichberg weiß derlei auch von Weißenfels zu berichten. Als es da im Schlosshof oder im Landratsamt eine neue Ausstellung gab, ging er hin und stellte fest: »›Ei, ihr habt ja den Nietzsche falsch geschrieben und wollt hier Traditionspflege betreiben?‹ Und dann haben sie gesagt: ›Also nee, das waren wir nicht, das war ein Büro aus Baden-Württemberg, das die Ausstellung erarbeitet hat.‹«

Nur ein paar Schritte entfernt vom Dokumentationszentrum, auf dem Naumburger Holzmarkt, sitzt Nietzsche seit 2007 entspannt und gelassen auf einem Stuhl, ein aufgeschlagenes Buch in den Händen. Elegant gekleidet ist er und schlank sieht er aus, wie nach Kruses Büste modelliert: feingliedrig, zerbrechlich. Wirklich gut stand es um Nietzsche im wirklichen Leben nie. Bekanntheitsgrad gleich Null, Armani-Anzüge oder

Fünf-Sterne-Hotels Fehlanzeige. Nach seinem Basler Abschied lebte er als kurender und philosophierender Einsiedler mitunter schlechterdings prekär. Zwar gewährte ihm die Universität Basel noch eine leidliche Pension[61], doch blieb er angesichts horrender Druckkostenzuschüsse, die seine Verleger ihm abverlangten, abhängig von Spenden und sogar – da war er weniger eitel als die Denkmalpose vermuten lässt – von der Unterstützung durch Mutter und Schwester. An Elisabeth schickte er im Mai 1880 aus Venedig, wohl nachdem diese angefragt hatte, was und wie viel er brauche, eine Liste »jetziger Preise«:

> *»Kirschen ein Pfund .... 15 Pfennige*
> *Feigen (ganz leidliche) Pfund .... 24 Pfennige*
> *Graham-Brot 1½ Pfund .... 28 Pfennige*
> *Beefsteak .... 45 Pfennige*
> *Risotto .... 38–45 Pfennige*
> *Maccaroni .... 24 Pfennige*
> *Kalbsbraten in Citronensauce .... 38 Pfennige*
> *Eier 2 Stück .... 10 Pfennige*
> *Zucker, bester, gestoßen, das Pfund 68*
> *ein großer Schwamm 24 Pfennige alles auf euer Geld reduzirt, mit Rücksicht auf den gegenwärtigen Curs«* [KSB 6, S. 20f., Nr. 29].

Ein Wunschzettel, der im Euro-Zeitalter preiswert erscheint. Aber er konnte nicht kochen und in *seinen* Trattorien, wie er dann in den letzten Turiner Tagen öfter euphorisch halluzinierte, war zumindest für ihn alles teurer, zu teuer. Aus Messina erreicht im April 1882 eine Postkarte Naumburg, auf der sein neues Domizil Sizilien als vorzüglicher Griff gepriesen und der Schwester zugleich beteuert wird:

> *»Du kannst errathen, daß ich nicht um zu verschwenden, nach Sicilien gegangen bin, aber die billigen Preise, die man mir macht, setzen mich in erstaunen. Habt ihr kalt? Die Kalabrischen Berge, meine Vis-á-Vis, haben Schnee! – Wäsche im letzten Zustand! Ich pfeife auf zwei noch möglichen Hemden! Auch meine Kleidung ebenso schlicht als schlecht. Aber*

mein Zimmer 24 Fuß lang und 20 Fuß breit. Für 4 Pfennige 3 Apfelsinen« [KSB 6, S. 190, Nr. 222].

Später wird der Tonfall flehender. Ein Hilferuf, der, wieder aus Venedig, am 16. April 1885 Naumburg erreicht:

»Meine **Wäsche** *– großer Jammer! Helft mir aus, und schnellstens, wenn es möglich ist! Also: ich habe noch 2 tragbare (ungefähr tragbare) Hemden, Alles Andre sind Lumpen. Das zuletzt angefertigte Hemde ist im Halse etwas zu eng, das letzte Nachthemd ist zu kurz. Auch mit den Strümpfen steht's böse. Auch, bitte, 2 Paar Unterbeinkleider!«* [KSB 7, S. 40f., Nr. 596].

Der reaktionäre Aristokrat und elitäre Arbeiterfeind, der Feind des Sozialismus – ein Clochard, ein Sozialfall, den der Kapitalismus auf dem Gewissen hat? So sah man Nietzsche unter Sozialisten/Kommunisten nie: als einen potentiellen Verbündeten, als Erniedrigten und Beleidigten, als einen Armen. *Der Wille zur Macht* ist so gesehen nicht nur waberndes Gerücht einer Philosophie, die wirksamer als alle bisherige Weltanschauung wurde, sondern der tatsächliche und verzweifelte Wille zur Zweisamkeit mindestens, zu einer kleinen Schülerschar, zu literarischem Erfolg, publizistischer Anerkennung, warmen Südzimmern. Auch die italienischen Winter konnten bitter kalt sein. Montinari suchte übrigens immer nach Stellen im Werk Nietzsches, die diesen als Volksfreund auswiesen.

Die auch im Denkmal sichtbare Zerbrechlichkeit – Nietzsche war gar nicht so schlank – spiegelt die tiefere Referenz seiner Philosophie: In seinen Texten dreht und wendet er die Dinge auf diese und auf das Leiden hin, will »die Unerträglichkeit des Daseins steigern, die Wunde der Existenz fühlbarer machen«[62], ohne durch Mitleid auf Rettung zu hoffen. Irgendwie ist der Apel-Nietzsche zu groß für das, was er in Naumburg war, zu Lebzeiten und später im Sozialismus sowieso. Nach der Verschmähung kommt die Überhöhung. Die Szene aber ist gut! Neben ihm steht das kleine Mädchen, eine selbstbewusste Schülerin oder fragende Fremde. Arme und Hände hat sie fast ein wenig provokant in die Hüften gestützt. Ein

Heinrich Apel, Nietzsche-Denkmal (Dialog der Neugier), 2007

wenig erinnert sie an ein *Jungmädel*, ein deutsches Mädel. Nur die Zöpfe fehlen. Fordernd schaut sie zum Philosophen auf. Sie stört ihn offenkundig beim Lesen. Möglicher Dialog: Sie: »Hey! Was liest du denn da?« Er: »Nietzsche, mein Kind.« Oder ermuntert sie ihn gar – gleich hinter dem Denkmal befindet sich ein orthopädischer Schuhladen mit Podologie-Praxis – zur Fußpflege? Schwere Entscheidung. Claus-Artur Scheier[63] fiel zur Szene noch etwas Anderes ein:

»[...] *Der Morgen war nebel- und nieselig, der intime Platz wenig bevölkert. Heinrich Apels Nietzsche sitzt auf einem schlichten Stuhl, entspannt, scheint es, aber kränkelnd-grübelnd über dem entsunkenen Buch, die Beine übereinandergeschlagen in den Hosenröhren unter dem Röhrenmantel, als lauschte er, so befremdlich verhüllt, den stehenden Tonwellen seiner Seele: ›Oh meine Seele, nun gab ich dir Alles und auch mein Letztes, und alle meine Hände sind an dich leer geworden: – dass ich dich singen hiess, siehe, das war mein Letztes!‹ Eine Doppelskulptur: Zur Rechten von Nietzsche das Mädchen, die Arme akimbo, eine jüngere Schwester von Arno Schmidts Fränzel Jacobi oder Suse Kolderup. Dr. Apel spricht von einem ›Dialog der Neugier‹, und das ist ein guter Dialog mit Nietzsche. Aber doch nicht alles. Apel hat auch für den Naumburger Dom gearbeitet, er kennt sich aus in dessen Geschichte. Jedenfalls fand ich das Mädchen wieder, als ich gleich nach dem Besuch der Ausstellung über den Naumburger Meister in* [...] *›Bilder*[*n*] *& Geschichten zur Entdeckung des Naumburger Meisters aus fünf Jahrhunderten‹ blätterte: Fortgesetzte Spiegelungen. Da steht sie, keine Skulptur diesmal und die Arme nach hinten gestreckt, auf einem Foto aus dem Besitz des Stadtmuseums, und schaut neugierig hoch – zum Gesicht einer überlebensgroßen Uta, einer, tatsächlich: Beton-Nachbildung aus den dreißiger Jahren: Passé die unvergleich höfische Eleganz, übriggeblieben – was? Adorno hätte es wohl am treffendsten formulieren können. Aber schon die unbekümmert selbstbewusste Haltung der jungen Betrachterin entlarvt den Kitsch des Erhabenen und so – fortgesetzte Spiegelung – den Kitsch, den man Nietzsche angetan hat. Sie ist, auf dem Foto wie bei Apel, so lebendig, dass man zu hoffen beginnt, sie würde gleich tun, was jenes Mädchen auf dem Markusplatz tat, von dem Botho Strauß in ›Paare, Passanten‹ erzählt:*

›das uns allen Angemessene‹ nämlich: ›aus der nebligen Luft [...] *Atem zu holen für den Gesang‹«.*

Am Brunnen gleich neben dem Denkmal sitzt im Mai 2014 ein junges Paar mit Sohn und allen Naziattributen: schwarze Kleidung, kurz geschorene Haare, national ausrasierte Seiten, sie mit blonder Strähne schräg über der Stirn, beide rauchend. Der Junge, vielleicht drei, aufgemalte Deutschlandflaggen auf beiden Wangen. Er leckt fröhlich sein Eis. Die Fußballweltmeisterschaft steht vor der Tür.

Vor den Toren der Stadt liegt Schulpforta, das alte Internatsgymnasium, zwischenzeitlich *Nationalpolitische Erziehungsanstalt* und dann bis 1990 sozialistische Musterschule. Auch dort werden Nietzsches Schriften nach 1945 in den Giftschrank verbannt. Nichts für die *Freie Deutsche Jugend*, die hier immer noch wie zu Nietzsches und zu NAPOLA-Zeiten Elite ist oder sein soll. Nur wenige Insider kannten und hegten noch den unerwünschten Bestand, der als Teil der Schulbibliothek allerdings dem internationalen Leihverkehr angeschlossen blieb. Zwischen verstaubten Bücherregalen ließ der daher auch im Schriftverkehr mit dem NSW stehende Bibliothekar Rudolf Konetzny schon mal ein Nietzsche-Porträt an der Wand hängen. Die Originale aus dem alten Nietzsche-Zimmer verwahrte er in Schubkästen. Von Konetzny, einem alten Oberschlesier, wird manche Episode heimlicher Subversion erzählt. Vor allem seine Führungen für westliche Besucher waren der EOS-Direktion und -Parteileitung ein Dorn im Auge. So standen auch Konetzny und der Bibliotheksverkehr unter Beobachtung. Zum Besuch einer Gruppe des kirchlichen Proseminars Naumburg findet sich folgender Bericht:

»In der vergangenen Woche besuchte eine Gruppe von ca. 25 Studenten des Proseminars das Objekt Schulpforte. Unter anderem besichtigte sie die Bibliothek. Im allgemeinen verhielten sie sich ordentlich. Das bestätigte der Gen. Konetzny auch dem Direktor [...] *gegenüber. Eine kleine Gruppe von ca. 5–8 Studenten wollten genaueres über Nietsche wissen. »Nietsche, als Philosoph müsste mehr publik gemacht werden«.*

Gen. Konetzny erklärte ihnen, warum wir Nietsche kein Denkmal setzen. Im weiteren Verlauf des Gesprächs wurde diese Problematik nicht weiter angesprochen.«[64]

Nietzsche-Zirkel, als heimliche Lesekreise, Rezitier- oder Musikabende? Wenn überhaupt, dann nur so denkbar. Ob im regulären Unterricht je ein Nietzsche-Gedicht gelesen wurde? Antiquarisch waren Nietzsches Werke im nahen Naumburg und auch in Halle durchaus noch zu haben. Abiturienten und Studenten benötigen nur eine schriftliche Erlaubnis ihrer Lehrer, die sie dem Buchhändler vorzulegen hatten.[65] Ich stelle mir das als ein eher formales Ritual politischer Korrektheit vor. Wer wollte, der konnte, eigentlich. In Naumburg gab es, wenig überraschend, einen Buchhändler, bei dem sich bisweilen Nietzsche-Lesende trafen. Zufall oder nicht: Mit Nietzsche wurde hier zugleich über die Inhumanität des DDR-Grenzregimes nachgedacht und der Ausbürgerung Wolf Biermanns widersprochen. Rentner erzählten von ihrer ersten Parisreise, Ausreiseantragsteller von ihren kosmopolitischen Träumen. Die im Kreis auch vertretenen kirchlichen Proseminaristen der Stadt, angehende Pfarrer, interessierten sich hingegen für Nietzsche als Feind der Kirche wie des Sozialismus. Buchhandlungen waren neben den Kirchen Orte intellektueller Subversion im Vorraum des Öffentlichen. Nietzsches Texte passten als Plädoyer einer Weltanschauung und Lebensform der Freizügigkeit dazu. Im Herbst 1989 konnte der mit ihm eingeübte emanzipatorische Geist ins unmittelbar Politische umschlagen, konnten daraus Mut und Streitlust zur freien Rede auf Straßen und Plätzen erwachsen. In seiner übersteigerten Polis-Liebe hatte der Denker ja immer genau dieses gewünscht und das antike Vorbild gegen eine durch Volksvertreter und Parteien vermittelte moderne Demokratie gestellt. Bei Jürgen Kraefft, dem besagten Buchhändler, Leiter von »Bild und Buch« in Naumburg, einem gelernten Schriftsetzer, der nebenbei Musik machte und philosophierte, las und diskutierte man also, und man hörte natürlich auch wieder eifrig mit. Kraefft war bald von einer Corona informeller und dabei vorgeblich Nietzscheinteressierter Berichterstatter umgeben – darunter u.a. ein Puppenspieler, ein Archivar und ein Jugendclubleiter.

In der Buchhandlung, so hieß es in einem Dossier vom 11. Dezember 1975, führe man in letzter Zeit Gespräche über Nietzsches Philosophie, Gesprächspartner Kraeffts seien »in erster Linie Studenten der Kirchlichen Seminare. Dabei würden ›Herrenmensch und Weltbürger‹ besonders diskutiert«, was auch Dozenten der Hochschule bestätigten. »Es ginge soweit, dass darunter die Vorlesungen litten, da vieles der Nietzsche Philosophie gegen die kirchliche Lehre gerichtet sei. Nietzsche hätte sich zwar«, wie der Informant aus Gesprächen mit dem Rektor Reiner Bohley wisse, »auch als Christ bezeichnet, aber seine Lehre darüber sei kirchenzerstörend.«[66] Das schaffte Unruhe, weil man seitens des Staates eine beruhigte Kirche im und für den Sozialismus wollte. Kraefft selbst ist unverblümt kritisch gegen die DDR-Verhältnisse, äußert sich gegen die kulturelle Verelendung einer Stadt wie Naumburg, gegen den Marxismus, der allenfalls eine Wirtschaftswissenschaft, als Weltanschauung schlicht ein Irrtum sei. Biermanns Ausbürgerung empfinde er als einen Skandal, der Folgen haben werde. Kraefft scheint bewusst zu provozieren, wenn er etwa gegenüber einem Informanten, vor dem er an anderer Stelle als vermutetem Spitzel warnt, offen bekennt:

> *»In seinen alten Beruf (Schriftsetzer, M. S.) zurückzugehen, wäre für ihn unvorstellbar. Das könne er nicht ertragen, ständig unter Kontrolle zu sein, mit Menschen zusammen zu sein, die laufend ›bespitzeln‹* […] *Gern würde er in die BRD oder Frankreich reisen. Paris reize ihn sehr* […]*, äußerte, dass man die Grenzen zum kapital. Ausland abschaffen müsste, die Grenze sei ein Hohn und verstoße gegen jegliche Prinzipien der UNO und die Auffassung von Freiheit. Und unbegreiflich sei, dass dann auch noch das MfS in so großer Form seinen 25. Jahrestag feiern darf und seine Rolle so öffentlich zur Schau tragen darf.«*[67]

Die Naumburger Nietzsche-Gespräche strahlten aus, Kontakte nach Berlin und nach Leipzig, wo ebenfalls ein »Nietzsche-Club« unter Beobachtung stand, sind in den Akten erfasst, zudem immer wieder westdeutsche und amerikanische Besucher. Gegenstand des Interesses ist vor allem das Nietzsche-Haus am Weingarten, für Kraefft, der gern Auskunft gibt, noch immer ein geheimnisvoller Ort voll unerforschter Geschichten. Die alte Grundstückseigentümerin, Kneist zog erst in den 1980ern ein, hätte, so weiß und verbreitet der Buchhändler, noch vieles Unentdeckte aus Nietzsches Kindheitstagen. Das zog natürlich und lockte Forscher und Fans. Abgesehen davon, dass so immer ein paar Westmark für die Reinigung und Instandhaltung der Nietzsche-Tafel abfielen, übernachteten Studenten des Kirchlichen Oberseminars daraufhin heimlich im Haus und suchten nach Materialien. Das hatte freilich auch mit den Studien Reiner Bohleys, ihres Rektors, zu Nietzsches Naumburger Prägungen zu tun.[68] Berichte »Betreff Kraefft-Nitzschehaus«[69] heizten die Gerüchteküche wohl noch zusätzlich an:

> »*Im Gespräch mit einer Bekanntschaft Kraeffts* [...] *kam die Rede auf den Kraefft im Problem mit dem Haus oder der Gedenkstätte Nietzsches im Weingarten, letztes Haus linke Seite, an dessen Frontseite eine Gedenktafel angebracht. Es wohnt darin eine ältere Frau, die nach Kraeffts Aussage eine entfernte Verwandte sein soll vom besagten Nietzsche. Es wurde darüber hinaus oft versucht von Seiten des Oberseminars, Studenten auch Sympatisanten, in diesem Haus Unterkunft und Wohnung zu finden, um heranzukommen an besagtes historisches Material. Es ist gescheitert. Einzig Kraefft scheint konkret zu wissen, um welche Dokumente es sich handelt, und identifiziert sich damit als eifriger Nietzsche-Forscher. Vermutlich tauscht er sich mit Personen darüber aus, zumeist musisch-literarischen Charakters bourgeoischen Gehabes. Er wirkt vermutlich als sachkundiger Aufklärer zur Erhebung des alten Nietzsche zu einem ›neuen‹ Nietzsche – und erntet sicher Beifall seitens der Katecheten.*«[70]

Historia abscondita. Bei Nietzsche hatte jeder *große Mensch* »eine rückwirkende Kraft: alle Geschichte wird um seinetwillen wieder auf die Waage gestellt, und tausend Geheimnisse der Vergangenheit kriechen aus ihren Schlupfwinkeln – hinein in *seine* Sonne [KSA 3, FW, 404]. Das galt dann also auch noch für ihn selbst, unter den sozialistisch bewölkten Himmeln Naumburgs.

In Schulpforta war Nietzsche nie populär gewesen, war nie Klassenbester der Fürstenschule, dafür aber öfter in der Krankenstation. Wie zahllose Mitschüler vor und nach ihm, besoff er sich in der Kösener Bahnhofskneipe, im Sozialismus dann berühmt-berüchtigte MITROPA (nach Friedrich Naumanns *Mitteleuropa*-Idee von 1915). Vermutlich wurde da noch ärger gezecht. Zum Naumburger Bier kam der Nordhäuser Doppelkorn. Schiller, so bekennt Nietzsche in seiner Autobiografie, legte ihm in Pforta »die ersten Pfeile auf die Zunge«. Sein Lehrer Koberstein sah es mit Freuden. Anfang 1860 schrieb der Pennäler nach Hause: »Unser Leben in Pforta ist weiter nichts als ein beständiges Erinnern und Hoffen.« Es war seine vielleicht glücklichste Zeit.

Die Schule wurde zwar weder nach 1871 noch nach 1945 eine preußische Kadettenanstalt, in der DDR aber doch dem sozialistischen Bildungskanon unterworfen, der die alten Sprachen (nicht die Musik!) mehr und mehr marginalisierte und dafür politische Bekenntnisse in schlechtem Deutsch abverlangte. Der Nachkriegsrektor Martin Havenstein, ein Altphilologe, der 1922 eine Studie zu »Nietzsche als Erzieher« verfasst hatte, kapitulierte 1950 vor den Nötigungen der neuen Ordnung.[71] Es kam wieder wie nach 1933. Das Kollektiv über alles. Wie hatte Nietzsche gesagt? »Erziehung ist im Wesentlichen das Mittel, die Ausnahme zu ruinieren zu Gunsten der Regel.« Am klassischen Gymnasium wollte er übrigens nur noch die alten Sprachen gelten lassen. Es sei noch immer das Beste an diesen Schulen gewesen, dass die Jugend hier einige Jahre eingehend Latein treiben würde. Da wüsste man noch, was ein Fehler ist. Wilhelm II. war da moderner, wollte bekanntlich keine kleinen Griechen und Römer, sondern weltmännische Deutsche, die englisch und französisch sprachen, so wie er. Nietzsche konnte kein Englisch. Zu DDR-Zeiten gab es in Schulpforte immerhin noch die alten Sprachen, zuletzt noch Latein, das hier zumindest neben dem übermächtigen Russisch überlebte. Ansonsten siegte landab, landauf, die Polytechnik, Marxens schlecht verstandene Idee.

Exkursionssplitter, Oktober 2011: Schulpforte ist ein irgendwie romantischer Ort, zumindest ohne Schüler. Es sind gerade Herbstferien. Frau Maser, eine Kirchenhistorikerin, lakonisch knapp, präzise, führt uns durch die Schule: die Nietzschekastanie im Klosterhof, der Kreuzgang, die Kapelle, die Herrschafts- und Schulhäuser. Alles großzügig von grün umgeben, wie Oxford. »Alteuropa in Thüringen«, befand Manfred Riedel 1990, »die Wildnis und Verwilderung« abgerechnet.[72] Damit meinte er den sozialistischen Ungeist, der ihm vielleicht stärker erschien, als er tatsächlich war. Thüringen war nicht Sibirien, auch wenn man das, aus Erlangen zurückkommend, bisweilen so sah. In Gesang und Orgelspiel war Nietzsche unschlagbar. Der Musikzweig blieb auch zu sozialistischen Zeiten unangefochten und genoss eine gewisse Narrenfreiheit, wenn man sich nur von Zeit zu Zeit erfolgreich an Wettbewerben beteiligte. *Urkunde:* »Der FDJ-Chor der EOS Schulpforte hat am II. zentralen Leistungsvergleich der Jugendchöre der DDR in Schwerin, teilgenommen. Der Chor erhielt das Prädikat *sehr gut.*«[73] Der alte Ulbricht ärgerte die Polytechniker und Kybernetiker der frühen Honecker-Ära noch mit dem Spruch: »Jeder sozialistische Lehrer sollte Geige spielen können!« Er dachte dabei an die sächsischen Volksschulen seiner Kindheit.

Unter dem zu DDR-Zeiten verrammelten und vermoderten Kirchenschiff eine Tafel für die gefallenen Portenser 1914–1918, rot auf weiß und schwarz: »Auf der Höhe des Lebens erschlagen.« Über die Nazi-Eliteschule »NAPOLA« (1935) erfahren wir nur wenig, mehr über die 1950er Jahre und die Schließung aller sakralen Bereiche. Sozialistischer Kulturkampf. Parteiversammlungen als Gottesdienste. Nietzsches »Gott ist tot«-Schlachtruf hätte gepasst. Jedoch stehen die Texte des *Donnerers* in diesen Jahren auch hier unter dem Lukács-Verdikt des Irrationalismus und der »Zerstörung der Vernunft«. Frau Maser interessiert sich aber nicht so sehr für die DDR. Sie ist eher in der frühen Neuzeit zu Hause und Theologin. Letzteres trifft auch für meinen Assistenten Michael Ploenus zu, der sich aber umso mehr für die DDR interessiert. Promoviert hat er über das marxistisch-leninistische Grundlagenstudium an ostdeutschen Universitäten.[74] Die Reise nach Naumburg und zu den mitteldeutschen Nietzscheorten war für ihn

»eine Reise zu ganz persönlichen Erinnerungsstätten. Drei Jahre (1988–1991) habe ich als Seminarist einer kirchlichen Schule in Naumburg gelebt. Dem Haus am Weingarten schenkte ich seinerzeit allerdings keine nennens-

werte Beachtung, obwohl ich kaum fünf Minuten entfernt wohnte. [...] Der Genius loci wollte nicht über mich kommen, was kaum verwundern kann. Das menschliche Wrack, das 1890 in das Haus an der Jakobsmauer einzog und liebevoll von seiner Mutter gepflegt wurde, hatte seinen mitreißenden Geist ein Jahr zuvor weit weg im für mich unerreichbaren Turin gelassen. Und schließlich hatte die SED-Politbürokratie den Rest besorgt und Friedrich Nietzsche als Vordenker des Faschismus geistig ausgebürgert und der damnatio memoriae preisgegeben. Was wussten wir Unbedarften also schon vom Röckener Pfarrerssohn und seinen Gedanken? Wirklich nicht viel mehr als das billige, in frommen Kreisen aber gern kolportierte: ›Gott ist tot. Nietzsche – Nietzsche ist tot. Gott.‹«

Es waren für Ploenus prägende und bewegte Jahre in Naumburg. Immerhin erlebte er in dieser Stadt nichts Geringeres als die Revolution von 1989/90 und den Untergang der DDR. Die anarchischen Wirren jener Übergangszeit führten ihn und seine Kommilitonen damals aus Naumburg ins vier Kilometer benachbarte Schulpforta, wo er ein Jahr später sein Abitur ablegte. Es kam schon einem kleinen Triumph gleich, so erzählt er, dass eine eben noch unter ideologischem Generalverdacht stehende christliche Schülerschar mitsamt ihrer Dozenten wie die Sieger der Geschichte in die traditionsreiche, aber auch realsozialistisch kontaminierte Klosterschule einzog – und ausgerechnet im nicht mehr benötigten Parteizimmer ihr neues Domizil fand. Als Ploenus mit seinen Seminaristen das Gelände eroberten, gab es noch eine »Wache« am Eingang des Internats – Lagersprache, Weltbürgerkriegsvokabular[75]:

»Es war eine Zeit der Neubefragungen und der Renaissancen. Ich müsste lügen, wenn Nietzsches langsame Rückkehr nach Schulpforta, die just zu dieser Zeit einsetzte, einen nennenswerten Eindruck auf uns gemacht hätte. Dafür kehrten plötzlich zu viele Geister an zu vielen Orten zurück. Aber hier und dort raunte man nun seinen Namen, noch etwas ängstlich nach Jahren marxistisch-leninistischer Geistesgängelung. Einige aufgeweckte Schüler begannen Nietzschetexte zu lesen und begeistert ›zu glauben‹ – und legten auf dem Pausenhof eifrig Zeugnis ab. Ich kaufte mir die rororo-Biographie von

Ivo Frenzel und den ›Zarathustra‹, den ich natürlich nicht verstand, was mich am Mitreden aber nicht hinderte. Die langsame Wiederentdeckung des Philosophen (natürlich nicht nur hier) führte eines Tages einen Referenten in die Pfortenser Aula, der, soweit ich mich erinnere, vor vollem Haus einen gediegenen, jedenfalls mitnichten einseitigen Vortrag zu Leben und Werk des Denkers hielt. Doch schon das ging einigen Lehrern entschieden zu weit. Sie befürchteten wohl – und das war damals noch durchaus verbreitet – über die Beschäftigung mit Nietzsche eine Renaissance des Faschismus. Eine aufgeregte Dame argumentierte mit Verve in diesem Sinne für die Notwendigkeit des Vergessens und Verschweigens. Hier in Schulpforta jedenfalls gebe es schon aus politisch-hygienischen Gründen kein Erbe anzutreten. Da waren ihre Nietzsche lesenden und politisch so ganz und gar nicht radikalen Schüler schon deutlich weiter – also ganz im Sinne jener Sentenz des ehemaligen Pfortenser Schülers Johann Gottlieb Fichte, die damals wie heute am Eingang des Haupthauses zu lesen ist:

›… groß und glücklich wäre der Meister,
der alle seine Schüler größer machen könnte, als er selbst war‹«[76]

Überhaupt ging die Nietzsche-Rezeption zu DDR-Zeiten stark von Naumburger Kirchenkreisen aus, von Reiner Bohley (1941–1988) vor allem. Bohleys Wirken zunächst am Proseminar, später als Magdeburger Pfarrer, steht für das bei Ploenus erkennbare systemfremde, aus religiösen Fragestellungen erwachsene neue Nachdenken über Nietzsche. Bohley hatte bereits 1974, damals als wissenschaftliche Qualifikationsschrift am Katechetischen Oberseminar Naumburg verteidigt und 1990 (posthum) als Dissertation anerkannt, seine Studie »Die Christlichkeit einer Schule – Schulpforta zur Schulzeit Nietzsches«[77] vorgelegt. Er war damals der wohl beste Kenner der mitteldeutschen Kindheitsmuster Nietzsches. Mit dessen Verteidigung nahm er zugleich die protestantische Tradition des Ortes gegen einen überbordenden dialektischen und historischen Materialismus in Schutz. Im Umfeld der Pfarrhäuser fanden sich paradoxerweise nicht wenige Verteidiger des so kirchenfeindlichen Denkers und Luther-Hassers. Einen noch unerschlossenen Fundus zur dieser versteckten kirchlichen Rezeption verwahrt mit dem Nachlass des 2001 verstorbenen

Nietzscheforschers und -herausgebers Wolfgang Müller-Lauter übrigens noch Eichberg in seinem Dokumentationszentrum. Müller-Lauter wirkte als Professor an der Kirchlichen Hochschule Berlin (West) seit den 1960er Jahren als ein Netzwerker des deutsch-deutschen Nietzschedialoges und befruchtete die kirchliche Nietzsche-Aneignung auch in der DDR. Neben Bohley profitierte davon der letzte Außenminister Ostberlins, Markus Meckel, der sich eingehend mit Nietzsches Anthropologie beschäftigt hatte. Als Mecklenburger Pfarrer war Meckel, durch Müller-Lauter vermittelt, 1980 sogar mit einem Aufsatz zur Deutung der *Zarathustra*-Dichtung in den renommierten »Nietzsche-Studien« hervorgetreten.[78] Auch Reiner Bohley durfte oder musste hier seit 1987 publizieren, weil seine Arbeiten zu Nietzsches christlichem Schulumfeld in keiner DDR-Zeitschrift gedruckt wurden. Die Kirche aber, soviel lässt sich in Naumburg auch 2011 noch erfühlen, rüttelte zuerst am staatlichen Nietzsche-Tabu. Über Bohley, der von 1975 bis 1982 Rektor des Kirchlichen Proseminars war, liefen zudem die informellen west-östlichen Kontakte, wurden Gespräche in Gang gehalten, gemeinsame Exkursionen, etwa mit Montinari, Salaquarda oder dem Ehepaar Jens, zu den Nietzsche-Stätten unternommen. In Röcken, wir kommen auf den Geburts- und auch zu DDR-Zeiten wichtigsten Gedächtnisort Nietzsches noch zurück, sollte da vieles zusammenlaufen.

Weiter Saale abwärts liegt das idyllische Tautenburg. Goethe entdeckte und besuchte das Dorf von den Dornburger Schlössern aus. Es liegen all diese Orte so nahe beieinander. Bis 1990 liegt die Sommerfrische im Bezirk Gera, Kreis Jena. Nietzsche traf hier Lou und verbrachte mit ihr den vielleicht schönsten August seines Lebens. Sie hatten sich in Rom kennengelernt. Im Petersdom fielen dann die unschlagbaren Worte: »Von welchen Sternen sind wir uns hier einander zugefallen?« Zumindest will sie es später so gehört haben.[79] In Tautenburg kam Nietzsche bei einer Familie Hahnemann unter. Der stolze Vermieter brachte schon bald ein Erinnerungsschild an: »Hier wohnte Friedrich Nietzsche im Sommer 1882«. Nietzsches Größe war im hinterwäldlerischen Tal früher als anderswo selbstverständlich. Zu DDR-Zeiten musste die Tafel wieder abmontiert werden. Manfred Riedel glaubt, sie schon 1951 nicht mehr gesehen zu haben, auf dem einfachen Bauernhäuschen am Waldrand, »wo Nietzsche die Einsamkeit und das Zusammensein mit der geliebten Lou von Salomé suchte.«[80] Sie wurde auf offiziellen Geheiß erst 1978 abgeschraubt. Kein besonderes Jahr, nur gab es damals verdächtig viele 750-Jahrfeiern landauf, landab. Der sozialistische Putz bröckelte. Andere Geschichten mussten her. Brechts *Fragen eines lesenden Arbeiters* stellten sich neu. Zum Anliegen, den einfachen Leuten etwas älteres Eigenes unterhalb verordneter Erbe- und Traditionspolitik zu bieten, hatte Nietzsche einst eine gute Idee, die der *antiquarischen Historie:* »Wie könnte die Historie dem Leben besser dienen«, so erwog er, »als dadurch, dass sie auch die minder begünstigten Geschlechter und Bevölkerungen an ihre Heimat und Heimatsitte anknüpft, sesshaft macht und sie abhält, nach dem Besseren in der Fremde herumzuschweifen und um dasselbe wetteifernd zu kämpfen?« [KSA I, 266] Sesshaftigkeit, Heimatsitte, »Schöner unsere Städte und Gemeinden!« – ein Programm nicht zuletzt, das einer steigenden Zahl von Ausreiseanträgen *minder begünstigter Geschlechter und Bevölkerungen* in die Bundesrepublik Einhalt gebieten wollte. Damals, Mitte, Ende der 1970er wurde mit einem Mal Vieles möglich, konnten Viele *unser* sein, die bis dato als Fortschrittsfeinde und Sozialistenhasser, als Militaristen und Kriegstreiber galten: Luther, Friedrich der Große, Bismarck und sogar der mehr antikommunistische als antifaschistische Hitlerattentäter Graf Schenk von Stauffenberg.

Hahnemanns Enkel war inzwischen Gärtnereiinhaber geworden und immer noch stolz auf den berühmten Gast des Hauses, so wie sein Vater und sein Großvater vor ihm. Und wenn es in der sozialistischen Plan- und Aufbausprache hieß: »Schöner unsere Städte und Gemeinden!«, warum nicht jetzt auch mehr Nietzsche, nicht nur eine Tafel, sondern vielleicht ein kleines Erinnerungskabinett mit Bildern, Texten, Postkarten über bunten Blumen im Häuschen Hahnemanns im Tautenburger Grund? Doch hatte die Öffnung Grenzen und der politisch-historische Verschönerungswille war auch Anlass dafür, ideologisch reinezumachen. Eisernes Auslese- wie Aussonderungskriterium blieb der »Antifaschismus«, und Nietzsche galt eben, wenn nicht als Mittäter, so doch zumindest als

Vordenker. So wurde Hahnemann dann auch von der Dornburger Bürgermeisterin und dem Vorsitzenden der *Nationalen Front* (wie faschistoid das klingt), dem Zusammenschluss aller Parteien und Massenorganisationen der DDR, natürlich unter Führung der SED, in einem Schreiben vom 4. Mai 1978 bedeutet:

»Werter Herr Hahnemann!

Bei der letzten Ortsbegehung zur Vorbereitung unserer 750-Jahrfeier mussten wir feststellen, dass an Ihrem Wohnhaus, nach wie vor noch die Gedenktafel für den bürgerlichen Philosophen Nietzsche, angebracht ist. Wir bitten Sie, diese Tafel bis zum 6.5.1978 nunmehr endgültig zu entfernen. Wir nehmen an, dass es auch nicht in Ihrem Sinne ist, einen ideologischen Wegbereiter der faschistisch – nazistischen Ideologie ein besonderes Andenken zu widmen. Durch die Weltanschauung dieses Mannes versuchten die Nazis viele Untaten und Verbrechen auf der Grundlage seiner Herrenmenschen- und Klassentheorie zu rechtfertigen. Wir sind davon überzeugt, dass auch Ihnen dieses dunkle Kapitel unserer Geschichte nicht wert ist, durch eine solche Gedenktafel besonderer Würdigung zu erfahren.«[81]

Das war typisch und eher in vorauseilendem Gehorsam bürokratisch motiviert als von oben wirklich verordnet oder gar weltanschaulich begründet. Selbstmobilisierte geistige Verödung. Der Gärtner musste sich fügen. Die Kirche des guten Pfarrers Hermann Otto Stölten, Chronist der denkwürdigen Begegnung Nietzsches mit Lou von 1882,[82] kommt auf den Hund. Einsturzgefahr, das Schieferdach zum Himmel offen. Aber sie wird weiter genutzt und noch zu DDR-Zeiten mit viel Eigeninitiative der kleinen Gemeinde renoviert. Hahnemann bewahrte sein Schild immerhin gut auf und schraubte es 1988, die Zeit schien reif dafür, frech wieder an. Kein Hahn krähte mehr danach. Auch nicht nach der alten Postkarte vom »Nietzsche-Haus in Tautenburg«, die man bei ihm auf Nachfrage inzwischen auch wieder käuflich erwerben konnte.[83]

Unter Nietzsches Fenster, so eine Anekdote zum Aufenthalt, krähte fortwährend ein Hahn. »Herr Hahnemann: Der Hahn muss weg!«, habe

Nietzsche daraufhin gefordert, den das Tier beim Denken störte. Der respektvolle Bauer soll den Schreihals tatsächlich geschlachtet haben. Die Studentinnen waren entsetzt, als uns Gerhard Schaumann, emeritierter Jenaer Slawist und Nietzschekenner vor Ort, die Anekdote erzählte. Der Menschenfeind und der Tierfeind Nietzsche. Schaumann, geb. 1927, besitzt noch eine Kriegsausgabe des *Zarathustra*, gekürzte Fassung, mit der er 1944 zur Flakausbildung nach Dänemark zog und dann 1945 in Oberschlesien in russische Kriegsgefangenschaft geriet. Seine Anstreichungen und Fragezeichen, so meint er, zeigten, dass er damals nicht viel damit anzufangen wusste. Er hatte Glück. Als er nach Breslau abtransportiert werden sollte, sagte eine russische Militärärztin: »Der kann doch auch mit nach Hause.« Nietzsche hat Schaumann später, wie so viele, weniger als Philosoph denn als »Dichter mit seinen ästhetischen Auffassungen« angesprochen. In Prager und Moskauer Antiquariaten beschaffte er sich diverse Ausgaben.[84] Zu einem Sozialismus mit »menschlichem Antlitz«, dem Schaumann 1968 anhing, passte Nietzsche aber dennoch nicht. Dagegen hatte ihn dann doch, bei aller Kritik an dessen überzogenen Urteilen, Georg Lukács immunisiert.

Nietzsches Hoffnungen auf ein Ende der »Südländerei« zerschlugen sich 1882 in Tautenburg. Es kam, wie es kommen musste: Alle fünf Tage eine »Tragödienszene« und schließlich das abrupte Ende der »Sternenfreundschaft«, er suizidgefährdeter denn je. Lou soll, typisch Russin, nur eine leere Schnapsflasche im Pfarrhaus hinterlassen haben. Bei einem letzten Wiedersehen im Oktober in Leipzig schenkte er ihr zum Abschied – poetische Umschreibung des bitteren Verzichts und Reminiszenz an vorherige Genua-Aufenthalte – sein Kolumbusgedicht, Schluss:

> Wen er liebt, den lockt er gerne / Weit hinaus aus Raum und Zeit –
> Über uns glänzt Stern bei Sterne, / Um uns braust die Ewigkeit.

Und dann sind da noch die berühmten Bänke. Nietzsche wünschte sich vom rührigen Pfarrer und vom Verschönerungsverein zwei davon auf den Höhen um das Dörfchen, mit den Inschriften »Der tote Mann. F. N.«

und »Die fröhliche Wissenschaft. F. N.«. Am gleichnamigen Manuskript, seinem fröhlichsten, optimistischsten Text, hat er hier noch gearbeitet. Ob und wo diese Bänke damals aufgestellt wurden, ist unsicher.[85] Stölten berichtet von einem Blechschild mit der Aufschrift »Fröhliche Wissenschaft«, das Nietzsche hinterließ und noch lange in der Studierstube des Pfarrers stand. Dem Oberförster indes gefiel eine solche Bezeichnung für eine Bank im Walde nicht. Und wer war schon F. N.? Es wurde nichts daraus. 1996 kamen sie dann aber doch noch, die Nietzsche-Bänke. Sie stehen heute auf den Höhen über dem Dorf. Auf jener am Bergfried der Schenken von Tautenburg findet sich die Aufschrift des *fröhlichen Wissenschaftlers*: »Glattes Eis Ein Paradeis Für Den, der gut zu tanzen weiß.« F. Nietzsche 1882. Geschrieben auf seiner *Malling Hansen*, original in Großbuchstaben. Gleich danach tippte er noch einen Aphorismus in seine Schreibkugel, den die Schwester, die als Anstandswauwau mitgekommen war, nicht zulassen wollte: »NICHT ZU FREIGIEBIG! NUR HUNDE // SCHEISSEN ZU JEDER STUNDE.« Weisheiten, die sich sehr wohl auch aufs Politische beziehen ließen und lassen.

Eines Tages rief mich Schaumann ganz entgeistert an, es muss kurz nach unserer Exkursion im Sommer 2011 gewesen sein. An die andere Nietzsche-Bank, die auf seine Initiative oberhalb der Stölten-Kirche aufgestellt worden war, hatte der Tourismusverband oder wer auch immer ein Hinweisschild an einen Baum genagelt. Und darauf stand tatsächlich: »Nitsche-Bank«, Stasiprotokolldeutsch hätte Riedel gesagt. Welche Ignoranz! Oder war es etwa Subversion? Schaumann jedenfalls war entsetzt: »Das kannst du dir nicht vorstellen, was hier passiert ist. Man kann hier auch kein ›e‹ mehr reinkratzen und auch kein ›z‹. Das ist ja fast wie die *Unbesiegliche Inschrift* von Brecht.« Irgendwann (bei Nacht und Nebel) hat er das »itsche« mit dem Messer einfach ausgekratzt, so dass eine Zeit lang nur noch »N. – Bank« auf dem Schild zu lesen stand. »Du gehst zum Verschönerungsverein? Vergiss die Peitsche nicht!«

Von Tautenburg ist es nach Jena nur ein Katzensprung. Hier denkt kaum noch jemand an den berühmten Kranken und seinen Schweizer Psychia-

Hinweisschilder im Tautenburger Forst, 2011

ter Otto Binswanger, der den alten Kanonier Nietzsche in seinen Kollegs vor feixenden Medizinstudenten marschieren ließ. Johannes R. Becher saß hinter den Mauern der Landesirrenanstalt ein. Nietzsches Krankenakte oder Abschriften davon sind unter den Assistenzärzten der sozialistisch gewordenen Klinik allerdings Kult. Ein gerade in den Westen geflohener Kollege lüftete Mitte der 1970er Jahre das Geheimnis ganz nebenbei in einem Aufsatz zu Verbleib und Verwahrung des Dokuments.[86] Ansonsten ist das Klinikum zu DDR-Zeiten kein Nietzsche-Ort mehr. Nur Insider interessieren sich noch dafür, zumeist dank Georges Zeilen über diesen gelben Jenaer Hügel, von dem der Kranke die »letzten stumpfen blitze auf flaches mittelland« sandte. Man hat jetzt andere Sorgen. Die sozialistische Gesundheitspolitik will geistiges Kranksein als ein Überbleibsel bürgerlicher Schlacken, als Klassenungerechtigkeit ausmerzen. An der einst von Binswanger gestellten Diagnose »Paralyse progressiva«, »Hirnerweichung infolge Syphilisinfektion« gab es auch jetzt noch überhaupt keine Zweifel. Heute ist sich die Forschung nicht mehr so sicher, auch weil die damalige Diagnose lediglich auf Selbstanzeige Nietzsches im Jenaer Aufnahmefragebogen von 1889 beruhte. Auch ein Leiden der Mutter und nicht mehr nur die Disposition des früh verstorbenen Vaters wird erwogen.[87]

Im Oktober 2011 stehe ich mit den Braunschweigern vor dem Haus. Im Exkursionsbericht steht: »Großherzoglich Sächsische Irren-, Heil- und Pflegeanstalt. Der Klinkerbau aus den 1870er Jahren ist frisch abgeputzt. Die Mauer, die den Donnerer umschloss. So jedenfalls sah es Stefan George in seinem Gedicht von 1909. Zeitalter der Nervosität. Nicht nur Menschen, sondern auch Reiche leiden darunter. Die immer hastigen Schritte des Kaisers in den beschleunigten Stummfilmaufnahmen. Auch in Nietzsche tickte die Uhr. ›[...] es wird Kriege geben, wie es noch keine auf Erden gegeben hat.‹ Wahnsinnige Genialität. In der Jenaer Krankenakte lesen wir: »Lebenslauf: Stets etwas verschroben. Sehr beanlagt. Schüler von Ritschl. Auf dessen Empfehlung schon mit 23 J. Professor in Basel. 1866 Syphilit. Ansteckg. [...] 1878. Wegen Nervosität und Augenleidens Professur aufgegeben.«[88]

Über einem vermauerten Fenster der Anstalt die Sonnenuhr und das Motto: »Horas non numero nisi serenis« (Zähle die heiteren Stunden nur). Eigentlich ein Hohn auf die Lage derer, die hier einsitzen. Für uns aber der Fingerzeig, sich im Leben nicht allzu viel zu ärgern. »Schlechte Laune ist ein Denkfehler«, las ich einmal in irgendeinem Partycenter. Im ausgehenden 19. Jahrhundert sollten die Kranken hinter diesen Mauern noch zurückgeführt werden zu Gott, daran glaubte und dafür arbeitete man, zumindest seitens der Ärzte. Die Pfleger übernahmen die unangenehmen Ruhigstellungsbehandlungen, wenig human zumeist. Und es sollte schnell gehen. Kalte Bäder, Arbeitstherapie, auch extramural, und Gespräche mit frommen Christinnen der Umgebung.

Wir ahnen die Grenzen des gut gemeinten Anliegens und wollen nicht wirklich wissen, wie ruhig- und kaltgestellt, wie isoliert, wie bestraft wurde. Bürgerlicher Tod bei lebendigem Leib. Viel besser steht es heute um die Patienten auch nicht. Nur Psychopharmaka anstatt Gottvertrauen. Erinnerungen eines Medizinstudenten an den Kranken in der Frankfurter Zeitung vom 7. September 1900:

»Es war in der zweiten Hälfte des Wintersemesters 1888–89. Ich weilte als älterer Mediziner in Jena und besuchte die psychiatrische Klinik des Professor Otto Binswanger. Eines Tages wurde ein Patient in den Hörsaal geführt, der vor Kurzem in die Anstalt gebracht worden war. Der Dozent stellte ihn uns als – Herrn Professor Nietzsche vor! [...] *In seiner äußeren Erscheinung machte Nietzsche auf den ersten Blick nicht den Eindruck eines Kranken: Die mittelgroße Figur, das ausdrucksvolle Gesicht waren wohl hager, aber nicht gerade verfallen. Allerdings schien er seinen guten Tag zu haben: er war bei klarem Bewußtsein und gutem Erinnerungsvermögen. Prof. Binswanger ließ sich mit ihm in eine Unterhaltung über sein Vorleben ein. Wir erfuhren, dass er bereits mit 24 Jahren Professor in Basel war und dass später anhaltende Kopfschmerzen ihn gezwungen hatten, sein Amt niederzulegen. Von seiner schriftstellerischen Tätigkeit erwähnte er kein Wort. Zuletzt, so berichtete er, hätte er in Turin gelebt, und er begann diesen Ort zu rühmen, der ihm besonders behagt hätte, da er die Vorzüge der Großstadt und der Kleinstadt vereinige, und nun schloss er ganz spontan daran eine allgemeine Auseinandersetzung über die Eigentümlichkeiten der Großstadt und Kleinstadt. Dies Raisonnement machte mich hoch aufhorchen: so habe ich noch nie einen Menschen sprechen hören. Später, als ich Nietzsche las, wurde mir klar; was mich so stutzig gemacht hatte.*

Ich hatte eben zum ersten Mal die Zauberwirkung des Nietzsche'schen Stils verspürt. Denn er sprach so, wie er schrieb: Knappe Sätze voll eigentümlicher Wortkombinationen und kunstreicher Antithesen, selbst die eingestreuten französischen und italienischen Wendungen, die er namentlich in seinen letzten Schriften so liebt, fehlten nicht. Seine Art, zu sprechen, hatte durchaus nichts Professorales oder Dozierendes an sich. Es war eine Causerie, und an dem sanften Ton der sympathischen Stimme und der vornehmen Mimik und Gestikulationen erkannte man den Mann von bester Erziehung. Leider führte er seine Auseinandersetzung nicht zu Ende, mitten in einem Satz riss ihm der Gedankenfaden und er versank in Schweigen.

Prof. Binswanger wollte nun seinen Hörern einige Störungen im Gange des Kranken demonstrieren. Er bat Nietzsche, im Zimmer auf- und abzugehen. Aber der Patient tat das so langsam und lässig, dass man die fraglichen Symptome nicht wahrnehmen konnte. – ›Nun, Herr Professor‹, wandte sich Binswanger an ihn, ›ein alter Soldat, wie Sie, wird doch noch ordentlich marschieren können!‹ – Diese Erinnerung an seine Militärzeit schien ihn angenehm zu berühren. Sein Auge leuchtete auf, seine Gestalt wurde straffer, und er begann festen Schrittes den Hörsaal zu durchmessen.«

Franziska Nietzsche holte ihren Sohn bald nach Naumburg zurück. Binswanger, ein moderner Psychiater, traute mütterlicher Liebe letztlich mehr zu als erzwungenen Kirchgängen und extramuraler Arbeitstherapie. Ihr Briefwechsel mit Overbeck ist ein erschütterndes wie humanes Dokument der umnachteten Jenaer und Naumburger Tage.[89] Nicht ganz so amüsant wie Tautenburg fand eine Studentin dann auch »die Station in Jena. Es kann einen schon traurig stimmen, die damalige psychiatrische Anstalt zu sehen, in der einer der größten Denker des 19. Jahrhunderts stationär behandelt wurde. Frei von irgendwelcher Beklemmung konnte ich diesen Ort auch nicht verlassen.« (Miriam Bouraguba)

Elisabeth wollte von all dem überhaupt nichts wissen. Sie ließ die Krankenakte des Bruders im Weimarer Staatsarchiv versiegeln. Erich F. Podach, unabhängig gegen sie von jeher, misstraute ihrer Lesart vom überarbeiteten genialen Hirn und guten Preußen und braven Deutschen, der natürlich nicht wirklich krank werden konnte. Er wusste um die manipulativ verwerteten, teils verfälschten »Werke des Zusammenbruchs«[90], was auch hieß, dass vieles von dem, was Nietzsche seit 1888 geschrieben hatte, eben tatsächlich nicht mehr wörtlich zu nehmen war. Oder doch? Ich finde in einem Brief Franz Fühmanns die Bemerkung: »Wegen Benn sprangen vier, oder drei oder zehn Frauen aus dem Fenster« (wegen Nietzsche keine, höchstens er selbst fast wegen Lou), »nicht schön, kein schöner Zug, und er saß in der Destille und starrte durch den Fusel, und dann stand ein Gedicht auf dem Papier. Sela. Und Nietzsche verspottete sich selbst: Strebe ich denn nach meinem Glück? Nein, ich strebe nach meinem Werk! Und da war Kälte und wahrscheinlich auch ein bisschen

Heulen, und der Preis war die Psychiatrie in Jena, aber das war dann halt der Preis für etwas, das *da* war und *nur* so da sein konnte. Er hätts bequemer haben können, aber sicher, nur: Ohne Werk.«[91]

LEIPZIG, HÖRSAAL 40 – ERNST BLOCH UND ANDERE NACHKRIEGSLESARTEN

Im Nachkriegsdeutschland steht Nietzsche zunächst in allen Besatzungszonen mehr oder weniger unter Verdacht, wenn nicht unter Anklage. Manfred Riedel sprach von einer sich durchsetzenden »Konjunktur der Rechthaber«, die freilich in West und Ost unterschiedlich lang dauerte.[92] Im Westen sprachen sich nur Gottfried Benn und Martin Heidegger, die *angebräunten* Intellektuellen, unumwunden für den *Donnerer* aus: »weitreichender Gigant der nachgoethischen Epoche« blieb Nietzsche für Benn, »letzter der großen abendländischen Denker« für Heidegger.[93] Im krassen Gegensatz zum NS-Kollektivismus verwies Thomas Mann auf das tendenziell Apolitische und Elitäre von Nietzsches intellektuellem Habitus, verehrte den genialischen, theoretischen Menschen und syphilitischen Künstler von »tiefer Politiklosigkeit«[94]. Später zeigten sich namhafte Vertreter der bundesdeutschen Historikerzunft aufgeschlossen für eine Lesart jenseits des *Faschismusverdikts*. Als »reichskritischen Großintellektuellen« titulierte ihn Thomas Nipperdey im Anschluss an Theodor Schieders *Bismarck-Nietzsche* Essay von 1966[95], worin Lukács' gelegentliche Behauptung widerlegt wurde, Nietzsche habe die Reichsgründung und Bismarcks Politik bejaht. Golo Mann wollte in Nietzsche sogar den »Rebellen« gegen Kaiser und Reich sehen.[96]

Dagegen standen die Kritiker: Jürgen Habermas' Diktum mit *Schlussstrichcharakter*, Nietzsche liege inzwischen »hinter uns«, sei »fast schon unverständlich geworden« und habe jedenfalls »nichts Ansteckendes mehr«, bildete in den 1970ern das Credo und die Mitte einer linksliberalen Nietzsche-Abkehr in der Bundesrepublik.[97] Wenn man auch nicht so weit ging, Nietzsche für Auschwitz zuständig zu erklären, so konnte man ihn doch immer noch – die Linie Elisabeths! – als Anwalt der Deutschen und eines Deutschtums verunglimpfen, das nach Auschwitz in den Augen von nicht wenigen sein Recht auf einen geeinten Nationalstaat verwirkt hatte. »Liquidierung der Geschichte«, nannte Martin Walser diese Prozedur intellektueller Selbstverleugnung. Für ihn, den westdeutschen Dichter, war Nietzsche (in Mitteldeutschland) »kein Ausländer« und Leipzig kein Ausland.[98]

Ansonsten blieben auch fortan das politische Phänomen Nietzsche und der *Vordenker* innerhalb der Baeumler-Lukács-Linie, »Von Nietzsche zu Hitler«, virulent. Nietzsche sei – so die vorherrschende Auffassung, die Thomas Mann eben nicht einleuchten wollte – mit seinem ganzen Philosophieren »ein Schrittmacher, Mitschöpfer und Ideensouffleur des europäischen –, des Welt-Fascismus«[99] gewesen. Unter der marxistischen Linken (in Ost wie in West!) herrschte diese Position, so unterschiedlich sie im Einzelnen motiviert war, noch lange vor. So wollte etwa Ernst Sandvoss Hitler mit Nietzsche psychologisch in eins setzen[100], worauf Wolfgang Harich sich in späteren Debatten noch gern wohlwollend bezog. Dabei war ausgerechnet Harich einer der ersten Verteidiger Nietzsches in der SBZ gewesen. 1946 hatte er sich im Berliner Kurier zu Wort gemeldet.[101] Zwar war die Einlassung anonym erschienen, und die aktuelle Harich-Forschung bestreitet dessen Autorschaft[102], doch sprechen typische und in den Debatten der 1980er Jahre wiederholt herangezogene Zitate wie der lebendig-polemische Sprachstil, vergleichbar dem Duktus anderer Beiträge, die Harich damals für den Kurier verfasste, eindeutig für diesen als Verfasser. Nietzsche, so sah es Harich damals, sei »unschuldig« und man dürfe ihn nicht für eine »fanatische Jugend« verantwortlich machen, nur, weil in deren Pimpf-Dienstvorschriften das Motto »Gelobt sei, was hart macht« stand.

»Aus Gründen der Gerechtigkeit wäre zunächst einmal festzustellen, dass Nietzsche weder je das sentimentale Fagott, noch die schmetternde Trompete des Patriotismus geblasen hat. Eine unerquickliche Erscheinung für unsere Zeit, da sich sogar die Kommunisten des nationalen Pathos befleißigen. […] So hat Nietzsche Bitterböses über Deutschland und die Deutschen

gesagt, wobei ihm die olympische Distanz Goethes freilich ebenso fremd war wie die verletzte Liebe Heines. Warum also glaubt man heute, ihn als Vorfaschisten abtun zu dürfen?«

Harich kommt den »Schwarz-Weiß-Malern, die nur die Begriffe ›Fortschritt‹ und ›Reaktion‹ auf der historischen Palette haben« hier bereits mit dem »Vorfaschisten«, ablehnend freilich noch. Nietzsches Lehre zur Weisheit sei »nicht monogam, sondern von jeder neuen Erkenntnis neu erotisiert und in tausend Eroberungen treulos und abenteuerlich verzettelt.« So schrieb es Harich ein halbes Jahr nach Kriegsende und nahm damit seine nicht monogame eigene Denk-, Lebens- und Liebesgeschichte kommentierend vorweg. Auch die sogleich formulierten Einwände sprechen in nicht geringem Maße vom Verfasser selbst:

»Die Schattenseiten dieser lichten und heiteren Leidenschaften aber war ein Kreuzigungszug der Erkenntnis mit vielen Stationen. Von der ›Geburt der Tragödie‹ bis zum ›Ecce homo‹ hat Nietzsche sich durch seine Werke und seine geistigen Wandlungen blutig hindurchgeschunden, gepeitscht von dem tyrannischen Dämon der Neugier, der ihn beherrschte. Zu Nietzsche Stellung zu nehmen, ihn zu widerlegen oder die Beweise, die er schuldig blieb, nachträglich zu erbringen, ist unmöglich. Man kann ihn als Ganzes bejahen oder verneinen, und wer ihn verneint, ist ein prüder Spießer. Das aber heißt nicht, dass man die Gefahr dieses hoch explosiven Sprengstoffes unterschätzen soll.«[103]

Damit war Nietzsche mutig verteidigt und zugleich als geistiges Gefahrgut ausgemacht. Gerade auf die eigenen, von Nietzsche-Phrasen geprägten nationalsozialistischen Kindheitsmuster wird Harich unter anderen Vorzeichen in den 1980er Jahren wieder zurückkommen – dann allerdings als rigoroser Gegner. In den Nachkriegsjahren schien er indes längst nicht mit dem von der Staatsmacht bald oktroyierten Nietzschebild übereinzustimmen, einem Zerrbild, wonach der Denker allein noch im »Vorraum des Faschismus« beheimatet sein sollte. In Sachen Nietzsche-Verteidigung befand sich Harich damals in eben jenem Kurier übrigens in der politisch wenig schmeichelhaften Gesellschaft Carl August Emges, der als nationalsozialistischer Rechtsphilosoph nach Elisabeths Tod den »Wissenschaftlichen Ausschuss« des Nietzsche-Archivs geleitet hatte und sich dem Archiv inzwischen wieder anzudienen suchte.[104]

Wie Harich hatte unmittelbar nach Kriegsende noch Eva Siewert, emanzipierte Tochter eines Breslauer Musikerehepaars, unter Hitler schikaniert und mehrfach inhaftiert, Nietzsche couragiert und nicht von rechts verteidigt. Ihr Artikel »Nietzsche vor der Spruchkammer« war 1947 in der Weltbühne erschienen und hatte dessen wohlfeile Sündenbockrolle in Frage gestellt, die ihm nach Kriegsende als Prophet des Dritten Reiches sowie als Schöpfer des Mythos vom *Übermenschen* und von der *blonden Bestie* zugeschrieben wurde. Sein »Wille zur Macht«, so Siewert, bezeichne inzwischen ein »Schlagwort der Hitler-Ära [...], obwohl die wenigsten Nachbeter mehr davon kennen als den Titel und die Gedanken dieses Werkes schlecht begriffen« hätten.[105]

An den ostdeutschen Universitäten befassten sich bis weit in die 1950er Jahre noch eine Reihe älterer »bürgerlicher« linker Wissenschaftler, Philosophen und Kunsthistoriker ernsthaft mit Nietzsche und seiner Philosophie. In den DDR-Wissenschaftsgeschichten bezeichnete man sie später als »Wegbereiter«. Eine, vielleicht die zentrale Figur linker Nietzsche-Rezeption war Ernst Bloch (1885–1977), der dem Irrationalismus-Paradigma Lukács' in seinen Leipziger Vorlesungen zur Geschichte der Philosophie widersprochen hatte. Seit 1949 war er Professor in Leipzig, zurückgekehrt in die SBZ aus dem amerikanischen Exil. Trotz Nationalpreis zweiter Klasse (1955) und politisch honoriger Mitgliedschaft in der *Deutschen Akademie der Wissenschaften zu Berlin*, ging Bloch bald auf Distanz zum Ulbricht-Regime (obwohl dieser ihn schätzte) und wurde nach 1956 als Sympathisant des Ungarn-Aufstandes unmöglich, wenig später als »Idealist« und »Revisionist« zwangsemeritiert.

Von Wolfgang Harich, der bis 1956 noch gemeinsam mit Bloch dachte, stritt und sehr gut befreundet war, stammt ein denunziatorischer Steckbrief, den er nach seiner Verhaftung im Juni 1957, genötigt vom Ministerium für Staatssicherheit, abgab.[106] Blochs »negative Einflüsse« werden herausgestrichen. Harich spricht von einer geradezu verhängnisvollen Rolle, die dieser für die »Vorgeschichte meiner Verbrechen« (gemeint waren seine Putschpläne gegen Ulbricht) gespielt habe. Bloch sei, so die Begründung Harichs für seinen Abfall vom Glauben, »menschlich eine große Autorität« gewesen, dass er sich »nicht der Wirkung seiner überaus geistvollen und suggestiven Suada« entziehen konnte. Über Ulbricht habe Bloch nur verächtlich gesprochen. In Folge des XX. Parteitages der KPdSU hätten er »und seine Clique [...] durch »geschickte Regie« jede kritische Aussprache hintertrieben. Bloch, so Harich wörtlich, nannte Ulbricht:

> *»einen ›unbedeutenden Piefke‹, einen ›bornierten Feldwebel‹, ›Dummkopf‹ usw. und erklärte, wenn man an Bebel oder gar an Rosa Luxemburg denke, dann erkenne man, wie sehr die deutsche Arbeiterbewegung in den vergangenen Jahrzehnten mit solchen ›Bürokraten‹, ›Befehlsempfängern‹ und ›Nullen‹, wie Walter Ulbricht, ›auf den Hund gekommen‹ sei. Es sei im Übrigen undenkbar, dass die Partei jemals im gesamtdeutschen Maßstab einen breiten Einfluss erlange, solange ein Mann wie Walter Ulbricht an ihrer Spitze stehe.«*[107]

Derlei erinnerte an Nietzsches Ausfälle gegen die modernen Politiker und insbesondere die Hohenzollern. Dagegen hatte Harichs Verhaftung Bloch selbst in Angst und Schrecken versetzt. Wie von der Leipziger Universitätsparteileitung kolportiert, erfasste ihn angesichts der Nachricht »ein starkes Zittern«, was von den beobachtenden Genossen »als Ausdruck eines starken Angstgefühls gewertet wurde«. Zugleich vermeldeten sie trotz eingeräumter Differenzen die unbedingt solidarische Haltung des Ehepaars Bloch gegenüber Harich nach oben, die für ihn in den universitären Gremien Stellung beziehen wollten und auch dessen sofortige Freilassung forderten.[108]

Dass Harichs Anschwärzen nicht zu Blochs Verhaftung führte, mochte seinem internationalen Renommee – in Verteidigungsschreiben berief er sich auch auf seinen Nationalpreis – zu danken sein, wohl aber auch einer gewissen Zurückhaltung Walter Ulbrichts, die sich aus einem Brief an Bloch vom 11. Februar 1957 erahnen lässt. Obwohl Bloch hierin gerade wegen seiner Nichtdistanzierung vom »Agenten Harich« scharf gerügt und die Absetzung als Leipziger Institutsleiter vollauf bestätigt wird, traf es seine Assistenten und Schüler noch härter, blieb doch augenscheinlich ein Rest von Respekt des ehemaligen sächsischen Volksschülers vor dem berühmten Philosophen, in sowjetrussischer Tradition »Akademiks«, also Wissenschaftler von Rang, die auf russischen Flughäfen im Deputiertenraum saßen, gemeinsam mit den Deputierten des Obersten Sowjets. Ulbricht versicherte in besagtem Schreiben, dass er selbst für die Nationalpreisverleihung an den geschassten Gelehrten war und »sie immer noch für richtig halte, obwohl ich mit Ihren philosophischen Anschauungen nicht übereinstimme [...]«. Er bringe ihm ungeachtet dessen dennoch »weiterhin Hochachtung entgegen«[109]. Einen Ernst Bloch verhaftete man nicht, man zwangspensionierte ihn nur. Seither war Bloch politisch und publizistisch kaltgestellt, abgesetzt auch als Herausgeber der Deutschen Zeitschrift für Philosophie, in der Ulbricht und Kurt Hager ihre öffentlichen Bannurteile gegen ihn und Harich – Revisionismus unter dem »Deckmantel des Antidogmatismus«[110] – noch 1956 gesprochen hatten. 1961 ging Bloch entnervt in den Westen.[111]

Nietzsche kam hundert Jahre vor Bloch nach Leipzig. Hier lernte er Richard Wagner kennen. Seine Kommilitonen befand er für »knirpsartig« und »dumm«. Auch Bloch war Wagner-Fan und summte sich am Schreibtisch gern den Walkürenritt oder die Lohengrin-Overtüre. Seine *Vorlesungen zur Geschichte der Philosophie*, mit eingehender Würdigung und Kritik auch der Gedanken Nietzsches, hat er zwischen 1950 und 1956 öfter gehalten. Wer saß nicht alles im berühmten Hörsaal 40 oder wollte später dabei gewesen sein, wie Bloch, die Urgewalt auf dem Katheder an die deutsche Jugend im *Gestus der Verkündung* appellierte. Manfred Riedel habe ich von ihm zuerst schwärmen hören. Das war während seines Jenaer Semesters 1992/93. Er las damals im alten Hauptgebäude am Fürstengraben, parallel zu Kittsteiner und Ralph-Rainer Wuthenow, der aus Frankfurt a.M. pendelnd ebenfalls ein Nietzsche-Kolleg anbot, vor einer Handvoll Leuten über das *Geheime Deutschland* und andere Rätsel der jüngeren Geschichte. Herrlich geöffnete Zeiten für uns Studenten.

Ernst Bloch, so hatte Riedel betont, habe Nietzsche nie unkritisch gelesen oder gelehrt, sogar eingeräumt, dass sein Denken »faschistisch brauchbar« gewesen wäre und die Nazis, wenn auch missverständlich, von ihm gelernt hätten. Bloch argumentierte: Hitler werde in Gesellschaft Nietzsches für viele gerechtfertigt, ja in eine »vornehme Gegend« gerückt, interessant gemacht.[112] Als jugendbewegter Student habe er, so Riedels Lesart, Nietzsche vor 1914 enthusiasmiert verinnerlicht, sich dabei »keineswegs dekadent« fühlend und »keineswegs präfaschistisch« vorkommend, wie er jetzt gegen den Zeitgeist resümierte. Bloch hielt an Nietzsches Denken vor allem als einem »Essayraum der Hoffnung« fest. Den Hörern und Lesern der frühen DDR, auch mein Vater saß in Leipzig zu dessen Füßen, habe Bloch einen völlig unbekannten Nietzsche eröffnet, einen überaus lebendigen, durch dessen Briefe vermittelten, keinen »Vordenker« jedenfalls, sondern einen gefährdeten Denker utopischer Zukunftsintentionen.[113] Wollte Bloch einen Nietzsche fürs Volk? Vielleicht auch das. Riedel hatte Anfang der 1990er Jahre als Professor in Halle noch immer die fixe Idee, mit seinen Philosophievorlesungen geistige Orientierung für die ostdeutschen Industriearbeiter zu schaffen. »Wann legen wir die Vorlesung, wann haben die denn Schluss?«, fragte Riedel seine verblüfften Assistenten. Diese heroische Naivität hatte er von Bloch, diesen Idealismus und den Glauben an die Macht des offen gesprochenen Wortes. Marxens berühmtes Wort: »Die Theorie wird zur *materiellen Gewalt*, sobald *sie die Massen ergreift.*« Vielleicht erfuhren die *Massen* im Hörsaal 40 der *Karl-Marx-Universität* damals in der lebendigen Stimme des Philosophen so etwas Ähnliches.

In einer abschließenden Würdigung, es war einer seiner letzten Leipziger Auftritte, fragte Bloch, man spürt bereits die Konzessionen an ein doktrinär-marxistisch vorimprägniertes und auf falsche Töne lauerndes Publikum; fragte er also, wie man sich denn nun nach Hitler und im Sozialismus, zu Nietzsche verhalten solle:

»[…] *während der Hitler-Zeit war es politisch sinnlos, Hitler mit Gewalt Nietzsche zuzuschreiben oder ihm auch mit Gewalt Wagner zuzuschreiben, so gewiss hier faschistische Züge stecken und bei Nietzsche mit Händen zu*

greifen sind, zum Teil schon Faschismus vorliegt, auch mit Hass gegen die Arbeiter und mit Hass gegen den Sozialismus. Aber es ist doch falsch, weil das neutrale bürgerliche Publikum denkt, dass, wenn Wagner und Nietzsche die Vorläufer von Hitler sind, an Hitler doch was sein müsste. Also war die Wendung, die ich versuchte durchzusetzen: nicht das Vorspiel zu den ›Meistersingern‹, sondern das Horst-Wessel-Lied ist Nazimusik, und es ist ungeheuer schädlich, was leider von allen Antifaschisten betrieben wurde, Nietzsche zu einem Vorläufer von Hitler zu machen. Damit ist Hitler gerechtfertigt für viele, mindestens sehr interessant gemacht, er kommt in eine vornehme Gegend. [...]
Selbstverständlich ist Präfaschistisches eine Menge darin, auch wenn der soziale Auftrag noch nicht da war oder nicht deutlich da war. Es ist doch der Kleinbürger in Nietzsche, der volksfremde Kleinbürger, der Mann, der höher hinauswill. Nietzsche selber war ein armer Mann, der von kleinen Pensionen lebte, die er als verabschiedeter Professor der Philologie in Basel hatte. Er besaß sozusagen nur zwei Hemden, von denen er immer eines kleiner machen musste, um das andere zu flicken; er lebte ganz allein, ohne jeden Glanz des Einsiedlertums, wie das jetzt ausgelegt wird. Er war geplagt von Kopfschmerzen und Übelkeiten und hat sich den Helden vorimaginiert, wie es nur ein Kranker kann, wie ein Gesunder es gar nicht tut. Dieses gibt Übergänge, hier ist der Überbau, der einen gesellschaftlichen Unterbau aktiviert hat und falsches Bewusstsein hinzugefügt hat.«

Damit hätte er es gut sein lassen können, mit dieser politischen Kritik, abwägend gewiss noch, aber doch fast auf Linie. Um seinen jugendlichen Hörern den Denker Nietzsche jenseits Hitlers anschaulich, lebendig, interessant zu machen, ohne apologetische Verflachungen oder hyperkritische Vereinseitigungen, bedurfte es indes noch eines »Abers«:

»Aber es gibt auch den anderen Nietzsche. Die blonde Bestie und die Kategorie der Vornehmheit, die geben schon etwas zu denken. Was ist denn Vornehmheit? Wir haben aus der ritterlichen Moralität die Treue, aus der bürgerlichen Moralität die Ehrlichkeit, die Rechtschaffenheit, den Fleiß, die Pünktlichkeit in unser moralisches Erbe aufgenommen. Wie ist es mit der

Vornehmheit? Ist gar das Proletariat oder die klassenlose Gesellschaft eine Pöbelei unter sich, haben wir denn den Pöbel rezipiert, oder kämpfen wir nicht gegen den Pöbel? Der Pöbel ist unser schlimmster Feind, vom Lumpenproletariat abwärts. Vornehmheit ist doch nicht nur eine gesellschaftlich-soziale Kategorie, ist nicht nur Herrentum. Es gibt ein vornehmes Verhalten, wir gebrauchen den Begriff doch auch. Hier steckt zweifellos ein Problem, das mit dem sozialen Auftrag unmittelbar nicht zusammenfällt und um das wir uns nicht betrügen lassen sollen. [...]«

Bloch, der den ganzen Nietzsche wie die »stadtbekannte Schwester des weltberühmten Philosophen« (sein Spruch zu Elisabeth) kannte, hielt an ihm trotz aller Verwerfungen als einem starken Identitätsangebot fest; positiv für all jene, die eine neue Welt und, hier war freilich Skepsis geboten, einen neuen Menschen wollten; die Utopien nicht nur für denkbar, sondern für machbar hielten und zwar nicht nur in der DDR, sondern in ganz Deutschland:

»Nietzsche meint einen neuen Menschen. Dass dieser neue Mensch gestohlen worden ist, dass daraus eine grauenhafte Bestie geworden ist, daran ist diese Konzeption des neuen Menschen zum Teil selber schuld, aber nur zum Teil. Eine Richtung ist da, die anders ist. Nicht so sehr im ›Zarathustra‹, wo schrecklicher Blödsinn drinsteht, wie: ›Du gehst zu Frauen? Vergiss die Peitsche nicht!‹ Das ist nur die Kehrseite des Spießers mit den Deckchen: der Herr, der in die Weinwirtschaft und nach der Weinwirtschaft ins Bordell geht und sonst ein musterhafter Familienvater ist. Aber wenn Sie das weglassen und Nietzsches Gedichte lesen, auch aus der späteren Zeit, dann werden sie berührt von etwas anderem, was durchaus etwas zu raten aufgibt, was, wenn kein Gift mehr geträufelt wird, laut werden kann, was gegen Verkleinerung und die üble spießige Art in der Zivilisierung aufbegehrt und was man in seiner schönsten Erscheinung zu allen Zeiten ›Jugend‹ genannt hat.«[114]

Dass parallel bereits ein anderer Geist in die Hörsäle von Berlin und Leipzig einzog, zeigte Wolfgang Heise (1925–1987), damals blutjunger

Wahrnehmungsprofessor für Geschichte der marxistisch-leninistischen Philosophie an der Humboldt-Universität, der Nietzsche allein noch als bürgerlichen Krisenphilosophen gelten lassen wollte und als Prediger von »Parolen der offenen Konterrevolution«:

> *»Gegenüber dieser Leistung erscheinen mir andere Seiten Nietzsches bedeutungslos. [...] Was hilft es auch, wenn man ihm glänzende stilistische Begabung nachsagen kann, wenn wir wissen, dass er einige wirklich schöne Verse schrieb? Dass seine Kulturkritik im Einzelnen manches richtig sah? Dass in seinen Widersprüchen manches flüssiger erscheint, als wir es sagten. Widersprüche gehörten zu seiner Methode, und wenn die Vernunft schweigt, bleibt nur die Zufallsoffenbarung eines Instinkts übrig, der in Wirklichkeit auch keiner ist, sondern Einfall und inkonsequentes Denken nur vereint. – Und keine andere Wertung ergibt sich, wenn wir auf seine individuelle Widersprüchlichkeit eingehen, auf die sichtbar werdenden menschlich rührenden Seiten, auf sein Leiden und seine Tragik. Das hebt den Gehalt seiner Gedanken nicht auf, ebenso wenig ihre verhängnisvolle Wirkung.«*[115]

Deshalb, so Heise, besteht »für uns« – der marxistische Majestätsplural musste sein – auch kein Grund mehr, sich mit neuer Nietzsche-Philologie oder -Kritik zu befassen. »Sie kann uns mit Nietzsche nicht versöhnen – und wen sie mit ihm versöhnt, den versöhnt sie mit der Barbarei unter dem schillernden Gewand ästhetischer Brillanz.«[116] Im Grunde war das die in die poststalinistische Ära überführte Lukács-Linie des Verrisses von Nietzsche als einem gefährlich präfaschistoiden Irrationalisten, inzwischen Munition für den Klassenfeind in Westdeutschland, so wie sie sich dann auch in Heises Zusammenschau *Aufbruch in die Illusion* von 1964 wiederfand.[117] Ein »durchschnittlicher Philosophiestudent« der 1960er Jahre, wie Guntolf Herzberg, damals Bewunderer Lukács' und Schüler Heises, stieß so bei jeder seiner Nietzsche-Lektüren, verstreute, zufällige Funde allesamt – als Assistent kam ihm im staatlichen Antiquariat Unter den Linden Alfred Baeumlers »Wille zur Macht«-Ausgabe unter, »hinten mit Bleistift xxx! eingetragen als Zeichen höchster Gefahrenstufe« – auf Begriffe wie »Reizwörter, die sofort das philosophische Denken aussetzen ließen und reflexartig ideologiekritische Vorstellungen über den imperialistischen Überbau hervorriefen. Man konnte als Marxist zu jener Zeit wohl nur ein gequältes Verhältnis zu Nietzsche bekommen.«[118]

Angesichts dieser Entwicklung war Blochs mystisch-existenzieller, vornehmer und jugendlicher *Hoffnungs-Nietzsche* in den 1960er und -70er Jahren weder *West-Ost-Konflikt*-tauglich noch anschlussfähig für die aufkommende sozial- oder kulturwissenschaftliche Rezeption – für den *Foucault-Nietzsche* aus Frankreich beispielsweise,[119] der dann (im Westen mehr als in Osten) hier und da Anlass zur Umorientierung bot. In Leipzig aber wirkte Blochs Nietzsche vor allem subversiv gegen die hegelianische und marxistisch objektive Seite auch in Bloch selbst. Sein politisch renitenter Schüler Gerhard Zwerenz, in der Leipziger Kampagne von 1956 als »Blochmann« abgestempelt, strich rückblickend die Bedeutung des Subjektiven bei seinem Lehrer heraus. Indem Bloch dieses Subjektive pointierte, sei er für ihn und seinesgleichen »in der Epoche des Stalinismus, dieser karikierenden Übergröße des Hegelschen Objektivsystems, zum lebenden Widerspruch im entfremdeten Staatssozialismus« geworden. Mit der »lebensphilosophischen Nietzsche-Subversion«, so Zwerenz, gelangte »eine Ahnung von Widerspruch, Kritik und Euphorie in die Parteistatik der zementierten Staatsverhältnisse.« Für Zwerenz wie für viele andere damalige Anhänger blieb Blochs Denken ein kritisch-revolutionäres Abwägen »poststalinistischer Möglichkeiten«[120].

Nietzsche als poststalinistische Möglichkeit denken. Nach 1990 wäre das ja eigentlich wieder an der Zeit gewesen. Es muss im Wintersemester 2002/03 gewesen sein, als Lutz Niethammer Nietzsches zweite *Unzeitgemäße Betrachtung* an den Beginn seines Jenaer Kolloquiums stellte. Er war nach dem Hallenser Historikertag, wohl veranlasst durch einen Kommentar Monika Marons in der Süddeutschen Zeitung[121], auf die Idee gekommen, über *Nutzen und Nachtheil der Historie für das Leben* diskutieren zu lassen. Geschichte als Wissenschaft und als was noch? Hierzulande war sie bereits damals, Niethammer hatte wohl noch etwas dagegen, bis auf politisch korrekte Wiedergutmachungsdebatten längst verkommen zu einer esoterisch-akademischen Angelegenheit mit Ankündigungskompetenz für Drittmittelprojekte als besonderem Qualitätsausweis. Ich vermute heute: Auch Niethammers Nietzsche war noch im wesentlichen Lukács' Nietzsche, also der der Westlinken der 1970er Jahre, bekannt in diesen Kreisen überhaupt erst – Heidegger war Nazi – wegen Lukács, der ja als geschasster und in der DDR von Ulbricht verfemter Antistalinist nach dem niedergeschlagenen Budapester Aufstand von 1956 noch einen irgendwie philosophischen oder philosophisch emanzipierten Reformmarxismus verhieß.

Das Seminar. Ich ging hin und fand mich in einer Debatte wieder, in der allenthalben gewarnt wurde: vor Nietzsches Auffordern zum »Tathandeln«, vor seinem »Rassendenken«, seiner »Verachtung der Masse«, seiner boshaften Frauenfeindlichkeit usf. Wie anregend las sich dagegen Ernst Bloch! Nietzsches *Unzeitgemäße* selber spielten in der Diskussion dann gar keine Rolle mehr. In Niethammers kleiner Schrift *Posthistoire* von 1989 hatte es sie immerhin noch gegeben.[122] Kein einziges Nietzsche-Wort fiel. Der kritische Regionalhistoriker aus der DDR-Ex nippte, kopfschüttelnd gegen den unreinen Geist, bedenklich an seiner riesigen Teetasse. »Mitteldeutschland« war ihm schon ein faschistoider Begriff. Völkische Netzwerke um Nietzsches Kahn. Wieder wurde *über* ihn und sein Denken (hinweg) geredet. Am Ende (Niethammer war schon kurz eingenickt) ließ sich eine besonders aktive Doktorandin, unverkennbar unbedarft, aber hoch emotional und moralisch entrüstet, durch den Hinweis, dass Nietzsche doch schon 1900 gestorben sei, gerade noch davon abbringen, ihn schon wieder zum Nazi zu erklären. Ob sie ihn richtig geschrieben hätte? Aber ein übler Nationalist bliebe er doch. Ich war sprachlos ob meiner Lesarten des Kosmopoliten und *Guten Europäers*, des Lobredners der Einsamkeit und Individualität, des Verächters Bayreuths und »Europas Flachland Deutschland«. Mein *fröhlicher Wissenschaftler*, wo war er?

Apropos »Europas Flachland«. Lesen hätte vor Neuentdeckungen wie Vorurteilen schützen können. Nietzsche als der Kritiker der Deutschen. Hatte man davon keine Ahnung mehr? Alles in Zeiten deutscher Teilung vergessen, verdrängt? Aber gerade das hatten ihm die Nationalisten und Rassisten doch immer übelgenommen! Und wie Nietzsche schimpfen konnte, über das »Kreuzzeitungsdunst aushauchende Nest« Naumburg, über Bismarck – »Idiot par excellence unter allen Staatsmännern«, über Bayreuth, die Wagnerianer und die Antisemiten. Die Schwester hatte doch gerade dieses aus seinen Briefen an sie herausgefälscht. War das denn alles vergessen? Hatte man es nicht wissen wollen? Später, als Braunschweiger Ordinarius (einen Ost-West-Berufenen bittet man schon gern mal zur Festrede am 3. Oktober) zerstreute ich mit Nietzsches boshaften Invektiven allzu andächtige Einheitsduseleien. Irritation allenthalben noch immer, Lacher natürlich auch:

> *»Man hatte Wagner ins Deutsche übersetzt!* [...] *Die deutsche Kunst! der deutsche Meister! das deutsche Bier!* [...] *In Wahrheit, eine haarsträubende Gesellschaft! Nohl, Pohl, Kohl mit Grazie in infinitum! Keine Missgeburt fehlt darunter, nicht einmal der Antisemit. – Der arme Wagner! Wohin war er gerathen! – Wäre er doch wenigstens unter die Säue gefahren! Aber unter Deutsche! ... Zuletzt sollte man, zur Belehrung der Nachwelt, einen echten Bayreuther ausstopfen, besser noch in Spiritus setzen, denn an Spiritus fehlt es –, mit der Unterschrift: so sah der ›Geist‹ aus, auf den hin man das ›Reich‹ gründete.«* [KSA 6, S. 323f.]

So steht es schwarz auf weiß in Nietzsches Autobiografie *Ecce homo*. Angela Merkel sollte nicht nach Bayreuth gehen.

RICHARD HAMANN, ERNST NIEKISCH UND DER MILITARISMUSVORWURF

Außer Ernst Bloch, der 1961 nach Tübingen auswich, hatte an der Berliner Humboldt-Universität noch bis Ende der 1950er Jahre der Kunsthistoriker Richard Hamann (1879–1961) Nietzsche thematisiert und sich nebenbei über die Aufführung der *Meistersinger von Nürnberg* gelegentlich der offiziellen Wiedereröffnung der Staatsoper Unter den Linden empört. Hamann, ein Schüler Wilhelm Diltheys und Heinrich Wölfflins, seit 1913 Inhaber des Marburger Lehrstuhls für Kunstgeschichte, war nach seiner dortigen Emeritierung 1947 als Gastprofessor an die Humboldt-Universität gegangen. Ein renommierter bürgerlicher Wissenschaftler, der sich als *Wegbereiter* einer sozialistischen Kunstgeschichte vorzeigen ließ. Gemeinsam mit Bloch, man kannte und schätzte sich, saß er in der Ostberliner Deutschen Akademie der Wissenschaften. 1949 erhielt er für sein Rembrandtbuch den Nationalpreis der (noch nicht gegründeten) DDR.[123] Hamann war weder ein Parteigänger der SED noch ein theoretischer Marxist, wie sein damaliger Schüler und Berliner Mitarbeiter Jost Hermand. Jedoch galt er als bekennender Linkssympathisant und Pazifist, der bereits vor 1914 neben Rosa Luxemburg und Franz Mehring im Berliner Arbeiterbildungsverein Vorträge gehalten hatte. Als Grenzgänger zwischen Marburg und Berlin blieb er für West und Ost ein schwieriger, eigensinniger Kopf, der sich ähnlich wie Bloch einen von Moskau unabhängigen gesamtdeutschen Sozialismus erträumte. Beim Marburger Establishment galt er, vergleichbar Thomas Mann nach seiner Weimarer Goethe-Rede (1950), als »Handlanger des Kommunismus«, bei den DDR-Oberen machte er sich durch entschiedenen Protest gegen den Abriss des Berliner Stadtschlosses unbeliebt.[124]

Mit Nietzsches Wirkungen auf die deutsche Kultur hatte Hamann sich insbesondere in seinen Kollegs zur *Gründerzeit* auseinandergesetzt. Publiziert wurden sie 1965 im Ostberliner Akademie Verlag und 1971 dann auch in einer Ausgabe der Nymphenburger Verlagsbuchhandlung in München. Hamann nutzte, wie die Zitate zeigen, noch die alte Werkausgabe Kröners, mit der problematischen, durch die Schwester besorgten Fassung von *Der Wille zur Macht.*[125] Hamanns Erkenntnisinteresse galt genau dieser Macht- und Rangideologie Nietzsches, die ja in ihrer Leistungsorientierung jenseits ständischer Schranken auch demokratische Züge hatte. In Teilen war sie sogar mit Diltheys System als einer Charakterlehre in Einklang zu bringen, die alle Philosophie und Weltanschauung in diesen Jahren zur Person hatte werden lassen:

> *»So bemühte sich Nietzsche nicht um ein System, das sich logisch begründen lässt, sondern dichtet eine Gestalt, seinen ›Zarathustra‹, eine Person mit allen Ausbrüchen des Hasses und der Liebe, der jauchzenden Erhebung und der tiefsten Depression, der begeisterten Inspiration und des hitzigsten Einfalls, der alle Gründe seiner Meinungen längst vergessen hat, wenn er sie kritisch, dialektisch, imperatorisch oder prophetisch formuliert. Das Ganze ist kein Weltbild, sondern ein Vorbild, keine Lehre, sondern eine Gestalt – ein Übermensch. Auch Dilthey, der stets ein System im Auge hatte, begründet nicht logisch eine Theorie des Seins oder Sollens, sondern gibt eine Übersicht möglicher Philosophien in der Form typenhafter Charaktere, Weltanschauungen als Standpunkte besonders gearteter Personen: den Idealismus der Freiheit als Ausfluss des Willensmenschen, den Positivismus der Naturwissenschaften als Weltsicht des berechnenden Verstandesmenschen.«*[126]

Das war der Stil Richard Hamanns. Er und sein posthumer Mitautor, dessen Nietzschebild allerdings schon wesentlich über Lukács vermittelt war[127], zitieren dann breit aus Nietzsches Werken (nicht aus Briefen, wie Bloch). Man nimmt am übersteigerten Individualismus und an dessen Wirkungen auf die deutsche Literatur und deren Leserschaft Anstoß, argumentiert im Gegensatz zu Bloch aus marxistischem Objektivitätsglauben gegen das Subjektive. Zugleich aber scheinen so, wenn auch aus ideologisch unverkennbarer Distanz hervorgebracht[128], selbst im dichten Aufwurf politisch problematischer Bezugsstellen jene Gedanken und Sprachbilder Nietzsches auf, die Freund und Feind beeindruckten:

> *»Was er sich unter dem menschlichen Dasein vorstellt, ist der ›Wille und Weg zu größerer Macht … auf Unkosten zahlreicher kleinerer Mächte‹* (VIII, 371). *Er glaubt damit, den Willen zur Macht in etwas Positives umzuinterpretieren, indem er Macht gewinnen, Macht haben, Macht ausüben zu den den Menschen antreibenden, befriedigenden oder gar beglückenden Funktionen zählt. Den Urtyp dieser Machtausübung wie alles Befehlens, Vergewaltigens und Unterwerfens sieht er im Krieger, im Heer, und zwar im Sinne einer den Schwächeren überwindenden Kraft.* […] *Diese Schwärmerei für die Gewaltmenschen der Renaissance, den Condottiere-Typus, ihre Rücksichtslosigkeit und ihr egoistisches Machtstreben hat zweifellos am Bild des Übermenschen mitgeformt. Diese Menschen schweben Nietzsche vor, wenn er schreibt: ›Die Geschichte ruft den Leidenschaften, Neid, Hass, Wetteifer zu: Misshandelt und quält die Menschen! Treibt sie zum Äußersten! Den einen wider den anderen, das Volk gegen das Volk. Dann flammt vielleicht gleichsam aus einem beiseite fliegenden Funken der dadurch entzündeten furchtbaren Energien auf einmal das Licht des Genius empor!* […] *Die schrecklichen Energien – das, was man das Böse nennt – sind die zyklopischen Architekten und Wegebauer der Humanität.‹* (II, 231)
>
> *Humanität ist hier selbstverständlich* […] *nicht Menschlichkeit in unserem Sinne, sondern Menschlichkeit im Sinne des Übermenschen, des Machtmenschen, und zwar in einseitiger Verabsolutierung des griechischen Wettkampfeifers, der den Körper kampftüchtig erhält und für den der Krieg der Vater aller Dinge ist.«*[129]

Derlei Interpretationen, die in Hamanns Vorlesungen noch weniger scharf angeklungen haben mochten, waren kompatibel mit antifaschistischen Grundauffassungen zur Sache, wenn auch tiefgehender und weitaus differenzierter als parallel verkündete Nietzsche-Banalitäten und Generalverrisse von politischer Seite. Man machte den Delinquenten zumindest eingehend vernehmlich und urteilte nicht nur ohne ihn über ihn. Das war der Unterschied zu späteren Verneinungen aus Ignoranz und Unkenntnis.

Eine weitere Stimme, die damals neben Bloch und Hamann vom universitären Katheder den Fall Nietzsche vernehmlich machte, ihn dabei schärfer und unversöhnlicher als diese im *Vorraum des Faschismus* verortete, war die Ernst Niekischs (1889–1967). Niekisch lehrte nach dem Krieg ebenfalls an der Humboldt-Universität und dachte, ähnlich wie Bloch, Hamann oder Harich, immer gesamtdeutsch (sozialistisch). Körperlich hatten ihn die langen Jahre der Haft unter Hitler zwar gebrochen, vor seinen Studenten stand er aber immer noch kämpferisch und als ein brillanter Redner. Sebastian Haffner hat ihn einen »Urpreußen« und »preußischen Sozialisten« genannt. Er war aber zugleich auch Nationalbolschewist und Nationalrevolutionär. Als junger Volksschullehrer begann seine politische Karriere 1918/19 als Revolutionsführer der Münchener Räterepublik. Mit Glück und Geschick entging er, anders als sein Freund Gustav Landauer, der Ermordung durch die Freikorps. Zu zwei Jahren Festungshaft verurteilt, hatte er im Gefängnis Zeit, über eine Synthese *rechter* und *linker* Ideen nachzudenken,[130] las hier auch Spenglers *Untergang des Abendlandes*, ein Buch, Nietzsche-Brevier nebenbei, das tiefen Eindruck auf ihn machte und dem er großen Erfolg voraussagte. Während der Weimarer Republik opponierte Niekisch gegen die Westmächte, nach 1933 gegen Hitler. Für sein politisch *Gewagtes Leben*[131] bestraften ihn die Nazis noch einmal mit acht Jahren Zuchthaus. Ernst Jünger und Oswald Spengler stand er zeitweise sehr nahe. Nach Kriegsende stellte er sich auf die Seite der Sowjets, wurde zunächst KPD-, dann SED-Mitglied.

In Berlin bekam Niekisch 1948 einen Lehrstuhl für Soziologie. Seine Hörer waren zahlreich und kamen aus Ost und West. Mein Jenaer Lehrer, Peter Schäfer, ein Spezialist für westeuropäische und nordamerikanische Geschichte, gehörte zu ihnen. Er erzählte mir noch zu DDR-Zeiten von dem damals schon fast blinden Dozenten mit dem dennoch »harten blauen Blick« (Haffner), von einer beeindruckenden und dabei merkwürdig unakademischen Figur auf dem Katheder. Schäfer ließ sich wegen Männern wie Niekisch 1949 an der Humboldt-Universität immatrikulieren, wollte aber, er war Arztsohn und wohnte in Westberlin, eigentlich auch nicht ganz in den Osten – schon deshalb nicht, weil es hier keine *Lucky Strike* gab. Schäfer blieb noch lange Pendler. Dem leidenschaftlichen Raucher, er starb 2016 an seiner kaputten Lunge, hatte ich versprechen müssen, eine Schachtel der amerikanischen Sorte aufs Grab zu legen, am besten zwei – eine Lucky und eine F6, passend zur deutschen Einheit und zum Ende des *Kalten Krieges* – wenn es soweit sein sollte. Ansonsten käme man nicht so weit. Das hatte er noch scherzhaft bemerkt, als er schon »auf dem letzten Loch pfiff«. Ich tat meine Plicht. Jemand legte noch ein Feuerzeug dazu. *Menschliches, Allzumenschliches*. Es ist leichter, einer Begierde ganz zu entsagen, als in ihr Maß zu halten, sagt Nietzsche.

In Schäfers Jenaer Bibliothek standen mehrere Bücher Niekischs: »Das Reich der niederen Dämonen« (1936), »Deutsche Daseinsverfehlung« (1946), »Europäische Bilanz« (1951) – eine weltgeschichtliche Betrachtung, die aus Selbstvorlesungen in der Zelle entstanden war.[132] Allein ein Blick ins Register dieses Buches genügt, wo Nietzsche neben Marx die am häufigsten erwähnte Person ist, um dessen Bedeutung für Niekischs historisch-politische Analysen zu ermessen. Hauptthema war die europäische Geistesgeschichte vor allem in ihren revolutionären Möglichkeiten. Vornehmlich ging es ihm nach 1945 um die Frage, welches Denken und welche Ideen zu Hitler geführt hätten und was der kommende sozialistische Staat daraus lernen könne. Niekisch denkt und schreibt entschieden anderes, eingreifender und weniger wissenschaftlich als Bloch und Hamann: Seine Bücher und Vorträge sind fordernd, aufrüttelnd, sind Werke, die danach verlangen, weitergeschrieben zu werden, und zwar mit Taten. Sein »preußischer Sozialismus«, anders gedacht als bei Spengler, schien anschlussfähig für den Ostberliner Sozialismus zu sein. Und warum sollte das kleine »sozialistische Preußen« nicht jenem zuvor gedachten Preußen gleichen, »in dem Maße lebendig und ausgreifend, in dem das bürgerliche Weltgefühl versickert und verkümmert«?[133]

Bürgerliches Weltgefühl: Kreiste um diesen Kern nicht exakt Nietzsches Philosophie? Jedenfalls bezog Niekisch in Vorträgen und Publikationen gerade in diesem Zusammenhang wiederholt und verschiedentlich zu Nietzsche Position.[134] Konzentriert und dabei gewiss noch zu einem einseitigen Verriss eingedampft, findet sie sich in einem Artikel der kulturpolitisch programmatischen Monatsschrift *Der Aufbau* – nach 1945 eine Versammlung moderner, sozialistischer Geister. »Nun widerstrebt vielleicht kein Philosoph mehr als Nietzsche«, so räumt Niekisch hier zunächst ein,

> *»dem Versuch, sich auf eine Formel bringen zu lassen. Ein Grundton ist wohl vorhanden und klingt immer wieder hindurch; aber er wird zeitweise verdeckt durch Klänge, die anderen Bereichen anzugehören scheinen. So gibt es einen aufklärerischen Nietzsche (Morgenröte), der so freigeistig ist, als sei er Zeitgenosse Voltaires; ein anarchistischer Nietzsche löst ihn ab, der fast Stirners ›Einzigem‹ (Der Einzige und sein Eigentum) den Rang abläuft und dem totalen Nihilismus zuzustreben scheint. Nietzsche durchläuft für seine Person (ontogenetisch), die Entwicklungsstadien, die das 18. und 19. Jahrhundert (phylogenetisch) durchlaufen haben, er durchwandert diese Stufen, um zu sich selbst zu finden. In ›Jenseits von Gut und Böse‹, im ›Willen zur Macht‹ ist er insbesondere bei sich selbst – und dieser Nietzsche ist es, der für die Entwicklungsgeschichte der deutschen Intelligenz zum Verhängnis geworden ist.«*[135]

Niekisch weiß und lässt dies in gewisser Weise gelten, dass Nietzsches rasche, aphoristisch-sprunghafte Denken im Kern, wie bei Humboldt, Kierkegaard und den romantischen Genieverklärungen, auf dem Unterbau des »Einzelnen« und der freien Persönlichkeit ruht. Diese will nicht beherrscht werden, sondern herrschen und sich am Ende zu sich selbst verführen. Nur wird dieser freie, einsame Einzelne bei Nietzsche offensiver, ja aggressiver, imperatorischer und habe, so Niekisch, außerhalb der Masse und gegen sie zu bestehen: Ein überspitztes »geistesaristokratisch gefärbtes Auslesebewusstsein ohnegleichen« bäume sich auf gegen den »demokratisch-gleichmacherischen Zug des anbrechenden imperialistischen Zeitalters.« Das dabei mitschwingende emanzipatorische Moment war es, das den jungen und renitenten Seminaristen, in dessen Schreibtisch die Aufsicht beim Durchsuchen einen *Zarathustra* gefunden hatte, an Nietzsche fesselte. »Nicht ohne manche inneren Konflikte«, so hieß es dazu in Niekischs Autobiografie, »schlug ich mich mit Nietzsches *Genealogie der Moral* und *Zarathustra* herum«.[136] Mit Schopenhauer und Nietzsche wurde alles, »was in mir an metaphysischer Anfälligkeit, an Schwäche für ›Hinterwäldlerei‹, noch lebendig war, [...] für immer hinweggefegt.[137] Wie später der junge Harich, so entbrannte auch Niekisch früh in heißer Leidenschaft für Nietzsche, um ihn dann, nach der Erfahrung *Hitler* mit ebensolcher Leidenschaft zu hassen und abzulehnen – als ein höchst problematisches Gleichnis für die gesamte deutsche Geschichte, ihre Zerrissenheit und Episodenhaftigkeit, ihre Ab- und Sonderwege. War Nietzsche, so fragt Niekisch, in seinen Einfällen und Aphorismen, »plötzlich und unvorbereitet, blendend und hinreißend«, mit einem »stoßweisen Atem« hervorgebracht, nicht insofern symptomatisch,

> *»als die ganze deutsche Geschichte eine Sammlung kurzatmiger Aphorismen ist? Die großen mittelalterlichen Kaiser, die Reformation, Wallenstein, Friedrich II., Bismarck. Ludendorff! Im Moment verblüfften sie; ihre Wirkung war jedoch nicht von Dauer, und zuletzt blieben sie einfache Episoden. Auch das Hitlerreich war ein solches geschichtliches Aperçu: unvermutet blitzte es auf und benahm die Sinne; man war wie vor den Kopf geschlagen. Wie rasch aber war nachher der erste Eindruck verblasst [...]. Der deutschen Geschichte mangelt der lange Atem, wie er Nietzsches Denken abgeht.«*[138]

Abgesehen von der Provokation, den Zivilisationsbruch als *Aperçu* und Hitler als »Episode« zu bezeichnen, erscheint der Aphorismus als zentraler ästhetischer wie politischer Defekt in Nietzsches Denken. Darauf von allem will Niekisch dessen *verhängnisvolle* Wirkungen auf die gesamte deutsche Intelligenz (gemeint war die rechte wie die linke!) zurückführen. Schließlich fehlen in Niekischs Polemiken auch die berüchtigten Schlagworte nicht:

> *»Was im ›Zarathustra‹ sich noch als ›Übermensch‹ präsentierte, der, um die Herzen der gebildeten Jugend für sich zu gewinnen, raffiniert den Kredit ausnützte, den die Romantik und die Schopenhauersche Philosophie dem*

›Genie‹ verschafft hatten, entblößte sich in ›Jenseits von Gut und Böse‹ als ordinäre blonde Bestie. Die Katze war aus dem Sack: Deutschland war weltpolitisch so weit ins Hintertreffen geraten, dass es als letztes verzweifeltes Mittel nur noch die Zähne und Krallen der deutschen Bestie auszuspielen hatte; und eben der bevorstehende Sprung dieses Untiers auf die Arena der Weltpolitik wurde durch das Tamtam der Wagnerschen Musik und das Pathos der Nietzscheschen Philosophie angekündigt. Die blonde Bestie bestimmte selbst von sich aus, was gut und was böse sei; gut, recht, wahr ist, was uns nützt; böse, unrecht, unwahr, was uns schadet. Alle objektiv gültigen Werte sind zum Kehricht geworfen; der Subjektivismus treibt seiner äußersten Konsequenz zu. Er begnügt sich nicht mehr damit, zu denken, was er will; er will jetzt auch mit gutem Gewissen tun, was ihm beliebt; er will im Ernste, ohne mit der Wimper zu zucken und ohne ein besonderes Aufheben zu machen, heiter, unbewegt, unbeschwert über Leichen gehen. Die Bestie ist opern- und philosophiefähig geworden, sie ist für gebildete und anständige Menschen kein Schreckbild mehr, man verweilt mit ihr unbedenklich im Theatersaal und in der Einsamkeit des Studierzimmers, man gewöhnt sich an sie, man wird es bald natürlich finden, sie auch im öffentlichen Dasein, in der Politik am Werke zu sehen. Wer die ›blonde Bestie‹ begehrt, nimmt grundsätzlich die Bestialität in Kauf. ›Der Wille zur Macht‹ ist die Philosophie der Bestialität. Macht ist die Summe der Lebens- und Vernichtungsurtriebe im Stadium ihrer entfesselten Begehrlichkeit; sie ist roher, wilder, elementarer Einsatz der gesamten, ungezügelten Naturhaftigkeit. Darwins, dem naturwissenschaftlichen Verständnis dienende Richtschnür vom ›Kampf ums Dasein‹ wird bei Nietzsche zur philosophischen Weltdeutungsformel und damit zum höchsten Legitimationsprinzip jeder tierischen Hemmungslosigkeit im Raum der Gesellschaft und Politik. Jedermann darf und soll Bestie sein, und der Führer, der Herrenmensch, ist das äußerste Monstrum an Bestialität. Heroisch ist, wer von seinen Kräften den viehischsten Gebrauch macht und keine Skrupel vor Blutvergießen, Menschenschinderei und blankem Mord mehr kennt.«[139]

Niekisch kannte, verstand und missverstand Nietzsche, etwa wo er behauptete, der Prototyp des *Übermenschen* sei dem schwächlichen Philosophen der preußische Offizier gewesen und »der Kasernenhof die Musterschule menschlichen Umgangs.«[140] Festgestellt hatte Nietzsche genau das. Aber hatte er es nicht rundherum abgelehnt? Man liest, was man lesen will! Es gab dieses Nachlassfragment vom Sommer 1885: »Die Zukunft der deutschen Cultur ruht auf den Söhnen der preußischen Offiziere« [KSA 11, 569]. Was macht man mit einem solchen, hingeworfenen Satz? Warum nicht auf deren Töchtern? Spiegelt er Nietzsches tatsächliche Überzeugung, militärischer Geist gehöre in die Kultur, bringe sie erst in Form? Ist es eine Feststellung, ein Wunsch, eine ironische Pointe oder nur ein trauriger Kommentar zum Unvermeidbaren – Prognose einer fatalen Militarisierung deutscher Kultur und Politik nach 1871, Warnung vor dem übergroßen Prestige des adligen Militärs nach drei fast spielend gewonnenen Kriegen? Selbst nicht unmittelbar wörtlich genommen, belegt die Passage letztlich doch Nietzsches Gespür für den gesellschaftlichen Wandel in der Ära Bismarck, so wie seine politischen Äußerungen bei genauerem Hinsehen überhaupt weit weniger von Widersprüchen, Spiegelungen und ironischen Pointen zerfasert erscheinen als seine ästhetisch-literarischen Urteile.[141]

Nietzsche als Einjährig-Freiwilliger in Naumburg

Niekisch steckte Nietzsche also unter die Pickelhaube, so wie Lukács ihn zum Irrationalisten und Militaristen machte. Das berühmte Foto von 1868! Der berittene Artillerist in Naumburg. Da ist er noch ganz der stolze, *enragierte* Preuße mit dem mächtigen Kavalleriesäbel. Die Uniform steht ihm. Die Pickelhaube liegt neben ihm, so wie die Krone neben Ludwig dem XIV. auf dem Gemälde von Rigaud.

Dann aber fällt er vom Pferd und nach dem Krieg von 1870/71 mit bösen Erfahrungen als Krankenpfleger vor der Festung Metz haben wir einen ganz anderen Nietzsche. Das Reich, es wird für ihn bald eine Gründung auf Blut, Eisen und Dummheit. Nicht die deutsche Kultur hatte gegen Frankreich gesiegt, sondern lediglich die preußische Artillerie. Der Aberglaube, nur weil man schneller als die Franzosen geschossen hatte auch gleich noch klüger zu sein als diese, war in Nietzsches Augen ein verderblicher Wahn – im Stande »unseren Sieg in eine völlige Niederlage zu verwandeln: in die Niederlage, ja Exstirpation des deutschen Geistes zu Gunsten des ›deutschen Reiches‹« [KSA 1, 159f.]. Und aus diesem Humus – Der Sieger dümmer, der Besiegte boshafter! – erwuchsen dann der »Nationalitätenwahnsinn« und »Hornvieh-Nationalismus« oder die »Vaterlandstölpelei«, Begriffe, die sich später öfter in seinen Briefen und Schriften finden werden.

Gern belegt wird der Militarismusvorwurf mit einer Nachlass-Notiz von 1873: »Mein Ausgangspunkt«, so schrieb Nietzsche da, »ist der preußische Soldat: hier ist eine wirkliche Convention, hier ist Zwang, Ernst und Disciplin, auch in Betreff der Form […] Sie geht aus von der Zucht des Körpers und von der peinlichst geforderten Pflichttreue.« [KSA 7, 685f.]. Es ging hierbei aber nun nicht, wie oft behauptet – Lukács zitiert bedenkenlos Elisabeth, um Nietzsches Ideal des Offiziers dem Arbeiter als seinem Hauptfeind gegenüberzustellen[142] – um ein Lob des Krieges oder das Feiern einer »Kultur des Militärischen«, sondern um Ästhetik und (Schreib)Stil, sogar um den Tanz im Sinne einer älteren, griechischen oder französischen *Convention*, die dann, laut Nietzsche, wieder etwas mit Disziplin, Haltung, Gang und Rhythmus zu tun hat.[143] All dieses ginge den Deutschen und ihrer Kultur, so meinte er, inzwischen ab. Mir übrigens auch, als mich Offiziere der Nationalen Volksarmee 1986 in Delitzsch bei Leipzig das Marschieren lehrten. Hundert Jahre nach Nietzsche beobachtete ich ein ähnliches Abfärben des militärischen Tonfalls auf Sprache und Verhalten der Deutschen, selbst da, wo man den Offizier als »Mann des Faches« noch gelten lassen mochte.[144] Preußen überhaupt, und dies hatte Nietzsche bereits im November 1870 seinem politischen Intimus Gersdorff geschrieben, erschien ihm als »eine der Kultur höchst gefährliche Macht«.[145] Vom preußischen Offizier ließe sich jetzt »die Gesellschaft im Ganzen »den Ton [...] angeben«. Die Deutschen militarisieren sich »im Klange ihrer Sprache« – Erkenntnisse, die den wenigen Aufenthalten in Naumburg während des Sommers 1882 abgelauscht und in Nietzsches Schrift *Die fröhliche Wissenschaft* eingegangen waren. Von Delitzsch nach Naumburg, das sich damals so ganz im Banne der preußischen Garnison befand, ist es nur ein Katzensprung. Hier stand jetzt alles unter dem Einfluss der sozialistischen Unteroffiziersschule »Kurt Bennewitz«: »Man gebe Acht auf die Commandorufe, von denen die deutschen Städte förmlich umbrüllt werden, jetzt wo man vor allen Thoren exerciert: welche Anmassung, welches wüthende Autoritätsgefühl, welche höhnische Kälte klingt aus diesem Gebrüll heraus!« [KSA, 3, 461 f.]

Nietzsches Warnungen hätten im Kaiserreich gut auch für Erfurt, Kassel oder Metz Gültigkeit beanspruchen können, so wie später für Wehrmachts- und NVA-Kasernen – allesamt Schulen einer stets gefährlichen und gefährdeten Nation. In Naumburg wurden nach 1945 »rote Kadetten« ausgebildet, in Delitzsch eben Unteroffiziersschüler und einfache Soldaten wie ich. Wütendes Autoritätsgefühl und höhnisch-kaltes Gebrüll zum Schutz des Arbeiter- und Bauernstaates noch immer:

> »Delitzsch, 27.11.1986. *Hier gibt es für alles eine Dienstvorschrift, nur nicht für das Verhalten bei Anschiss durch Vorgesetzte.* [...] *Mit Offizieren verhält es sich oft nicht anders als mit Hunden: Nicht immer ist der, welcher am lautesten bellt, auch der Gefährlichste. Symmetrisches Mitbrüllen kann hier ein mögliches Erfolgsrezept sein. Dem ›Sie sind ein Arschloch‹ oder ›Ich lasse sie einsperren‹ eines mit blutunterlaufenen Augen tobenden Hauptmanns entgegnet man am besten im selben Tonfall in einem schneidigen ›Jawohl, Genosse Hauptmann‹. Große Leute mit kräftigen Stimmen sind da freilich im Vorteil. Vorsicht hingegen ist bei leisen, zischenden Anklagen geboten. Man kennt Fälle, wo Soldaten für nichts ins Loch müssen.*«[146]

Ernst Niekisch hatte das Unbehagen Nietzsches vor dem lauten, brüllenden, dumpf Kommandierenden gewiss auch einmal zur Kenntnis genommen. Doch nach alledem, was geschehen war, auch in Nietzsches Namen geschehen war, konnte und wollte er ihn nicht mehr als Kritiker des Militarismus lesen. Eher ließ er noch den »Schauspieler« gelten, kritisch gegen das demokratische Zeitalter und den »Amerikanerglauben«[147], aber auch gegen den Sozialismus »als die zu Ende gedachte Tyrannei der Geringsten und Dümmsten« und die Sozialisten als »Dreiviertels-Schauspieler« gedacht [KSA, 11, 586]. Niekisch wendete diese Figur Nietzsches jetzt gegen das Kaiserreich und den Ideengeber selbst, setzte diesen mit jenem gleich, obwohl Nietzsche sich vom »Reich« immer deutlich distanziert hatte und nie ein Anwalt Bismarcks oder gar der Hohenzollern war. Man muss dazu nicht erst die Wahnsinnszettel lesen. Den Passus Niekischs über »Deutschland als Weltmacht« hätte Nietzsche daher durchaus so gelten lassen:

> *»Sein Weltmachtgebäude war eine Bühnenkulisse; Deutschland war nicht, sondern es spielte Weltmacht. Daher rührte die schauspielhafte Gehaltlosigkeit seines Daseins* [...]. *Die Fassade wird zu Deutschlands hervorstechender Lebensform; immer scheint man mehr als man ist. Man setzt sich auf großen Fuß, tut großspurig und wird nichtsdestoweniger vom Gefühl der eigenen Nichtigkeit beunruhigt. Der Schein regiert das Gesamtdasein; man pflegt die große Geste, weil man spürt, dass man über die Kleinheit und Schwäche hinwegbetrügen muss, der man sich zuletzt doch ausgeliefert sieht.«*

Man denkt (als 1966 geborener Jenenser) an die Honecker-DDR am Rockzipfel Moskaus, an den eingehegten sozialistischen Schrebergarten, der *Top-Ten-Player* unter den Industrienationen der Welt zu sein vorgab. Hinter den Kulissen spielte das kleine Preußen und halbe Land aber eher dritte Liga. Und selbst der Schein war nicht unbedingt schön, der das Gesamtdasein regierte. Niekischs Argumentation betraf die deutschen Verhältnisse seit den 1880er Jahren:

> *»Alle die großen Schauspielerfiguren erscheinen auf der Bühne und lösen sich ab: Wagner, der Schauspieler als Musiker, Nietzsche, der Schauspieler als Philosoph und Gesetzgeber, Wilhelm II., der Schauspieler als Imperator, Hitler, der Schauspieler als Universalgenie und Wundermann, als Erlöser,*

Held, als der Größte in jedem Betracht [...], als der Übermensch schlechthin. Diese Schauspieler machen [...] umso mehr Lärm, je mehr sie merken, dass ihnen der Boden unter den Füßen weggezogen wird. Der Lärm der Reklame und Propaganda begleitet zuletzt das Spektakelstück, welches das deutsche Volk in der Rolle des auserwählten Herren- und Heldenvolkes zeigt – kurz bevor es in den Abgrund geschichtlicher Auslöschung stürzt.«[148]

Nietzsche im Vorraum des Faschismus, als exemplarische Schauspielernatur und Stichwortgeber, mindestens. Der zuletzt verkündete Topos einer *bestialischen Philosophie* und des durch Nietzsche vermittelten Gefühls eines »aufsteigenden cäsaristisch-faschistischen Imperialismus« waren selbstverständlich nicht mehr auf Verständnis oder gar Verteidigung des Philosophen aus. Es ging Niekisch, anders als Bloch und auch noch Hamann, nicht mehr darum, Nietzsche Gerechtigkeit widerfahren zu lassen.[149] Hamann hatte sich immerhin noch gegen jene gewandt, die den *Übermenschen* in maßlosem Selbstgefühl und »moralinfreiem Sichausleben« rücksichtslos gegen Andere dachten und zu realisieren versuchten. Sie hätten ihn so

»*nur halb verstanden. Manche könnte man mit Knaben vergleichen, die nach der Lektüre des ›Lederstrumpf‹ die Aufregung von Krieg und Grausamkeit im Indianerspielen zu erleben versuchen. Dass eine ganze Epoche und ihre Regierungsschicht aus seinem Werk das Recht ableitete, die von Nietzsche dem Übermenschen angedichteten Grausamkeiten auf die ganze Epoche anzuwenden, hätte er sicher abgelehnt, selbst wenn er diese Epoche gefordert und gefördert hat. Was ihm vorschwebte, war das ästhetische Vergnügen an tragischen Gegenständen, an Scheiternden, Grausamen, Maßlosen wie Cesare Borgia, Blaubart, Salome oder Nero, der das von ihm angesteckte Rom wie ein grandioses Schauspiel betrachtet und dazu seine Lieder singt, eher an Oscar Wilde als an Hitler erinnernd. Das soll keine Entschuldigung sein, sondern gehört zum Wesen aller übersteigerten Intelligenzutopien, in denen sich eine höhere Klasse auch als höhere Geistigkeit interpretiert. Wo liegt hier die Wahrheit, bei einem so ambivalenten Geist wie Nietzsche, der hinter das prophetisch Fordernde immer das luziferische Lächeln setzt, der sich nicht nur als Führer, sondern auch als Verführer bezeichnet, mit Ideen und Bildern jongliert wie ein ›Tänzer‹* [...].«[150]

Ein solches Kalkül, frei von jeder Apologie, höchst kritisch vielmehr, akzeptierte Nietzsche als doppelbodigen und keinesfalls immer eindeutigen Denker, ließ das Unsystematische und Aphoristische gelten, reduzierte es nicht zwanghaft auf eine ausschließlich politische Lesart. Marsch und Tanz gehörten zusammen. In den Hörsälen von Berlin und Leipzig fanden solche Positionen nach Hamanns Entlassung 1957[151] und Blochs Flucht in den Westen keinerlei Aufmerksamkeit mehr, geschweige denn Fürsprecher. Niekisch war bereits nach dem 17. Juni 1953 auf Distanz zum Regime gegangen und wenig später aus der SED ausgetreten. Gleichwohl kamen seine Analysen den offiziellen Bewertungen und Verbrämungen Nietzsches durch Johannes R. Becher oder Otto Grotewohl schon sehr nahe. Bald gab es keinerlei Deutungsnischen mehr, von eigensinnigen, vorurteilsfreien Auseinandersetzungen ganz zu schweigen. Der geistige Boden war bereitet dafür, Nietzsche nun endgültig prä- oder protofaschistisch zu diffamieren. Relevant blieb er allenfalls noch als politisch gefährlicher Gegenkopf im beginnenden *Kalten Krieg* – argwöhnisch beäugt als Feind des Sozialismus.

»GEISTIGER BRANDSTIFTER« – NIETZSCHE ALS NAZI UND NATO-IDEOLOGE

Die systemideologisch bald unangefochtenen Sehepunkte hatten lange vor Gründung der DDR festgelegen. Von Johannes R. Becher, einst glühender Nietzsche-Anhänger, war im Moskauer Exil die Kehrtwende vorgenommen worden. Seine Argumentation zeugt von profunder Kennerschaft wie unversöhnlicher Gegnerschaft, und tatsächlich handelte es sich bei Bechers Invektiven um die eines eigentlichen Verehrers, der jetzt auf Distanz gegangen war. Hitlers Kriegs- und Eroberungszüge wollte er bei Nietzsche nun vorgedacht wissen und in dessen Philosophie überhaupt den Keim der Idee eines »germanischen Europa« erblicken.[152] Nietzsche sei aufgetreten, so schrieb Becher 1943:

> *»ein Jahrzehnt nach der Reichsgründung in symbolhafter Gleichzeitigkeit mit der Gründerzeit. Ein visionäres Warn-Mahl und Wahn-Mal, errichtet an der Jahrhundertwende, zurückverweisend auf Deutschlands vergangene Passion und, mit einem seltenen Witterungsvermögen für Wetterumschläge begabt, nahende Zusammenbrüche und Weltveränderungen ankündigend. Das krisenempfindlichste und für jede Art von Trübung und Dunkelheit aufnahmefähigste Spiegelbild seiner Epoche. Selbst zerscherbt und in die Brüche gegangen vor dem ihm nicht mehr gestaltbaren Übermaß des Geschauten. Unablässig sich selbst zersprengend und aufspaltend; erschöpft, entleert von dem spiegelnden Verbrauch und Missbrauch aller Überzeugungen. Die deutschen Zustände reflektieren sich in ihm in seiner programmatisch betonten Unheimlichkeit, Vieldeutigkeit und Unberechenbarkeit, in seinem dynamischen sich Hinaufsteigern bis zum Übermenschen; in seiner volksfeindlichen Borniertheit; in*

seinem jedes Scharfmachertum rechtfertigenden Machtwillen und seinem Gewaltkult.«[153]

Nietzsche, das »Wahn-Mal« an der Jahrhundertwende, der intellektuelle Neurastheniker im »Zeitalter der Nervosität« (Joachim Radkau), ist erkennbar noch eine verblasste Liebe Bechers und zugleich Spiegel dessen eigener »zerscherbter« Existenz. Der Doppelselbstmordversuch von 1910 nach dem Vorbild Heinrich von Kleists. Aber nur die Freundin stirbt, während er überlebt[154] und für unzurechnungsfähig erklärt wird. Dann folgen jede Menge Morphium zum expressiven Schreiben, 1919 die Einlieferung in die Jenaer Irrenanstalt, dreißig Jahre nach Nietzsche. Jetzt ist es anders. Der kranke Typus ist nicht mehr der Bürger, sondern der »Hitler-Deutsche«. Es gibt nur noch diese harte, politische Lesart. Nietzsches Philosophie habe diesen mit seinen pathogenen Phantasmen vom *Übermenschen* höchst selbst gewollt und schließlich herbeigeschrieben. Geist schafft Materie. Am Anfang war das Wort. Der Marxist Becher stockte hier nicht, hatte derlei idealistische Anwandlungen schon Ende der 1920er Jahre in seinem Lenin-Poem erkennen lassen. So wie Lenin »an den Schlaf der Welt« rührte, »mit Worten, die Blitze waren«, die Traktoren, Elektrizität und Brot wurden, so hatte Nietzsches Geist nun Panzer und die Verbrennungsöfen der KZs erzeugt. Bechers »Hitler-Deutsche« wandelte in Nietzsches Fußstapfen. Im Vernichtungslager Lublin, für Harich »im Duft von Zyklon-B«,

> *»war er ›beheimatet‹. Es gilt diese Schmach zu veröffentlichen, so lange, bis sie vom deutschen Volke selbst getilgt ist, und auch dann noch gilt es auf sie hinzuweisen, um auch künftighin nicht das geringste gleichgültige Achselzucken aufkommen zu lassen gegenüber Erscheinungen, hinter denen sich ein Lublin verbirgt. Jeder deutsche Überlegenheits-Dünkel führt nach Lublin, Lebensraum- und Rassenlehre enden in Lublin, das ›deutsche Wesen‹, an dem die ›Welt genesen‹ soll: das ist Lublin. Nicht Nietzsches Sils Maria, Lublin: das ist das Reich der blonden Bestie, des deutschen Übermenschen.«*[155]

Lublin gegen Sils Maria, Potsdam gegen Weimar. Die Mächtigen schossen sich auf den feindlichen Denker ein. So stellte Otto Grotewohl, Braunschweiger Sozialdemokrat und erster Ministerpräsident der DDR, Nietzsches Philosophie 1948 in seiner Berliner Rede auf dem ersten Kulturtag der SED in unmittelbaren Zusammenhang mit dem »Nazismus« und dessen Verbrechen. Nietzsche war inzwischen Staatsangelegenheit, Chefsache! Eigentlich sprach es ja für ihn, dass sich die Großen der neuen ostdeutschen Politik und Kulturpolitik mit ihm so eingehend befassten. Wann reden Staatsmänner schon mal über Philosophen?

Grotewohls Einlassungen, die den einst nicht unbeeindruckten Leser verraten,[156] betrafen vor allem Nietzsches Wirkungen auf die studentische Jugend, tiefgreifender und verheerender noch als die des Grafen Gobineau oder des »englischen Überläufers« Houston Steward Chamberlain. Klarer noch als bei diesen, so bedeutete Grotewohl den Genossen, hätte Nietzsche »die Grundzüge des Nazismus« verkörpert. Die Kernbegriffe seiner Philosophie dürften sich den Überlebenden nicht mehr als rein geistige Angelegenheit offenbaren:

> *»wir müssen sie heute als soziale und politische Begriffe werten, die entsetzliche Wirkungen im Raume der Wirtschaft und Politik verursacht haben. Dieser Verteidiger des deutschen Imperialismus erkennt scharf den Verfall der bürgerlich-kapitalistischen Gesellschaftsordnung und ihre Dekadenz. Er wittert die Macht der Demokratie und die Macht der wachsenden Arbeiterklasse. Deshalb predigt er in seiner Philosophie der herrschenden Klasse eine neue Herrenmoral, deshalb stachelt er den Willen zur Macht auf.«*

Grotewohl kontrastierte hier Passagen aus *Jenseits von Gut und Böse* und *Zur Genealogie der Moral* mit verbrecherischen Wehrmachtsbefehlen, um damit den Bogen zu Hitler und dessen mörderischen Krieg gegen die Sowjetunion zu spannen. Dabei rekapitulierte und übernahm er die *bombastische* Sprache Nietzsches, um sie gegen den Sprecher zu wenden:

> *»Klingt es nicht, wie aus dem hitlerschen Machwerk ›Mein Kampf‹, wenn wir folgendes lesen: ›Das Wesentliche an einer guten und gesunden Aristo-*

kratie ist aber, dass [...] sie deshalb mit gutem Gewissen das Opfer einer Unzahl Menschen hinnimmt, welche um ihretwillen zu unvollständigen Menschen, zu Sklaven, zu Werkzeugen herabgedrückt und vermindert werden müssen.‹ Das Grundgesetz der Herrenmoral besteht darin, ›dass man nur gegen seinesgleichen Pflichten habe; dass man gegen die Wesen niederen Ranges, gegen alles Fremde nach Gutdünken oder was das Herz will handeln dürfe‹.
Sozialismus ist diesem Wegbereiter der nazistischen Ideologie eine überholte Sklavenmoral. Er hasst das Volk. Es ist für ihn Gesindel, Herde, Herdentier. [...] Den Sklavenhaltern, seinen Übermenschen, lehrt er die Moral der blonden Bestie: ›Seid grausam und ohne Mitleid, Moral ist nur für die Schwachen gültig.‹ Wie heißt es doch in den streng geheimen Anweisungen des deutschen Oberkommandos vom 1. Juni 1941 [...]: ›Nur Ihr Wille muss entscheidend sein. Dieser Wille muss jedoch auf die Erfüllung großer Aufgaben gerichtet sein. Nur in diesem Falle wird er auch in seiner Grausamkeit sittlich sein. Sie sind keine Untersuchungsrichter und keine Klagemauern.‹ Das ist Nietzsches Geist in der Darstellung eines preußischen Generalstäblers. [...] Man sagt, dass 1914 junge Deutsche mit Nietzsches ›Zarathustra‹ im Tornister in den Krieg gegangen wären. Wir haben es am eigenen Leibe erfahren, dass von 1939 bis 1945 die Söhne Zarathustras, die SS, der Welt den Mythos von der deutschen Sendung und die Herrenmoral in Polen und Russland, in der Tschechoslowakei und in fast ganz Europa ebenso wie im eigenen Lande mit unüberbietbarer Grausamkeit vorexerziert haben.«[157]

Die linken Sympathien für Nietzsche aus der Kriegs- und Zwischenkriegszeit, wie sie Becher und auch Grotewohl geteilt haben mögen – von Mehrings noch eher abgewogener Kritik zu den »Kampfschriften« aus der Zeit des Widerstands, zu Lukács, Hans Günther und Alfred Kurella, war es ein gutes Stück –, schienen vergessen. Sie galten jetzt als fatale Fehleinschätzungen und Verklärungen, als dem Aufstieg des Faschismus zuträgliche Irrtümer. Wiederum war es Becher, der dieses Abgleiten, diese unverzeihliche Naivität jetzt anprangerte. Er selbst war ja das beste Beispiel für eine ästhetisch-kulturkritische Rezeption Nietzsches gewesen, für die unvoreingenommene Liebe zu einer neuen Sprache. So habe der »zersetzende Einfluss Nietzsches« auch vor der »sogenannten linken Intelligenz« nicht Halt gemacht, Thomas und Heinrich Mann und sogar Stefan Zweig erfasst. Zweigs Nietzsche-Essay[158], aus dem Becher zitiert, wird als Beleg für eine gefährlich unpolitische, naive Lesart angeführt: »Nietzsches großartige Unabhängigkeit«, sei hier, so nimmt Becher Zweig beim Wort,

> *»›Atmosphäre, eine unendlich klare, überhelle, von Leidenschaft durchstürmte Atmosphäre einer dämonischen Natur, die sich in Gewitter und Zerstörung erlöst.* [...] *Immer ist Freiheit Nietzsches letzter Sinn – Sinn seines Lebens und Sinn seines Untergangs: wie die Natur Wirbelstürme und Zyklone, um ihre Überkraft in einer Revolte gegen ihren eigenen Bestand gewaltsam auszulassen, so braucht der Geist von Zeit zu Zeit einen dämonischen Menschen, dessen Übergewalt sich auflehnt gegen die Gemeinschaft des Denkens und die Monotonie der Moral.‹ Von dieser Auffassung und Verklärung Nietzsches ist es tatsächlich nur noch einen geistigen Zentimeter bis zum Verstehen des Faschismus und einer Apotheose Hitlers. Und solch eine Ansicht finden wir immerhin bei einem Humanisten wie Stefan Zweig* [...]. *Noch weit nach 1933 gab es eine Anzahl von Genossen, die Nietzsche als zu unserem Erbe gehörig erachteten. In der Volksfrontzeit erschien ein französisches Buch mit künstlich zusammengesuchten Nietzsche-Zitaten,*[159] *die beweisen sollten, dass Nietzsche eben unser sei.*[160] *Zu unserer Schande müssen wir gestehen, dass Hitler einen besseren Instinkt gehabt hat als wir, als er sich mit der Büste Nietzsches zusammen fotografieren ließ. Die Nazis – nicht wir – haben den Politiker Nietzsche entdeckt.«*[161]

Becher spielt hier auf den Weimarer Schnappschuss von 1931 an. Nietzsche und Hitler in einem Raum. Eine merkwürdige, fast feindselige Spannung liegt in der Szene. Der Führer schaut zur Büste des Philosophen auf, dieser an ihm vorbei nach unten: »Sprich mich bloß nicht an«, scheint er zu denken, während Hitler sich fragt: »Passen wir zusammen?«

Die Nazis hatten den Politiker Nietzsche entdeckt. Nun zogen die Sozialisten nach. Bei Niekisch finden sich ähnliche Stellen kopfschütteln-

Hitler im Weimarer Nietzsche-Archiv, April 1931

der Verständnislosigkeit gegenüber denen, die Nietzsche gefolgt waren: Dieser »*Zarathustra*-Nietzsche« sei, so Niekisch, kein »Führer zu neuem Leben, sondern ein Verführer zum Chaos«, und er fragte, ob angesichts dessen »die Intelligenz des 20. Jahrhunderts nicht als die Motte« gesehen werden müsse, »welche geblendet in die Flamme taumelt, in der sie hoffnungslos und unglückselig verbrennt?«[162]

Zuletzt ließ es sich auch der KPD-Vorsitzende und nachmalige erste Staatschef der DDR, Wilhelm Pieck, nicht nehmen, Nietzsches Denken als Exempel für den Niedergang der bürgerlichen Kultur öffentlich anzuprangern und den Philosophen ohne große Umschweife als »Wegbereiter« für die Katastrophe von *Hitlerfaschismus* und *Krieg* mitverantwortlich zu erklären. »In den Ordensburgen« des NS seien die »künftigen blonden Bestien« herangezüchtet worden, behauptete Pieck 1946. Es sei charakteristisch

»für die Entwicklung des deutschen Bürgertums, dass es sich, je mehr der Krieg für gewisse Kreise die Profitmöglichkeit vergrößerte, desto mehr von den Ideen seiner großen humanistisch und freiheitlich gesinnten Klassiker entfernte und sich blenden ließ von den bombastischen Geschichtsdarstellungen eines Treitschke, von den barbarisierenden Philosopheleien eines Nietzsche und schließlich von den pseudowissenschaftlichen Salbadereien eines Günther oder eines Rosenbergs. Heute stehen wir am Ende dieses Weges. Ringsum starren Berge von Schutt, Trümmern und Asche. Zerstörte Theater und Kinos, Bibliotheken und Museen, Universitäten, Laboratorien und Schulen erheben eine stumme, aber furchtbare Anklage gegen den Faschismus, aber auch gegen all seine Wegbereiter.«[163]

Im Namen des Antifaschismus und Antimilitarismus wird Nietzsche verworfen. Alexander Abusch, einflussreicher Kulturbundfunktionär der frühen DDR und 1958 Bechers Nachfolger als Kulturminister, brachte die Dinge auf das Schlagwort vom »Irrweg einer Nation«. Zwischen 1946 und 1960 erschien das gleichnamige Buch in acht Auflagen, wurde hunderttausendfach verkauft. Nietzsches »mythische Wortflut« von *zersetzendem* und *zerfetzendem* Charakter, gefährlich politisch und fahrlässig unterschätzt in ihren Wirkungen, sei mitverantwortlich für eben jenen *Irrweg* einer ganzen Nation. Die Nazis, so argumentierte Abusch, vermengten mit den Theoretikern des italienischen Faschismus, mit Gobineau und Houston St. Chamberlain die antihumanistischen Strömungen in der deutschen Philosophie seit Nietzsche:

»Die romantisch-aristokratische Philosophie vom ›Übermenschen‹ und dem ›neuen Adel‹ diente im Zeitalter eines aggressiven Imperialismus dem gewissenlosen Kult des ›Herrenmenschen‹ und des neuen ›Blutadels‹; der ›Wille zur Macht und Übermacht‹ wurde ein Element zur ideellen Rechtfertigung der Herrenmoral der Unterdrücker ganz Europas. […] Gewiss hat nicht jeder SS-Offizier, wenn er sich später als ›Herrenmensch‹ bei der Erschießung, Vergasung und Verbrennung von ›minderwertigen‹ Slawen oder ›vernegerten‹ Franzosen fühlte, seinen Nietzsche im Tornister mitgeführt oder in Gedanken zitiert,– aber Nietzsche hat in einer bestimmten

> *Schicht deutscher Intellektueller die ästhetische Antimoral gesät und dadurch die Hemmungen dem Eindringen des SS-Geistes gegenüber brechen helfen.«*[164]

Wenn man all diese vor Nietzsche zurückschreckenden Einlassungen und Appelle liest, so entsteht fast ein wenig der Eindruck einer öffentlich gemachten eigenen Ausschleichung aus dem *bösen Geist*, dem man mehr oder weniger verfallen war, zeitweise gehuldigt, unkritisch gegenübergestanden hatte. Sozialistische Katharsis, antifaschistische Reinigung des neuen Denkens.

Der Irrweg kam vor dem *Sonderweg*, dem später, freilich ohne näher noch auf Nietzsche einzugehen, namhafte Historiker der Bundesrepublik das Wort redeten. Mit Ausnahmen. So erzählt Thomas Nipperdey seine große *Deutsche Geschichte* in unzähligen Grautönen gegen derlei Vereinseitigungen, auch in Sachen Nietzsche. Unter den über 1918 hinausweisenden *Schattenlinien* hält Nipperdey – der zitierte erste Band wurde Anfang September 1989 fertig – an Ambivalenzen fest, sieht fließende Übergänge zwischen Kulturkritik und völkischer Ideologie. Dazu gehörte ihm auch der Verweis auf Nietzsche und Wagner als »europäische Figuren«. Die beiden »Welt-Genies des Unzeitgemäßen und der Kunst-Revolution gegen die moderne Gesellschaft« seien von ihren Erben und Anhängersekten, gemeint waren Elisabeth und Cosima und mit ihnen der Bayreuther wie Weimarer Klüngel, in den Umkreis völkischer Kulturkritik gezogen worden, »die große Philosophie Nietzsches und die etwas kruden Reflexionen des Musikgenies Wagner.«[165]

Man hat aber eben jenseits dieser vermittelnden, differenzierenden Positionen, die sich übrigens auch noch in Ernst Engelbergs großer Bismarck-Biografie von 1985 finden,[166] eher die effektvolle Schlussszene der Verfilmung Heinrich Manns »Der Untertan« von Wolfgang Staudte (1951) im Kopf, in der die Kamera von der Enthüllung eines Kaiser Wilhelm-Denkmals um 1900 in zerbombte deutsche Städte von 1945 schwenkt. Von Bismarck und Nietzsche zu Hitler. Insgesamt beförderten Verlautbarungen der Art Grotewohls, Piecks und Abuschs eine grundsätzlich ablehnende Meinungsbildung weiter Bevölkerungskreise, selbst wenn die Zusammenhänge unverstanden blieben.

Nachklapp zur Szenerie staatspolitischer Vernutzung und Verdammung des Denkers: Podium in Berlin, 22. Februar 2016. »Helle Panke« hat zur Reihe *Philosophische Gespräche* ins Max-Lingner-Haus nach Pankow, Erich-Weinert-Siedlung, geladen, Anlass, etwas verspätet, der zwanzigste Todestag Wolfgang Harichs.[167] Es ist ein schönes, lichtdurchflutetes Haus, eines von mehreren im Stadtteil, die zu Beginn der 1950er Jahre für antifaschistische Remigranten, Wissenschaftler, Künstler, Publizisten gebaut wurden. Der von der Rosa-Luxemburg-Stiftung getragene Verein unterhält hier noch die Bibliothek des kommunistischen Malers und hat einen Vortragsraum eingerichtet.

Mit mir referiert Andreas Heyer, ein Politologe, der am Nachlass Harichs arbeitet und dessen Schriften herausgibt. Es geht um Nietzsche in der DDR und um Wolfgang Harich, der ihn ins Klo wünschte – nicht immer, aber spektakulär in der *Sinn und Form*-Debatte der 1980er Jahre. Der politische Vordenker Nietzsche ist wieder da. In der Diskussion verteidigt Heyer verbissen Harichs Nietzsche-Bild oder Verriss. Gefährliches Zeug. Harich habe doch recht gehabt! Mich erinnert das alles an die Kulturfunktionärssprache aus DDR-Zeiten. Im Publikum teils nach 1989 abgewickelte Philosophen und Literaturwissenschaftler, die sich breit äußern, ein bisschen gegen Harich und ein bisschen gegen Nietzsche. Linkes Bildungsbürgertum unter sich, das noch etwas Universität imitiert. In meinen Kalender schreibe ich abends an der Hotelbar: »Nietzsche, DDR & Harich. Debatte im Lingner-Haus PANKOW mit Harich-Apologeten. Bin dadurch wieder etwas wettkampfmäßig gestimmt«, also motiviert, ihnen mit Dokumenten u.a. zu *Harichs Kampf* gegen Nietzsche publizistisch zu begegnen. Gegen Heyer und Harichs Generalverdacht verweise ich an diesem Abend auf die ambivalente Rezeption Nietzsches, bejahend wie ablehnend, selbst noch im Nationalsozialismus. Ich denke wieder an Edmund Barczyk. Die ganze »Vordenkerdiskussion« stinkt mir. Sie führt in den Tunnel. »Es gibt keine einheitliche Nazi-Nietzsche-Rezeption«. Man muss sich schon die Mühe machen, genauer hinzusehen und nicht nur zu pauschalisieren. Besseres fällt mir in dem Moment auch nicht ein. Steffen Dietzsch, zu DDR-Zeiten an der AdW eingehend mit Nietzsche befasst, springt mir in der Debatte zur Seite: »Es gab kluge Nationalsozialisten«, sagt er, »einer ist Kurt von Westernhagen, der 1936, es war ein Musikwissenschaftler, ein Buch geschrieben hat über Nietzsche und den Nationalsozialismus.[168] Und der hat ganz klar gesagt: Dieser Autor gehört ins KZ.« Westernhagen habe, so Dietzsch, »alles aufgeschlüsselt – Nationalismus, Judenfrage: In allen Fragen gegen uns.« Heyer, davon unbeeindruckt, will sich Harichs politische Lesart, die in Nietzsche den Vorfaschisten sieht, einen üblen Gegner des Sozialismus und Feind des Humanen sowieso, nicht ausreden lassen. Die Diskussion geht munter weiter:

Heyer: »Aber ich würde dann doch gern zurückfragen: Im Prinzip würde das ja heißen, dass sich beispielsweise Franz Mehring in seiner Einschätzung geirrt hat.«

Dietzsch: »Ja, in der Tat. Würde ich sagen.«

Heyer: »Dass sich Lukács geirrt hat.«

Dietzsch: »In der Tat, schwere Irrtümer, muss man sagen.«

Heyer: »Es haben sich demnach unglaublich viele geirrt, zwischen, sagen wir mal, 1947 bis in die Mitte der fünfziger Jahre in der DDR eigentlich alle?«

Dietzsch: »Also alle, die politisch denken, haben sich geirrt! Alle diese politischen Leute haben sich geirrt.«

Steinbach: »Die, die Nietzsche rein politisch lesen, vielleicht kann man sich darauf einigen: Das ist der Fehler. Ihn rein politisch zu lesen.«

Heyer: »Was spricht denn dagegen? Was spricht dagegen, ihn politisch zu lesen?«

Steinbach: »Nichts, aber ihn in diese Richtung zu kanonisieren! Nietzsche war nicht nur die *blonde Bestie*, sondern auch ein emanzipatorischer, freisinniger Denker ...«[169]

In der DDR der 1950/60er Jahre hätte Heyer mit seiner Position punkten können. Er ist auch jetzt noch davon überzeugt, dass Harich recht hatte.[170] Seine kritische Kehrtwende in Sachen Nietzsche hatte der mit Georg Lukács und dessen 1954 erschienenem Werk *Die Zerstörung der Vernunft* vorgenommen. Dem Plädoyer der Anklage hatte er sich als Rezensent in der damals noch von ihm und Bloch herausgegebenen Deutschen Zeitschrift für Philosophie angeschlossen, sah mit Lukács jegliches Denken Nietzsches begründet in einer:

> *»in den Mythos flüchtenden Furcht vor dem eigenen Klassenuntergang, aus der Ohnmacht sich mit dem Gegner wirklich gedanklich messen zu können* [...]. *Der erkenntnistheoretische Appell an den äußersten Irrationalismus, an das vollkommene Verleugnen jeder Erkennbarkeit der Welt, aller Vernunft, der moralische Appell an alle barbarischen und bestialischen Instinkte ist ein – unbewusstes – Eingeständnis dieser Lage. Nietzsches nicht alltägliche Begabung zeigt sich darin, dass er an der Schwelle der imperialistischen Periode einen solchen jahrzehntelang wirksamen Gegenmythos* (*gegen den wissenschaftlichen Sozialismus – W. Hr.*) *entwerfen konnte. Sein aphoristischer Ausdruck erscheint in dieser Beleuchtung als die adäquate Form dieser gesellschaftlichen Lage: die innere Morschheit, Hohlheit, Unwahrscheinlichkeit des ganzen Systems hüllt sich in farbig schillernde, auch formell jeden Zusammenhang leugnende Gedankenfetzen.«*[171]

Nietzsche muss wieder herhalten als ästhetisch vermummter ideologischer Klassenkämpfer. Sein *Irrationalismus* und die Ablehnung jeglichen Systems werden als bewusste Kampfmittel gegen Rationalität, Aufklärung, Fortschritt identifiziert. »Der Wille zum System ist ein Mangel an Rechtschaffenheit«, hatte er dagegen behauptet [KSA 6, 63]. In einer Anthologie kritischer Nietzsche-Stimmen, 1957 bei Aufbau erschienen und noch unmittelbar vor seiner Verhaftung von Harich besorgt, findet sich der aus dem Jahr 1943 stammenden Lukács-Text: *Der deutsche Faschismus und Nietzsche*. Nietzsche war darin bereits

> *»der führende Philosoph der Reaktion für die ganze imperialistische Periode, und zwar nicht nur in Deutschland. Wie der Einfluss seines Lehrers Schopenhauer geht auch die Wirkung Nietzsches allenthalben über den en-*

gen Kreis der Universitätsphilosophie hinaus, erstreckt sich auf viele Schichten der Intelligenz und durch deren Vermittlung auf weite Kreise des Volkes in vielen Ländern. Von Mereschkowski und Gide bis Spengler, Baeumler und Rosenberg gibt es keine reaktionäre Strömung in der imperialistischen Periode, die nicht einiges Wichtige aus der Lehre Nietzsches aufgenommen hätte. Und die Gefährlichkeit dieser Wirkung […] zeigt sich darin, dass es nicht wenige Ideologen der imperialistischen Periode gibt, die sich zwar im Wesentlichen auf fortschrittlicher Linie bewegen, aber doch in ihrer weltanschaulichen Entwicklung durch Nietzsche zeitweilig auf Irrwege geführt werden. (Ich weise nur auf Thomas Mann und Bernhard Shaw hin.)«[172]

Noch in den 1980ern hielt Harich eine konzertierte Antithese von linken Klassikern gegen Nietzsche für das Maximum erlaubter literarisch-publizistischer Beschäftigung mit ihm. Damals, nach Bechers und Grotewohls Verkündigungen, hatte sich die offizielle Lesart eines echten Nietzschefeindbildes herausgeschält, inzwischen im Kontext deutsch-deutscher Abgrenzung. Den Denker und sein Denken selbst musste man dafür nicht mehr näher unter die Lupe nehmen. Es genügten Schlagworte, wie »Zarathustra im Tornister«, die »blonde Bestie« oder der »Wille zur Macht« und deren polemischer Gebrauch gegen den Klassenfeind. In der DDR und an sozialistischen Werkbänken war jedenfalls, wie etwaigen Zweiflern im Unterhaltungsblatt beschieden wurde, »kein Platz für Übermenschen«[173].

Die Bannsprüche Piecks, Grotewohls, Bechers verwiesen das Erbe Nietzsches bereits in aktuelle politische Gegensätze und vorverurteilten so kommende »Nietzsche-Renaissancen« (West) als imperialistische Inanspruchnahmen des »Wegbereiters«. Die akademische Philosophie erwies sich dafür in teils luzider Feindforschung als wichtiger ideologischer Verbündeter. So läuft Bernhard Kaufholds Beitrag zur Nietzsche-Rezeption in der westdeutschen Philosophie von 1958 nach kenntnisreicher Auseinandersetzung im Einzelnen auf eine neuerlich aggressive imperialistische Deutung Nietzsches und seiner Interpreten hinaus, von A. Weber, über Jaspers, Löwith, Balduin Noll bis hin zu Heidegger. Der »politisch-reaktionäre Charakter des Übermenschen und der von ihm zu verwirklichenden Erdregierung« seien dezidiert antikommunistisch und inzwischen ein NATO-Eroberungsprojekt. Wenn Nietzsche nach Heidegger ein Menschentum bedachte,

> *»das im Seinsgeschick des Willens zur Macht zur Übernahme der Herrschaft über die Erde bestimmt wird, so meinte Nietzsche eindeutig die deutsche Bourgeoisie als führenden Kern Europas, so meinte Heidegger 1933 ebenso eindeutig die Faschisten, die die Neuordnung der Welt erstrebten, und so ist auch heute wieder die deutsche imperialistische Bourgeoisie vom ›Seinsgeschick‹ berufen, auf neue Eroberungszüge auszugehen* [...].«[174]

Und wenn Heidegger darüber hinaus seine Vorlesungen zur Metaphysik von 1935 erst jetzt oder gerade jetzt herausbringe, wären damit nur die Schlussfolgerungen bestätigt,

> *»die damals dem Faschismus so entgegenkamen wie heute dem wiedererstarkten deutschen Imperialismus. Hierin heißt es nämlich, dass das deutsche Volk in der ›Zange‹ zwischen der Sowjetunion und den USA läge, am ›gefährdetsten‹ sei und sich ›ein Schicksal erwirken‹ müsse, indem es durch seine Erneuerung die ›große Entscheidung über Europa‹ fällen müsse.*[175] *Was hier entschieden werden soll, erhellt daraus, dass Heidegger einerseits für die Europa-Union agitiert und Nietzsche lobt, der schon damals über die ›als brüchig erkannte Nationalstaaterei‹ hinausgedacht habe, und andererseits vor der ›ungeheuren Volkskraft des Ostens‹ warnt. Zweideutig bleibt der Hinweis, dass der zweite Weltkrieg nichts entschieden habe, was das Wesensgeschick des Menschen anginge* [...]. *Wenn man aber daran denkt, dass im zweiten Weltkrieg der Faschismus geschlagen wurde und die Sowjetunion gestärkt daraus hervorging, sich andererseits daran erinnert, dass das ständige Kriegsziel der kapitalistischen Mächte, die Schwächung und sogar die Vernichtung der Sowjetunion ›verfehlt‹ wurde, so ist man versucht, Heideggers Feststellung als ein Bedauern des Kriegsausganges und als Aufruf zu neuer ›Entscheidung‹ aufzufassen.«*[176]

Nietzsche, wie auch immer gewendet, ist am Ende ein Argument für »den Kampf gegen die Arbeiterklasse, den Sozialismus und die Demokratie«, ist »militante Verteidigung der überlebten kapitalistischen Gesellschaftsordnung«. Mit Nietzsche rechtfertigten seine Jünger, ob nun kritisch oder unkritisch in den Details, Ausbeutung, Machtstreben, Expansion und Aggression, betrieben unter Verweis auf Verschleierung und Irrationalismus, befürworteten in seinem Namen nichts als eine neuerliche ›Politik der Stärke‹.«[177]

Kaufholds damaliger Kollege Wolfgang Heise formulierte es in seiner Rezension zu Karl Schlechtas an sich gegen die westliche apologetische Rezeption kritischen *Der Fall Nietzsche* (1958) nicht weniger drastisch. Wie Kalchas auf dem Berg, beobachtet er den offensichtlichen Autokannibalismus der *spätbürgerlichen* Nietzsche-Interpreten. Obgleich Schlechta in seinen Vorträgen bekannt hatte, heute mit »anderen Augen vom ›Silberblick‹ des Nietzsche-Archivs über Weimar hinweg nach Buchenwald hinüberzuschauen«,[178] befand der Kritiker, prägnant im Sinne aktueller politischer Doktrinen, fast schon im Tonfall des wenig später anlaufenden *Schwarzen Kanals* Karl Eduard von Schnitzlers:

> *»Schlechta schaudert vor Nietzsches aktivistischen Konsequenzen. Doch die wirkliche Relation Nietzsches zu den Gaskammern wird von ihm nicht auf-, sondern zugedeckt; er lässt die soziale Basis, die Nietzsche und die Folgen erzeugte, unberührt und unerkannt* [...]. *Nietzsches »Alles ist erlaubt« für die Herrenrasse aber wird heute unter der Flagge des Antikommunismus gelehrt und praktiziert – und die wüstesten Übermenschenräusche haben die Bomben auf Hiroshima und Nagasaki praktisch ebenso übertroffen, wie sie gedanklich durch die nukleare NATO-Ideologie übertroffen werden. Dulles fromme Argumente verdecken nicht, dass sich hier der gleiche ›Nihilismus‹ verbirgt, jener, der für die Aufrechterhaltung der historisch längst überlebten imperialistischen Herrschaft nur noch Argumente der Gewalt besitzt. Diese abenteuerliche Gangsterpraxis hat Nietzsche gedanklich vorweggenommen, dieser Gewalttherapie, die wir gegenwärtig im vorderen Orient am Werke sehen, hat er vorgedacht.«*[179]

»Nukleare NATO-Ideologie«. Wer deren bezichtigt wurde, war ein Feind, ein imperialistischer Gefährder. In Jena traf es 1961 Walter Brödel, einen Mathematiker, der dem Mauerbau kritisch gegenüberstand. Plötzlich war der allseits geschätzte und kompetente Funktionentheoretiker als »NATO-Professor«[180] nicht mehr tragbar. Ein Fall von vielen. Bei Heise und Genossen kam die Belehrung in Sachen NATO und imperialistischer Gangsterpraxis mit Vordenker Nietzsche noch im besserwissenden »Wir« eines marxistischen Majestätsplurals daher. Semantik einer gesellschaftspolitisch-pädagogisch beauftragten Philosophie, »Kaderphilosophie« hatte Manfred Riedel dazu gesagt. Ich ahne, nein, ich weiß von eigenen Schüler- und Studentenarbeiten in genau diesem peinlichen Tonfall. Staatsbürgerkundegeschultes. Man hatte recht mit recht und schlecht Gelerntem, seinem *Entweder – Oder*, und darum ging es ja wohl in Geschichte und Politik. Der Sozialismus hatte recht. Es muss in meinem ersten Semester 1988/89 gewesen sein, als ich in einer Pädagogikklausur zum Thema Erziehung oder Bildung im deutschen Kaiserreich vollmundig die Paukschule mit dem *Willen* zu Krieg und Militarismus verworfen und eine Erziehung zu Spießertum und Stehkragenproletariat angeprangert hatte: Lernziel Untertan eben. Ich bekam eine 1, aber der Dozent schrieb mir noch darunter: »Nicht so stark vereinfachen«. Ich fand das, daher sehe ich den roten Kommentar ganz unten auf der Seite noch vor mir, irgendwie peinlich, heute (leider) für die politisch korrekt konditionierte Jugend von damals nur allzu typisch.

Mit Georg Lukács war Nietzsche, Kaufhold und Heise hatten ihn gleich noch zum NATO Ideologen abgestempelt, als Vordenker des Nationalsozialismus und als das Exempel für die »Zerstörung der Vernunft« in der deutschen Geistesgeschichte ausgemacht.[181] Dem entsprachen Sehepunkte, wie sie sich etwa noch am suggestiven Doppelkopfgleichnis des Nachrichtenmagazins DER SPIEGEL von 1981 ablesen ließen, Beleg zugleich für den beliebten, aber zumeist nicht mehr als plakativen medialen Kreis- oder Krebsgang um das Thema: »Nietzsche, Hitler und die Deutschen«[182]. Die Gesellschaft des Diktators garantiert Aufmerksamkeit. Putin mit schrägem Scheitel, Merkel mit Hitlerbärtchen (bei den Griechen). Plakatives für Konsumenten und natürlich immer auch für naiv entrüstete

Täter Hitler, Denker Nietzsche (DER SPIEGEL 24/1981)[183]

Kommentatoren. Man könne Hitler doch nicht vergleichen oder in Beziehung bringen mit xyz. Jüngst kam sogar Donald Trump in den Genuss. Immer noch eine »vornehme Gegend« für Führer.

Auf Bänken und Treppengeländern der Polytechnischen Oberschule »Artur Becker« in Jena-Nord II – Becker war ein antifaschistischer Märtyrer, gefallen als Kommunist im Spanischen Bürgerkrieg – fand sich gelegentlich ein Hakenkreuz, mit Tinte geschrieben oder eingeritzt mit der Schere oder dem Zirkel. Aufsehen und Öffentlichkeit gab es daraufhin natürlich sofort. Meldung an die Schulleitung. Wer sich das wohl traute? Es ging den Tätern aber weniger um das Hakenkreuz als vielmehr um die zu erwartende reflexartige Reaktion der Verbotswächter. Eigentlich war es ein Katz- und Maus-Spiel. Die Macht zu ärgern, ein Tabu zu brechen, das machte Spaß. Wir Kleinen dachten uns: Das waren bestimmt die undisziplinierten Älteren oder die aus der renitenten C. Der Gruppenrat wurde zusammengerufen, die Schuldigen aber nie aufgespürt. Der Vorwurf, der zuletzt noch im Raum stand: »Beschädigung von Volkseigentum«. Waren Hakenkreuze nicht auch *volkseigen?* Gelegentliche Sanktion: Nachsitzen und Bänke schrubben für alle! Großes Reinemachen. Damit war der antifaschistischen *political correctness* einstweilen Genüge getan. Nazis gab es in der DDR ja nicht.

In der Redaktion des Hamburger Nachrichtenmagazins lag man in Sachen Nietzsche-Deutung damals nur ein paar Wimpernschläge entfernt von Lukács' Positionen. Ostberlin konnte damit ganz gut leben. Medial erfolgreiches Prinzip hier wie dort: Denunziation per Assoziation. Hitler wurde inzwischen eine systematische Lektüre Nietzsches zugetraut, obwohl er ihn, wenn überhaupt, nur äußerst ausschnittweise zur Kenntnis genommen hat. In *Mein Kampf* fehlt nahezu jede Einflusspur. Vielleicht gefiel dem Führer ja Nietzsches Schnurrbart. Der war ja auch »von ganz besondrer Art«, wie Brecht befunden hatte. Nur weniger faul. Später glaubten STERN- und SPIEGEL-Leser allen Ernstes, Hitler habe ein Tagebuch geschrieben. Nietzsche in diesem Dunstkreis interessant zu machen, war leicht und hieß: ihn erneut zuerst und vor allem als Profaschisten und geistigen Gefährten Hitlers einzuführen, was zu entsprechenden

Anlässen auch dem Alten Fritzen oder Wilhelm II. passierte. Dasselbe Prinzip, dieselbe, jede Differenz reduzierende Simplifikation. Als »Hitlers Philosoph« vor allem erfuhr Nietzsche in Ost und West immer wieder Aufwertung und Bedeutungssteigerung, so wie das einschaltquotensteigernd heute für *Hitlers Krieger, Hitlers Frauen, Hoden* oder *Hunde* gilt.

In Peter Schäfers Bibliothek, dessen Berliner Lehrer nicht selten jüdische Remigranten waren,[184] stand Stepan F. Oduevs Nietzsche-Buch, 1977 aus dem Russischen ins Deutsche übersetzt.[185] Es war, sieht man einmal von Heinz Malornys noch im November 1989 veröffentlichter Studie ab,[186] die einzige dem Thema Nietzsche gewidmete Monografie, die zu DDR-Zeiten erscheinen konnte. Schäfer hatte mir das Buch irgendwann geschenkt, er brauche es nicht mehr. Im Exemplar finde ich einige Passagen angestrichen oder unterstrichen, darunter den Satz: »Die Kultur ist auch für Nietzsche der Hauptgegenstand der Besorgnis.«[187] Wenig Substanzielles findet sich bei Oduev zu Nietzsche selbst. Auch verzichtet er im Wesentlichen auf Nietzsche-Hitler Plattitüden, so wie sie der ersten Nachkriegsveröffentlichung seines Landsmannes Leshnew in der Täglichen Rundschau[188] noch eigen waren. Oduev geht es vielmehr um »Nietzsche-Renaissancen« und deren Träger in der Bundesrepublik, um Jünger, Baeumler, Löwith, Jaspers, Heidegger. Das Vorwort zur Ostberliner Ausgabe hatte der Hallenser Philosoph Hans-Martin Gerlach besorgt. Nietzsche war der Feind, nach wie vor, inzwischen aber im akademisch gesetzten Rahmen der *spätbürgerlichen Philosophie* und des ideologischen *Ost-West-Konflikts*[189]:

> *»In der Gegenwart verlagert sich die Aggressivität des Imperialismus immer mehr auf das ideologisch-weltanschauliche Gebiet. Das geistige Leben unserer Epoche ist gekennzeichnet durch eine sich ständig verschärfende Auseinandersetzung zwischen den Ideen des Marxismus-Leninismus und allen Spielarten des bürgerlichen Denkens.* […]
> *Es ist nicht verwunderlich, dass diese imperialistischen Kreise ihre »geistige Traditionslinie« immer wieder an der Philosophie Friedrich Nietzsches ausrichten – Nietzsches Philosophie des ›Willens zur Macht‹ war die erste ideologische Reflexion dessen, was auf der Grundlage des Übergangs des Ka-*

pitalismus der freien Konkurrenz in das monopolistische Stadium als gesellschaftliche Realität innerhalb der bürgerlichen Ordnung immer deutlicher Gestalt annahm. Die Philosophie Nietzsches, zu Lebzeiten des Philosophen noch kaum beachtet, erlebte bald eine ungeheure Breitenwirkung, und obwohl sie nach der Zerschlagung des Faschismus zunächst als stark kompromittiert galt, hat sie einen angestammten Platz im Arsenal der Bourgeoisie, die sich diese Waffe in vielfältiger Weise in den theoretischen Auseinandersetzungen unserer Zeit bedient.«[190]

Oduev wandte sich, wie bei Gerlach angedeutet, dezidiert auch gegen die einsetzende linke Rezeption, die sich anschickte, Nietzsche und Marx als antikapitalistische und kulturkritische Denker miteinander zu versöhnen.[191] Das kam einer gefährlichen Revision nahe. Dagegen wollten Oduev, Gerlach oder auch Heinz Malorny weiterhin nichts als den Klassenfeind im Westen als entscheidenden Referenzpunkt für die Bewertung der Philosophie Nietzsches gelten lassen. Die behauptete Tatsache, imperialistische Politik und Wirtschaft gründe sich auf ein *reaktionäres,* idealerweise von Nietzsche oder Oswald Spengler inspiriertes und über den Nationalsozialismus hinaus etwa durch Gottfried Benn und Ernst Jünger weitergetragenes Denken,[192] galt als unumstößlich. Gerlach hielt daran mit wenigen Abstrichen noch 1988 in seinem Aufsatz »F. N. – ein Philosoph für alle und keinen« fest, zitierte hier alles Mögliche herbei, um die Klassenkampfthese nebst der Behauptung vom Feinddenker mit dem Pathos der Objektivität – öfter liest man wieder von »wir Marxisten« – vorzutragen. Das Beste daran waren noch die aufgeführten Gedanken und Zitate von Franz Mehring oder Hans Günther. Hinter deren differenzierte Kritik fiel das ewige Kreisen um Nietzsches »Spät- oder Antibürgerlichkeit«, um das »Reaktionäre« und »Imperialistische« seines Denkens bis hin zur »tausendjährigen Kulturbarbarei«, die eben auch in seinem Namen über Deutschland und die Welt gekommen sei,[193] weit zurück. Wie hatte Hans Günther in *Der Herren eigener Geist* gegen den NS-Zeitgeist gefragt? Nietzsche, »blond, blauäugig und germanisch«, ein Nazi? »Uns Marxisten sei es gestattet, andere Wege einzuschlagen. Die Hakenkreuzler kolportierten Legenden über Nietzsche? – Dann rekonstruieren wir sein wahres Bild.

Harald Kretzschmar, Ein ungeahnter Aufschwung (ND 10./11.04.82)[194]

Die braunen Ideologen rühmen seine Geschlossenheit? – So zeigen wir sein Doppelgesicht. Sie klammern sich an den späten Nietzsche? – Gut, dann wollen wir auch den jungen vornehmen! Und diese Aufgabe: die volle Wahrheit über den ganzen Nietzsche an den Tag zu bringen – sie scheint mir gerade heute von größter Wichtigkeit.« Das schrieb Hans Günther 1935.[195] Ein gutes Programm, so hätte man doch meinen können. Aber es geschah nichts. Man redete über ihn und das »Phänomen Nietzsche« (Manfred Buhr), produzierte ideologische Seifenblasen, unselbstständige Polemik. Niemand (außer Harich) sagte *ich*, und keiner der akademisch arrivierten Philosophen – von Heise bis Gerlach, von Buhr bis Malorny – empfahl, auch nur einen einzigen Text Nietzsches zu lesen oder gar herauszubringen. Im kleinen piefigen DDR-Preußen genügte es, Flagge gegen Nietzsche und seine neuen Gewährsmänner zu zeigen. Er sollte auch weiterhin eher ein Denker für *keinen* bleiben, nichts Verbotenes zwar, aber keinesfalls lesenswert, weder politisch bildsam noch sprachschulend.

Auch staatsoffiziell war Nietzsche weiterhin der Denker des politischen Gegners. Das *Neue Deutschland* brachte im April 1982 eine hübsche Karikatur Harald Kretzschmars, die Nietzsche und Spengler Hand in Hand nebeneinander zeigte, ihre Bestseller – *Der Wille zur Macht* und *Der Untergang des Abendlandes* – vor dem Bauch. Spengler sieht ein wenig aus wie der DDR-Star- und Fernsehanwalt Friedrich K. Kaul, Nietzsche erinnert irgendwie an die bundesdeutsche Handballlegende Heiner Brand, nur eben in Zivil statt im Trainingsanzug. An ihren ausgestreckten Armen hängt, schaukelt, taumelt die Bundesregierung, Genscher oben auf mit Nato-Mütze! Dazu germanisch anmutende Typen mit Helm, Schwert und Schild, Zeitungen und Journale der Springerpresse um sich werfend. Alles war sonnenklar, die politischen Fronten wie rote Linien durchgezogen. Ludwig Elm, Jenaer Ordinarius für »Wissenschaftlichen Sozialismus« und Leiter einer Arbeitsgruppe zum Konservativismus[196], ausgewiesener Kritiker der bürgerlichen Ideologie und Ideengeschichte zwischen Kaiserreich und Bundesrepublik zudem, hatte den Grundsatzartikel dazu geschrieben: »Ideologische Weihe für Hochrüstungspolitik. Der Konservativismus zeigt wieder sein wahres Gesicht«. Die Untertitel lauteten: »Sammelbecken militaristischer und entspannungsfeindlicher Kräfte«; »Rückgriff auf Nietzsche und Spengler« oder »Machtstreben verherrlicht«.

Nietzsche behielt bis zum Ende der DDR politische Relevanz vor allem als Argument im Kampf der Systeme. Das war die Rechtfertigung, sich mit ihm auseinanderzusetzen und ihn überhaupt, zumindest partiell ernst nehmen zu dürfen – als philosophischen Hauptfeind des Marxismus, als Sprachrohr und politischen Ideengeber des Gegners. Jede offizielle Wissenschaft, die sich mit ihm befasste, hatte so zunächst und vor allem Feindforschung zu sein. Das galt dann auch noch für ein ästhetisch-literarisches und philologisches Interesse an ihm, das parallel zur Oduev-Übersetzung hier und da aufzukeimen begann.

GEGEN DEN MISTRAL – WOLFGANG HARICH ALS NETZWERKER DER NIETZSCHE-ABWEHR

Nietzsches literarische Rezeption (Ost) – jetzt wird's haarig – beginnt eigentlich mit Stefan Hermlins *Deutschem Lesebuch* (1976)[197], in dem unter den »Stimmen des Humanen« auch ein Gedicht aus dem *Zarathustra* auftauchte: »An den Mistral. Ein Tanzlied«[198]. Ernst Bloch hatte in Leipzig zuletzt vor zwanzig Jahren vom Lyriker Nietzsche geschwärmt, Hermlin bereits 1972 einen Vorstoß bei Honecker gewagt, Nietzsche als Literaten zu kanonisieren, was unter anderem am Einspruch Peter Hacks scheiterte.[199]

Den »Mistral« und reinigenden Fallwind des Rhone-Tals erachtete Nietzsche seiner Gesundheit für zuträglich, wenigstens als Nizzaer Kurgast. Dazu schrieb er sich selbst, weniger lyrisch, Rezepte, von denen er glaubte, die Apotheker würden ihn genau damit von Gehirndruck und Kopfschmerz, von Zahnweh, Augenstechen, Übelkeit, Erbrechen, »langweiligem Gedärm« erlösen. Dass dieser Mistral auch schädigen könne, behauptete nun, unter Verweis auf konkrete Inhalte des Gedichts, Wolfgang Harich (1923–1995). Er nahm einzelne Passagen darin wörtlich (und das tat Harich bei Nietzsche immer, wenn auch überaus selektiv), um sie als Stoff für nazistische Propaganda auszumachen. Insbesondere monierte er die Strophen:

Wer nicht tanzen kann mit Winden,
Wer sich wickeln muß mit Binden,
Angebunden, Krüppel-Greis,
Wer da gleicht den Heuchel-Hänsen,
Ehren-Tölpeln, Tugend-Gänsen,
Fort aus unsrem Paradeis!

Wirbeln wir den Staub der Straßen
Allen Kranken in die Nasen,
Scheuchen wir die Kranken-Brut!
Lösen wir die ganze Küste
Von dem Odem dürrer Brüste,
Von den Augen ohne Mut!

Das Gedicht stand nun also in Hermlins Anthologie, platziert zwischen Briefen Fontanes und Rilkes *Aus dem »Sunden-Buch«*, für Harich einfach nur unerlaubt eingeschmuggelt. Ein unerhörter Vorgang. Bei Hanser war sogleich eine Lizenzauflage für die Bundesrepublik erschienen und von keinem Geringeren als Marcel Reich-Ranicki überaus positiv aufgenommen worden.[200] Das machte die Angelegenheit noch brisanter. Auch Golo Mann schwärmte von einer nicht nur gelungenen, sondern »wahrhaft herrlichen Auswahl« und staunte »über die weiten Kenntnisse, die nicht gelehrte, sondern literarische, man möchte sagen Herzensbildung« des Herausgebers. Man müsse, wie Hermlin, »aus dem Vollsten schöpfen, um zu einem solchen Konzentrat zu gelangen.«[201] Harich kannte diese wohlwollenden Rezensionen im Westen und war vielleicht auch ein wenig eifersüchtig auf den gefeierten Dichter, Parteigenossen und Freund Erich Honeckers. Jedenfalls wollte er das literarische Gruppenbild mit Philosophen so nicht akzeptieren. Nietzsche bekam fortan Harich zur Seite und wurde so noch einmal als politisches Thema aufgebauscht. Dieser wiederum brauchte Nietzsche, um sich aus der Versenkung belangloser Literaturkennerschaft und marginalstem publizistischen Tun ohne Öffentlichkeit zurück ins politische Rampenlicht zu manövrieren. Harichs »Anti-Nietzsche-Obsession« war ein »Bruderzwist«, der vermeintliche Vordenker des Verhängnisses das »inständig verfolgte Alter ego«[202] des unversöhnlichen Kritikers. So spielte Harich die »Angelegenheit Nietzsche« nach und nach zum ›Prüfstein‹ aller Vernunft und jeden guten Willens« hoch,[203] machte Nietzsches Denken über den Faschismus- und Imperialismusbezug hinaus zum neuralgischen Punkt für die Überlebensfrage der Menschheit im Atomzeitalter überhaupt.

Seit Harichs Kurier-Artikel von 1946 zur Ehrenrettung Nietzsches war viel passiert. Ursprünglich geistsprühender kultureller Kopf innerhalb der Gruppe Ulbricht, war er nach einer Promotion zu Herder[204] Philosophieprofessor an der Berliner Humboldt-Universität geworden, ein marxistisch-kritischer Jungstar, beliebt bei den Studenten. Als Anhänger und scharfsinniger Nachahmer Georg Lukács' stieg er 1953 neben Ernst Bloch zum Mitherausgeber der Deutschen Zeitschrift für Philosophie auf, brachte es schließlich unter Walter Janka, mit kaum dreißig, zum Cheflektor des renommierten Aufbau Verlages (1954). Nebenbei war er ein notorischer Querulant und Streithals, unangepasst zudem und ein Frauenheld. 1956 folgte dann das abrupte Ende seiner akademischen und politischen Karriere: Als intellektueller Kopf einer Plattform für »den besonderen deutschen Weg zum Sozialismus« hatte er die Entmachtung Ulbrichts und die Wiedervereinigung in einem neutralen, entmilitarisierten Staat angestrebt. Acht Jahre Bautzen waren dafür die Quittung; wegen »konspirativer, staatsfeindlicher Gruppenbildung«, wie es in der Anklageschrift hieß.[205] Verbunden damit waren Parteiausschluss und Verlust seines Doktortitels. Aber er überlebte, wenn auch krank und verstört, im Gegensatz zu anderen Dissidenten aus den eigenen Reihen, die im Gulag landeten oder erschossen wurden. Nach seiner Entlassung schlug er sich nervös, herzleidend und bald dauernd invalid geschrieben als freier Verlagsmitarbeiter, Publizist und auch im Westen medienwirksamer Anwalt einer kommunistischen Öko-Diktatur durch, dort mit strategischen Kontakten zu linken SPD-Kreisen und den Grünen, aber auch zu Naturwissenschaftlern um Karl Friedrich von Weizsäcker und zur Generalität der Bundeswehr.[206]

Im Osten, wo Harich gern selbst den Literaturpapst à la Reich-Ranicki gegeben hätte, mit diktatorischer Lenkungsbefugnis versteht sich, am besten als Leiter oder mindestens Cheflektor des Ost-Berliner Akademie Verlags, wünschte man sich den geläuterten »Häretiker« am liebsten weit ab vom Schuss. Harich blieb für Freund und Feind unberechenbar. Zahlreiche Briefe und Gesprächsnotizen aus dem *Büro Kurt Hagers* machen dies deutlich.[207] Seinen Doktortitel bekam er schließlich wieder, in die SED wollte ihn aber keine Grundorganisation mehr zurückhaben. Auch das Ministerium für Staatssicherheit, dem er sich 1980 als »Aufklärer« während seiner Aufenthalte in Österreich und der Bundesrepublik anbot, lehnte dankend ab: zu verworren, zu konfus, unruhig, tablettenabhängig, indiskret, alles in allem ein unsicherer Kantonist.[208]

Aus den Berliner Akten der kulturellen Schaltzentrale der Macht, heute im Bundesarchiv Lichterfelde aufbewahrt, erschließen sich Charakter und Geistesart des intellektuellen Eiferers. Harich ist darin überaus präsent, in Dossiers, Gutachten, Eingaben, Gesprächsnotizen. In Sachen Nietzsche, so zeigte sich, hatte die Bautzener Haft aus dem einstigen *Hosianna-Rufer* einen unnachgiebigen *Kreuzigt ihn*-Schreier gemacht. Lesen hatte er auch in der Zelle können, zwar nicht den *Wille zur Macht*, aber vielleicht *Staat und Revolution* oder *Die Zerstörung der Vernunft*. Nur las Harich inzwischen gänzlich anders, noch verschwörungstheoretischer als ehedem, dabei philosophie- und literaturgeschichtlich kenntnisreicher als die meisten seiner Gegner und Verbündeten, mit gutem Ohr und sicherem Urteil für alles Kulturelle. Bald mimte er in Sachen Nietzsche den ideenpolizeilichen Seismographen, der bei jeglicher Äußerung ausschlagen und entschieden Einspruch erheben sollte. Im Grunde sprach Harich aber gar nicht mehr, sondern »gab nur noch Alarm«[209].

Aufschluss- und folgenreich wird die von Harich im Hintergrund befeuerte Debatte für die publizistische Verhinderung Nietzsches. Will man vom unveröffentlichten, liegen gebliebenen »sozialistischen Projekt Nietzsche« erzählen, so geht das am besten, indem man sich neben den Schreibtisch des umtriebigen und unermüdlichen Zensors stellt. Harichs Berliner Wohnung glich einer Klosterzelle, aus der die Gegenreformation sprach. Zumeist arbeitete der konspirativ gestimmte Federkrieger auch tagsüber in abgedunkelten Zimmern, dabei immer bestens informiert und mit der jeweils aktuellen westlichen Literatur vertraut. Dass er das Zeug zum gefährlichen Leserevolutionär und *Dissidenten in den eigenen Reihen* hatte, wusste man ja. Denunziatorisch wie sprunghaft-assoziativ wandte er sich immer wieder an Kurt Hager und dessen rechte Hand Klaus Höpcke, an den Kulturminister Hoffmann, den Ministerpräsidenten Stoph und an Erich Honecker höchstpersönlich. In der Zusammenschau bilden die kritischen Einlassungen Harichs zu Nietzsche eine Art negativen *Er-*

innerungsort, der Diskurs und politische Praxis wurde und diese zugleich entlarvte.[210] Die zahllosen Gutachten, Briefe, Eingaben, Tonbandmitschnitte seiner Gespräche – oft mit dem Vermerk *vertraulich* oder *persönlich* versehen – lassen vor uns die Figur eines inquisitorischen Geistes mit Kontroll- und Verfolgungswahn erstehen: Typ kommunistischer *Naphta*. Allein die brieflichen Abhandlungen zur Sache, die in Lichterfelde Bände füllen, bilden ein Opus für sich.[211] »Philosophisch hoch begabt, jedoch andererseits vollkommen infantil«, hatte ihn Johannes R. Becher am Rande des Schauprozesses von 1957 charakterisiert: »Sie kennen doch solche schizophrenen Dinge.«[212]

Eine »Revision des marxistischen Nietzschebildes« schien also in Gang zu kommen, lange bevor die *Sinn und Form*-Debatte von 1986 Wellen schlug; eine Revision, die nicht folgenlos auch für den innerwissenschaftlichen Diskurs und das universitäre Grundlagenstudium wie für diverse Vortragsreihen und kleinere Tagungen blieb. Für Harich waren das allesamt Auswüchse einer vom Westen überschwappenden, gefährlichen »Nietzsche-Renaissance«. Der Begriff, der keineswegs aus der Luft gegriffen war, tauchte übrigens 1973 in einem Bericht der Staatssicherheit über den Weltkongress für Philosophie in Varna auf. Hier hatte der französische Philosoph Pierre Kaufmann dem Chefredakteur des Urania Verlags Horst Reinhardt (ein guter Bekannter Harichs) im persönlichen Gespräch anvertraut, dass es eine solche Renaissance in fünf bis zehn Jahren auch in der DDR geben werde.[213] Die Herkunft der Information ist kein Zufall, denn inzwischen erfreute sich jegliche Regung in Sachen Nietzsche einer stets freundlichen wie sachlich mehr oder weniger verständigen Beobachtung der Staatssicherheit.[214] Neben informellen Mitarbeitern aus dem akademischen Milieu wurden Verlagsleiter wie Reinhardt gern in die Pflicht genommen. Auch über Harich existieren zahllose Berichte und seine Akte ist dick. Nietzsche kommt darin öfter vor, als ihm lieb gewesen wäre.

Irgendwann nun war Harich auf Nietzsches »Tanzlied« in Hermlins Anthologie aufmerksam geworden, die bis zum Ende der DDR in drei Auflagen erschien. Mit Hermlin und Nietzsche wollte er aber nun partout nicht tanzen. Vielmehr begann er in Briefen, mit Verlagsgutachten, gesprächsweiser Überzeugungsarbeit und Eingaben an die Mächtigen einen Federkrieg gegen den »Mistral« wie am Ende jegliches veröffentlichte Nietzsche-Wort. Im Januar 1986 wandte er sich in einem langen Schreiben an Hermlin selbst, um ihn frontal anzugreifen. Das Schreiben ist ein Muster für Harichs demagogisch-polemischen Stil. Er habe aus zuverlässiger Quelle gehört, dass sich der Adressat für Nietzsche einsetze, wolle es gar nicht glauben. Hermlin, »der Friedenskämpfer, der Humanist, der Antifaschist, der Kommunist«, auf der Seite Nietzsches, der *reaktionärsten* und *menschenfeindlichsten* »Erscheinung der Weltkultur von der Antike bis zur Gegenwart«? Das Schreiben an den sozialistischen Dichterfürsten hat Harich mit »Invalidenrentner« gezeichnet und in Kopie u.a. an Klaus Höpcke, stellvertretender Minister für Kultur und Leiter der Hauptverwaltung Verlage und Buchhandel, lanciert. Für den an sich linientreuen Dichter Hermlin dürfte die Polemik Harichs eine böse Überraschung gewesen sein. Der selbsternannte Oberzensor bezichtigte ihn, Teil einer gefährlichen und staatsgefährdenden »Nietzsche-Renaissance«[215] zu sein. Die Aufnahme des Mistral-Gedichts in die Anthologie stelle einen Dammbruch dar, ein böses Erweckungserlebnis für eine irregeleitete, ahnungslose Öffentlichkeit:

> *»Ausgerechnet das Gedicht ›An den Mistral‹. Der Mistral ist ein eiskalter Fallwind, der zwischen Ebromündung und Golf von Genua, wenn er da rast, die Gesundheit zahlreicher Menschen schädigt, Alte und Kranke umbringt, auch aller sonstigen Vegetation äußerst nachteilig ist, jedes Mal. Nietzsche, wie es seine Art ist, preist den Mistral eben deswegen: ›Wer nicht tanzen kann mit Winden, / Wer sich wickeln muss mit Binden, / Angebunden, Krüppel-Greis, / … / Fort aus Fort aus unsrem Paradeis! // Wirbeln wir den Staub der Straßen / Allen Kranken in die Nasen, / Scheuchen wir die Kranken-Brut! / Lösen wir die ganze Küste / Von dem Odem dürrer Brüste, / Von den Augen ohne Mut!‹«*

Das war schon überdeutlich. Doch ging Harich noch einen Schritt weiter, wurde persönlich und delegitimierte mit dem Angriff auf Hermlin das Amt des sozial und politisch eingreifenden Schriftstellers:

»Ich frage mich, was eigentlich Sie, Herr Hermlin, in jungen Jahren davon abgehalten hat, sich zum Apologeten der ›Vernichtung unwerten Lebens‹ aufzuschwingen? [...] Oder sollten Sie gar nicht bemerkt haben, was es mit dem ›Tanzlied‹ Nietzsches auf sich hat? Sie nannten sich doch einmal einen spätbürgerlichen Schriftsteller. Sollte das Größenwahn gewesen sein? Soweit ich mich zu erinnern vermag, pflegten spätbürgerliche Schriftsteller des Lesens mächtig zu sein – und zu verstehen, was sie lasen.
Ich wünsche Ihnen einen besseren, würdigeren, angenehmeren Lebensabend, als Nietzsche ihn den Krüppelgreisen, der Krankenbrut, den dürren Brüsten, den mutlosen Augen zu bereiten empfohlen hat. Mögen Sie lange leben und sich bester Gesundheit erfreuen und umhegt und umsorgt und geborgen sein! Aber verschonen Sie uns, bitte, künftighin mit kulturpolitischen Ratschlägen, Herr Hermlin! In Fragen des Kulturerbes, das der sozialistischen Gesellschaft anstünde, sind Sie inkompetent!«[216]

Es ist dies nur einer von mehreren Briefen voller Anfeindungen und persönlicher Invektiven gegen Hermlin. Harich meint im Dichter und »spätbürgerlichen Schriftsteller« eine Art individuelles Epizentrum des bösen Geistes auszumachen, denkt verschwörungstheoretisch, ist noch immer überzeugt davon, Textproduzenten könnten die Welt verändern, mit Sprache verändern, im Sinne der alten Leninschen Theorieglaubens: Am Anfang steht das Wort, die Analyse, das Programm, der Diskurs, den es zu bestimmen und zu lenken gilt, weil er notwendig Politik und politisches Handeln wird.

So las Harich auch Nietzsche als einen intentional, mit jedem passenden Aphorismus auf direkte politische Gestaltung und Umgestaltung zielenden Denker – ein Glaube, der ihn in gewisser Weise mit dem ihm verhassten Lyriker verbindet: Nur warf sich Harich aus den Höhen der (einen) Theorie, Hermlin hingegen aus »den Himmeln der Dichtung« in den Kommunismus, wie es bei Majakowski so schön hieß. Man schrieb sich und den Lesern die Dinge schöner, als sie waren. Daraus erwuchs dann eine orthodoxe beziehungsweise liberalere Auffassung von ein und derselben Utopie. In einem an Kurt Hager gerichteten Schreiben beschwerte Harich sich wenig später über eine Neuerscheinung aus dem Dietz Verlag, in der Hermlins Lesebuch just »als ein glanzvolles Panorama der nationalen humanistischen und revolutionären literarischen Tradition« gelobt wurde.[217] Dagegen handele es sich doch nur um einen für Inhalte »blinden Sprachästhetizismus«, der Nietzsches Gedicht dem ahnungslosen Leser bar des nazistischen Kontexts der »Vernichtung lebensunwerten Lebens« präsentiert habe:

> *»Ich habe die Verse natürlich einer mir nahestehenden Frau gezeigt, die seit 20 Jahren als Krankenschwester tätig ist, davon die letzten vier Jahre auf der Intensivstation der Rettungsstelle im Krankenhaus Friedrichshain. Sie brach, fassungslos darüber, dass dergleichen bei uns erscheinen kann, in Tränen aus. Humanistische Tradition? Revolutionäre Tradition? Glanzvolles Panorama. ›Das Lesebuch vereinigt deutsche Stimmen des Humanen‹, erklärt Hermlin in seinem Geleitwort* [...]. *Ich kann da nur den Kopf schütteln.«*[218]

Hermlin wusste also Bescheid. Der Angriff war ernst zu nehmen, und er nahm ihn sehr ernst. Zum Gegenschlag holte er daher überaus öffentlichkeitswirksam auf dem X. Schriftstellerkongress der DDR im Herbst 1987 aus. Auf Harichs Polemik und Indiskretion reagiert Hermlin jetzt ebenso polemisch wie indiskret, indem er coram publico aus dessen Briefen zitiert.

Dabei kannten sich beide, Harich und Hermlin, lange und gut, saßen weltanschaulich gleichermaßen vom sozialistischen Projekt der Moderne überzeugt eigentlich im selben Boot. Unter Bezugnahme auf eben jenen Brief Harichs trat Hermlin nun im Plenum des Kongresses vor der versammelten Literatur- und Kunstszene der DDR auf, darunter zahlreiche Kulturfunktionäre und Stasibedienstete. Das war Selbstverteidigung und überhaupt »die Stunde der gebrannten Kinder«[219] (auch Hermlin hatte nach seinem Protest gegen die Biermann-Ausbürgerung 1976 viel Ärger bekommen). Der Dichter wusste dabei wie gesagt Erich Honecker persönlich hinter sich. Er sei kein Nietzsche-Experte, so hub er an, habe ihn aber stets:

»wahrgenommen als einen der anregendsten Schriftsteller der letzten hundert Jahre, an dem kein Künstler unserer Zeit vorbeikam, mehr als alle anderen der Musik verbunden [...], *als einen kranken Querdenker, dem Harich selbst seine Krankheit abzusprechen sucht, als einen Philosophen, von dem leider mehr als eine Verbindung zum Faschismus hinreicht* [...]. *Nietzsche existiert nicht in der DDR; ich halte das für einen Mangel, weil Sozialisten an keiner wesentlichen Gestalt vorbeigehen können. Ich bin mir meiner Schuld bewusst, mit all dem gegen ein Gebot zu verstoßen, dass Harich am Schluss seines, ebenfalls unbeantworteten, vorletzten Briefes an mich formulierte: »Verschonen Sie uns, bitte, künftighin mit kulturpolitischen Ratschlägen, Herr Hermlin! In Fragen des Kulturerbes, das der sozialistischen Gesellschaft anstünde, sind Sie inkompetent!«* [220]

Dichtung versus Doktrin. Noch ein Name fehlt hier: Franz Fühmann (1922–1984). Als die Nietzsche-Kontroverse in *Sinn und Form* ausbrach, war er gerade gestorben. Gegen Harich und für Hermlin hätte er sich vermutlich ins Zeug gelegt, so wie er es 1976 für Wolf Biermann nach dessen Ausbürgerung auch schon getan hatte. Dichtung versus Doktrin. Fühmann hat diesen Widerspruch zeitlebens als einen inneren eigenen Kampf geführt, im Trakl-Essay 1982 dann offengelegt. Mit Hermlin war er befreundet und wie dieser über den *Zarathustra* zu Nietzsche gekommen – aber nicht im Exil, sondern als blutjunger Wehrmachtssoldat. Die einprägsame Leseerfahrung offenbarte sich zuerst in Fühmanns Novelle »Kameraden« von 1955, ein wenig klischeehaft (der Text, obschon höchst erfolgreich, gefiel ihm später nicht mehr), weil das Ganze offiziöser antifaschistischer Erbauung dienen und so gefallen sollte. Der deutsche Landser überfällt in zwei Kriegen mit Nietzsche im Tornister die Nachbarvölker. So motiviert sich der *Zarathustra,* fast noch wie bei Otto Grotewohl. Aber auch nur fast. In Fühmanns Text ist es ein überzeugter Nazi, Sohn eines SS-Generals überdies, Josef heißt er, der sich in das Buch vertieft, »dem anzusehen war, dass es oft benutzt wurde«. Autobiografisch aufschlussreich, Fühmann war vom Nationalsozialismus lange überzeugt, sind die beschriebenen Einflüsse Nietzsches auf den der Propaganda anhängenden jugendlichen Soldaten. *Zarathustra* zog seinen Leser in eine

Welt hinein, »die kalt war, eisig und leer, bevölkert nur von dem Einen, das war er«. Fühmann-Josef dachte: »Zarathustra versteht den Mythos der Gefahr, den Mythos des Todes, Zarathustra versteht den deutschen Soldaten. Aus der Gefahr einen Beruf machen, nur um der Gefahr Willen, das ist groß, das ist deutsch.«[221]

1956 machte sich der junge Funktionär des DDR-Schriftstellerverbandes dann für eine »Bibliothek des 20. Jahrhunderts« stark, als ein mögliches »gesamtdeutsches Gemeinschaftsunternehmen hervorragender Verlage«, etwas von großer weltanschaulicher Breite, darunter möglichst auch unliebsame, verpönte, verbotene, sogar ausgesprochen reaktionäre Autoren, wenn sie denn Bedeutendes hinterlassen hätten. Er hatte dabei erklärtermaßen nicht »solche Zwerge« wie Hans Grimm oder Alfred Rosenberg im Sinn, sondern eben Nietzsche, Gottfried Benn oder T. S. Eliot. Ihrer, so Fühmann, seien nicht viele, »aber man muss sie kennenlernen, um sich mit ihnen auseinandersetzen und sie überwinden zu können. Das muss legal geschehen.[222] Aus »legal« wurde über die Jahre *konstruktiv*, aus »überwinden« *übertragen*. 1978 kam Fühmann in einem Brief an Margarete Hannsmann noch einmal auf das liegengebliebene Projekt zurück. Inzwischen ist er verärgert über die Veröffentlichungspraxis in der DDR. Nichts sei geschehen mit all den hochfliegenden Plänen von einem weltanschaulich offenen sozialistischen Literaturprojekt:

> »[…] *das ist ja der Jammer, bei uns gibt es nichts von: Nietzsche, Freud, Jung, Adorno, Marcuse, Foucault, Horkheimer, Weber, Tel Quel und tutti quanti, und von Benjamin das Wichtige nicht, und von allen andern das Wichtige nicht, nur da ein Bröckchen und da ein Stückchen, immer unter der quälenden Frage: Was können wir denn bringen, was hier noch tragbar* […].«[223]

1982 war dann Fühmanns großer Trakl-Essay bei Hinstorff (Rostock) und als Lizenzausgabe bei Hoffmann und Campe erschienen, ein deutsch-deutsches Projekt intellektueller Selbstbefragung, autobiografischer Selbstinfragestellung. Es finden sich zahlreiche Nietzsche-Bezüge und Zitate, insbesondere wieder aus dem *Zarathustra*.[224] Diesen für ihn zentralen Nietzsche-Text hatte Fühmann trotz des damals noch vorherrschenden Antifaschismusmotivs bereits in »Kameraden« seiner Würde durchaus nicht beraubt. Inzwischen lag ihm noch weniger daran, Nietzsche als *Vorgänger* oder gar als *Schöpfer* der Naziideologie zu denunzieren. Die Expressionisten hatten aus ihm Honig gesaugt, so wie Fühmann jetzt aus Trakls und Benns Substanz schöpfte. In einem Interview zum ideologischen Gehalt der bürgerlichen Kunst und Kultur bemerkte Fühmann spöttisch, man könne sich bei George oder Nietzsche und den Bildern der Expressionisten »nur schwer vorstellen, dass die beiden ersten von Krupp und Konsorten Honorare erhalten hätten, um dem Faschismus eine geistige Gasse zu brechen, und die Maler ein Salär, um die Massen vom Kampf abzulenken [...]«[225]. Im Trakl-Essay wird Nietzsche als Dekadent gegen dekadente Ordnungen aufgerufen,[226] und es taucht wieder Zarathustras *Nachtwandler-Lied* auf, dessen Pathos die Expressionisten wach gemacht hatte: »Oh Mensch! Gib acht! / Was spricht die tiefe Mitternacht«[227]. »Oh Sozialist! Gib acht!«, rief es jetzt aus dem Text, und dass sich 1982 bereits tiefste Mitternacht über dem kommunistischen Ostblock ankündigte, spürte wohl nicht nur Fühmann. Der Glaube an das große Erlösungsprojekt war geschwunden, die Wirtschaften lagen am Boden, in Moskau und Ostberlin herrschten verknöcherte Gerontokraten. Für Tschernenko, den letzten greisen Führer vor Gorbatschow, wurde eine Rolltreppe ins Leninmausoleum eingebaut, damit man ihn zum Winken auf die Tribüne bringen konnte.[228]

Fühmann rief Nietzsche zuletzt in individualisierender und psychologisierender Selbstbefragung auf und bezog sich dabei etwa auch auf Passagen aus *Menschliches, Allzumenschliches* und aus dem *Ecce homo.* Wie eine Weiterführung des Nietzsche-Mottos »Wie man wird, was man ist«, liest sich im Schlusskapitel des Trakl-Essays die Stelle: »Du verlierst nichts von dem, was du einmal warst, und du bist gewesen, was du erst sein wirst«.[229] Das galt nun für Fühmann wie für Nietzsche, und es galt vielleicht am meisten für Harich, dessen unduldsame Angriffe auf Nietzsche und seine Anhänger zugleich von der eigenen, zerrissenen intellektuellen wie politischen Biografie erzählten.

Aus dem auf dem Schriftstellerkongress öffentlich gewordenen Streit zwischen *Dichtung und Doktrin* sprach die ganze intellektuelle Unruhe und Aufgeregtheit, die sich im Dämmerzustand des DDR-Sozialismus zwischen Antifaschismusparadigma und erweitertem Erbe- und Traditionshorizont breitmachte. Die Semantiken ähneln sich. Für Harich sind Nietzsche und seine Anwälte reaktionär, für Hermlin ist Harich der ewig gestrige »Kulturfeldwebel« und Bildungsstalinist, der ihn angreift. Bezeichnend für das Unbewegliche, Lavierende der ideologischen Schaltzentrale, für ihr Versagen, wenn man so will, ist die Stellungnahme Kurt Hagers zur Debatte, seit 1952 Leiter der Abteilung Wissenschaft des ZK der SED, inzwischen alt geworden in seinem Amt und seiner Philosophie. Wie Jahrzehnte zuvor Otto Grotewohl, trat er Anfang 1988 vor die Sekretäre der Bezirksleitungen, um die politische Linie zum Eklat um Nietzsche und insbesondere zum Beitrag von Stefan Hermlin auf dem Schriftstellerkongress vorzugeben, und er tat dies auf seine Weise: Harich sollte zunächst und natürlich nicht verteidigt werden. Er sei, so Hager, unbeweglich und starr in seinen Positionen, versuche seine Meinung anderen zu oktroyieren. Zugleich aber wandte er sich auch gegen Hermlin:

> »*Nicht gut war, dass die Polemik in Abwesenheit von Harich erfolgte. Er hatte keine Gelegenheit, sich zu verteidigen, dazu Stellung zu nehmen. Das ist keine Kultur des Streits. Nietzsche muss in unserer Kulturpolitik eine entsprechende Wertung erfahren, so wie Luther, Friedrich II. Das hängt u.a. mit der seit einigen Jahren in der BRD vor sich gehenden Nietzsche-Renaissance zusammen. Wir müssen davon ausgehen, dass Nietzsche ein Feind der Arbeiterbewegung war. Er war ein Vordenker der spätbürgerlichen Gesellschaft. Nicht seine Dichtung, sondern seine Philosophie hatte ideologische Wirkungen (Rosenberg)*[230]*. Man kann Nietzsche nicht als Dichter behandeln und nebenbei erwähnen, dass seine Philosophie schändlich war. Die Haltung Hermlins ist umso verwunderlicher, als auch er die ideologischen Auseinandersetzungen um die Frage Marx oder Nietzsche, die in den 1920er Jahren in der Jugendbewegung stattfanden, kennt. Diejenigen, die sich damals für Nietzsche entschieden, landeten bei den Faschisten. Die Polemik von Hermlin ist ungerechtfertigt. Die Diskussion über Nietzsche*

ist auch bei uns im Gange [...]. Evtl. werden wir eine Position zu Nietzsche veröffentlichen, wie wir das z. Bsp. auch bei Luther gemacht haben.«[231]

Was sollte ein Funktionär der mittleren Ebene damit anfangen? Zuwarten auf Thesen im *Neuen Deutschland*? Harich ablehnen? Hermlin kritisieren? Nietzsche lesen? Wozu derlei Haarspalterei, wird sich der handfeste parteipolitische Exeget gefragt haben. Ich denke an den leberwurstkauenden Bediensteten im Bundesarchiv und dessen Verständnislosigkeit für derlei papiernen Unsinn. 1988, im Thomas-Münzer-Jahr, mussten wir Geschichtsstudenten in der Mittelalterprüfung höllisch aufpassen, nicht das Kind mit dem Bade auszuschütten. Münzer war als revolutionärer Held der frühbürgerlichen Bewegung und Theologe der Befreiung gesetzt, aber Martin Luther eben längst kein »Verräter an den revolutionären Bauern« mehr. Das wussten nicht alle. Wer sich auf Friedrich Engels *Lutherkritische Bauernkriegsdarstellung* bezog, aber die Thesen im *Neuen Deutschland* zu Luthers Ehrenrettung von 1983 nicht kannte, geriet leicht auf geschichtspolitisches Glatteis. Da half dann auch kein allgemeines Schwafeln mehr über die Theologie der Befreiung und Nicaragua.

Hager widersprach sich, wo er doch qua Amt eindeutig hätte Stellung beziehen sollen. Ähnlich lavierend äußerte sich Klaus Höpcke in einem Vortrag vor MfS-Mitarbeitern Anfang 1988 zur Auseinandersetzung Hermlin – Harich. Der Tonbandmitschnitt ist auch in den Kunstpausen – im Text mit (...) markiert – und den Betonungsdifferenzierungen aufschlussreich.[232] Höpcke informierte sein Publikum wie folgt über die Kontroverse um »umstrittenes philosophisches und literarisches Erbe« auf dem Kongress:

»Der Ansatzpunkt war Nietzsche, was Nietzsche betrifft, wurde daran erinnert, dass schon Thomas Mann gesagt habe, eine Kunst ist es auch, ihn zu lesen. Keinerlei Plumpheit ist zulässig, Verschlagenheit ist nötig, ähnlich wie bei Seneca: ›Stets das Ohr leihen, niemals Treu und Glauben schenken.‹ Das ist ja alles wahr und richtig. Nur (...), diese – sozusagen – Hinweise zu einer kundigen Lektüre schaffen dreierlei nicht aus der Welt: Sie schaffen nicht aus der Welt, dass Nietzsche Feind der Arbeiterbewegung war, das ist

ein Fakt; sie schaffen nicht aus der Welt, dass Nietzsche nicht einerseits als Dichter behandelt werden kann, und dann im Nebensatz irgendwo untergebracht wird, naja, seine Philosophie, mit der müsste man sich eigentlich doch schon auseinandersetzen, sondern das hängt miteinander zusammen, und die Auseinandersetzung mit diesem Phänomen Nietzsche muss geführt werden. Und (...) es schafft auch nicht die Erfahrungen der 20er und 30er Jahre des 20. Jahrhunderts aus der Welt, die besagen, die Nietzscheaner gingen zumeist zu den Nazis über. Es wäre falsch zu sagen, alle. Es hat Einzelne gegeben, die von Nietzsche beeinflusst waren und dann doch einen Weg gefunden haben an die Seite der Arbeiterklasse, als Verbündete der Arbeiterklasse. Aber dass die Mehrheit eben zu den Hitleristen überging, das ist Fakt, und das ist auch kein Zufall von der Substanz der Nietzsche'schen Ideologie. Bei uns werden die Auseinandersetzungen in der Akademie der Wissenschaften weitergeführt. Diejenigen von euch, die die Zeitschrift der Akademie der Künste ›Sinn und Form‹, äh, gelegentlich sehen, wissen, dass dort jetzt die Diskussion ebenfalls weitergeführt worden ist. (...) Ich wurde gefragt: ›So, nu werdet ihr hurtig 'ne Ausgabe von Werken von dem Mann bringen, wa?‹ Ich sage: ›Nein, das ist nicht der Fall, sondern wir prüfen (...), wie die Diskussion verläuft, bei uns und in der internationalen Arena, und erst in der Auswertung dieser Diskussion werden wir zu Entschlüssen kommen, wie wir uns gegenüber der Veröffentlichung von solchen (...) Arbeiten verhalten.‹«[233]

Mit Widerspruch war nicht zu rechnen, zu freundlich, bisweilen kumpelhaft-leutselig sein Tonfall und Gestus. Der Vortrag erinnerte eher an ein launiges Kolleg als an eine politische Instruktionsstunde vor Befehlsempfängern, die klare Direktiven erwarteten. Und wer von den regionalen Parteimandarinen oder hauptamtlichen Mitarbeitern hatte schon den Meinungsstreit in *Sinn und Form* gelesen? Im Westen sah man sich durch die Veröffentlichung des Schriftstellerkongressprotokolls bei *Pahl-Rugenstein* zumindest darin bestärkt, in Harich einen »Savonarola des Stalinismus«[234] zu sehen, ohne Hermlins Äußerungen deshalb gleich als kulturpolitische Wende, hin zu *Glasnost und Perestroika* aufzufassen. Eher konnte wohl der Eindruck entstehen, dass im Osten inzwischen eine Art ideologischer Autokannibalismus bei ziemlich unübersichtlichen Frontverläufen einsetzte.

Faktisch hatten Harichs Invektiven hier keinerlei Folgen, denn das Hermlinsche Lesebuch erschien 1988 nochmals in einer leicht gekürzten Neuauflage im Leipziger Reclam Verlag, selbstverständlich mit dem Mistral-Gedicht. Wiederum erhob Harich Einspruch, diesmal beim mächtigen Kulturbundfunktionär und Stellvertreter Kurt Hagers in der Abteilung Wissenschaften des Zentralkomitees, Gregor Schirmer. Mit den polykratischen Machtverhältnissen spielend, verwirrte Harich die nicht nur im Nietzschestreit zunehmend defensiver und abwartender eingestellte Kulturnomenklatura um Hager. Wieder behauptet er, nun gegenüber Schirmer[235], Nietzsches Gedicht *An den Mistral* »habe den Nazis zur Rechtfertigung der Euthanasie gedient«. Er fügt aber jetzt noch hinzu, dass es »heute zur Begründung der Ausschaltung von Aidskranken benutzt werden« könnte, empfiehlt »evtl. harmloseres Gedicht Nietzsches aufzunehmen, aber nicht dieses [...].«[236] Bemerkenswert an dieser letzten Argumentation Harichs zur Sache ist der Verweis auf eigene Kindheitsmuster unter den Propagandaformeln der Nazis. In einem Schreiben an den Verlagsdirektor des Reclam Verlags erinnert er sich an seine Gymnasialzeit, in der das Gedicht »entsprechend seinem zutiefst antihumanistischen Gehalt zur Rechtfertigung der Vernichtung ›lebensunwerten Lebens‹ im Schulunterricht benutzt worden« sei.[237]

Manfred Riedel bemerkte zum Untergang der DDR und ihres Kulturbetriebs, dass Unruhestiftungen wie die durch den »Saulus-Paulus« Harich die spätsozialistische Saturiertheit und Sicherheit im Beschweigen und Verwalten ideologisch heikler Angelegenheiten in Frage stellten.[238] Nietzsche wurde so in seiner Bedeutung gerade für die kulturpolitische Führung aufgewertet und hier mehr und mehr zum Problem. Der Ostberliner Chefideologe Kurt Hager dürfte über jede neue Einlassung Harichs gestöhnt haben, auch weil sie ihn zu unangenehmem Handeln zwang. Man stelle sich nur die allein mit dem »Humanitäts-Korb III« der Helsinki-Schlussakte intellektuell voll ausgelasteten Willi Stoph und Erich Honecker über seitenlangen Nietzsche-Abhandlungen vor, die Harich ihnen – *persönlich* und *streng vertraulich*, versteht sich – immer wieder aufnötigte. Normalerweise wurden diese zwar rasch *nach unten* durchgestellt, aber gelegentlich, wie im Mai 1988, hat Honecker offenbar wirklich einmal gelesen, sieben Seiten Harichs mit dem ernst gemeinten *Postscriptum*, er habe vor, sich zur Erholung mit seiner Frau zwischen dem 4. und 18. Juni in der Nähe von Rheinsberg aufzuhalten, wäre dort erreichbar. Urlaubsanschrift, Telefonnummer anbei.[239]

Harich hätte es besser wissen müssen, aber er glaubte offenbar ernsthaft, den Führer und gelernten Dachdecker führen zu können. Da war immer noch etwas übrig vom alten, irren Selbstbewusstsein, das ihn 1956 nicht hatte davor zurückschrecken lassen, vom sowjetischen Botschafter die Absetzung Ulbrichts zu fordern. Und wenn in der kleinen Pension beim alten Preußenschloss tatsächlich irgendwann das Telefon geklingelt, sich am anderen Ende der Leitung der Staats- und Parteichef gemeldet und den Kenner nach Rat gefragt hätte? Harich wäre wohl nicht einmal überrascht gewesen. »Ich habe ihren Anruf schon erwartet. Es freut mich, Genosse Generalsekretär ...«. Honecker hat auf besagten Brief zwar nicht geantwortet, dafür aber viel, zu viel, unterstrichen. Ganz dick die Stellen gegen Hager, dem er ankreidet, nur geheim und nicht, wie es sich gehöre, öffentlich gegen Nietzsche zu Felde zu ziehen.[240] Auf dem Schriftstellerkongress habe Hermann Kant ihm zu Unrecht »Polpotterie« und damit ideologischen Steinzeitkommunismus vorgeworfen. Hermlin habe völlig überzogen mit seiner Kritik an Harichs rigorosen Widerstand gegen jegliche Erweiterung des sozialistischen Erbes – von Luther über Friedrich II. bis hin zu Bismarck. Das stimmte so nicht. Wohl wissend, dass Honecker in seinen Memoiren Ingrid Mittenzweis Biografie über Friedrich II. lobend erwähnt hatte,[241] freute sich Harich im Schreiben »voller Dankbarkeit, die namentlich Ihnen gilt, über die Wiedererrichtung seines Reiterstandbildes unter den Linden.« An Nietzsche aber ließ er auch jetzt kein gutes Haar und forderte klare Bekenntnisse aus Honeckers direktem Umfeld:

> *»Der wichtigste ideologische Wegbereiter der faschistischen Diktatoren, Mussolinis und Hitlers, war Friedrich Nietzsche.* [...] *Geheime, interne Äußerungen gegen Nietzsche, im Präsidialamt des Kulturbundes oder auch von Kurt Hager gegenüber Dozenten des Grundlagenstudiums, ändern dar-*

an nichts und ändern umso weniger, als sie nie mit einer Würdigung meiner einschlägigen Argumentation verbunden werden. Über die frühere marxistische Kritik an Nietzsche gehe ich in wesentlichen und höchst aktuellen Punkten hinaus, indem ich z.B. seine Rolle als Gegner der Frauenemanzipation entlarve, die Legende widerlege, dass Antisemitismus und Rassismus ihm ferngelegen hätten, und den Nachweis erbringe, dass er der schlimmste Gewaltverherrlicher und Kriegshetzer aller Zeiten gewesen ist. [...]«

Eindringlich warnt Harich vor *Poeten* und *Schöngeistern* in den eigenen Reihen, die rein aus ästhetizistischen Gründen für Nietzsche eintreten würden. Es bliebe trotz dieser Tendenzen und gerade wegen ihnen ihre gemeinsame Pflicht,

»diese Bestrebungen mit gebührender Wachsamkeit vor dem Hintergrund des in Westeuropa erstarkenden Rechtsradikalismus zu sehen und dabei die leider auch bei uns zu beobachtenden Aktivitäten neofaschistischer Kräfte – ich denke an die Brutalität der Skinheads – nicht außer Acht zu lassen. Dem Vermächtnis Nietzsches hierzulande auch nur einen Millimeter Raum zu gewähren, widerspricht der antifaschistischen Tradition unseres Staates ebenso wie dessen Verfassung. Und nicht allein das. Gefährliche Globalprobleme gebieten mehr denn je, dass in aller Welt die Kräfte der Vernunft zu Nietzsche unbeirrbar, kompromisslos eine ablehnende Haltung einnehmen. Besonders dadurch, dass Friede und Abrüstung zu Überlebensfragen des Homo sapiens geworden sind, muss Nietzsche uns absolut unerträglich sein.«[242]

Es muss an dieser Stelle noch einmal etwas näher auf Harichs Weg zurück zu Nietzsche bis zur *Sinn und Form*-Debatte von 1986 eingegangen werden. Seit Mitte der 1970er Jahre und dann verstärkt nach seiner Rückkehr aus dem Westen, wo er als »Instrument der Partei« einige Zeit vergeblich zu wirken suchte, hatte Harich im wissenschaftlich und wissenschaftspolitisch einflussreichen Ostberliner Akademie Verlag Fuß fassen wollen. Ab 1981 war er als freier Mitarbeiter geführt worden. Als Invaliden- und Intelligenzrentner bezog er 1.000 Mark monatlich, das Gehalt immerhin eines promovierten Wissenschaftlers.[243] Seine 1957 aberkannte Doktorwürde war ihm, ohne offizielle Rehabilitation zwar, inzwischen wieder zuerkannt worden. In die Reihen der SED wollte man den Querulanten und »wilden Dogmatiker« aber nicht mehr aufnehmen.[244] In den gesellschaftswissenschaftlichen und kulturpolitischen Führungsetagen galt Harich allerdings als exzellenter Kenner der deutschen Philosophie- und Literaturgeschichte, dem so leicht kein Universitätsprofessor etwas vormachte. Nach seiner Rückkehr aus der Bundesrepublik hatte Harich zunächst um einen »Brocken Philosophie-Geschichte« gebeten – anzutragen am besten von Kurt Hager höchstpersönlich.[245] Publikationsverbot, wie gelegentlich behauptet wird, hatte er nicht, auch wenn er im Osten vor dem *Sinn und Form* Streit kaum etwas veröffentlichte. Im Westen war er vor allem mit seiner Schrift *Kommunismus ohne Wachstum* (1975) in Erscheinung getreten. Über die kleine *Nietzsche-Szene-Ost* war er bestens informiert, wusste von Eike Middells Leipziger Vorhaben, Nietzsches Wirkung auf die europäische Literatur zu untersuchen, kannte Friedrich Tombergs Jenaer Publikationsprojekt und sprach sich über die Nietzsche-Gesamtausgabe Giorgio Collis und Mazzino Montinaris, die in Weimar vorangetrieben wurde, noch durchaus positiv aus.[246]

Im April 1982 fand in Harichs Berliner Wohnung ein langes, auf Tonband mitgeschnittenes Gespräch zwischen ihm und Heinz Malorny statt, einem jüngeren, mit der Nietzschematerie ebenfalls gut vertrauten Akademiemitarbeiter, der in den 1950ern als Student noch in Harichs Berliner Kollegs gesessen hatte. Malorny war wohl heimlicher Fan des unheimlichen Mentors geblieben, wusste aber auch, dass er sich mit einem *politisch* Vorbelasteten, ja Vorbestraften einließ. Tonbandmitschnitte waren typisch für Harichs Arbeitsweise, der Worte stets auf die Goldwaage legte und das Gesprochene penibel festzuhalten suchte, um es bei Bedarf zur eigenen Entlastung oder zur Belastung seiner Gegner verwenden zu können. TSCHEKA-Methodik, wenn man so will. Harichs habituelles Misstrauen ging soweit, dass er seine eigenen Vorträge, Wort für Wort abgelesen, auf Band sprach, um sie dann *coram publico* abzuspielen. Ob seine Gegenüber das Gefühl hatten, einer der geheimdienstlichen Verhörpraxis ähnlichen Prozedur zu unterliegen? Malorny und später auch Wolfgang Heise ließen sich offenbar ohne größeren Argwohn darauf ein.

Mit Malorny ist sich Harich im Frühjahr 1982 einig, das Thema Nietzsche im Rahmen der »ideologischen Auseinandersetzungen« – also im Ost-West-Konflikt – besetzen zu müssen, sehr wohl konstruktiv, den neuen Herausforderungen der Zeit angepasst. Im politisch korrekten Philosophen-Lexikon der DDR (Dietz Verlag, 1982) hatte Malorny gerade (und immerhin) von Nietzsche als einem »bedeutenden Philosophen der deutschen Bourgeoisie« gesprochen und diesem trotz *extremem* »Subjektivismus, Irrationalismus und Voluntarismus [...] scharfe Kritik an der liberalen Bourgeoisie seiner Zeit« zugute gehalten. Die allerdings kam von rechts und das war schlecht.[247] In einem späteren Gutachten schildert Harich die damalige Ausgangsposition:

> *»Auf Grund zahlreicher Gespräche, in denen wir meist ein hohes Maß an Einvernehmen erreichen konnten, betrachte ich ihn als Verbündeten im Kampf gegen Bestrebungen, Nietzsche mit so genannter ›differenzierter‹ Wertung in die Erbepflege der DDR einzubeziehen. Allerdings hatte ich erhebliche Einwände gegen Teile des vorliegenden Manuskripts vorzubringen* [...],[248] *die ich als viel zu zahm und versöhnlich empfand. Verf. notierte sich stundenlang meine kritischen Bemerkungen, stimmte ihnen in allen wesentlichen Punkten zu, äußerte aber am Schluss: »Wenn Montinari Sie hören würde, würde er Sie erschlagen, erschießen.«*[249]

Zwar gab es für Harich schon damals und später erst recht keinen Grund, hinter die Lukács-Linie zurückzugehen. Doch erschien es ihm angezeigt, Nietzsche vom »heutigen marxistischen Standpunkt« her »philosophisch zu beurteilen«. Eike Middell sollte die literaturwissenschaftliche Einschätzung leisten. Parallel trat man auch innerhalb universitärer Arbeitsgruppen zum *Existenzialismus* (Hans-Martin Gerlach und Reinhard Mocek in Halle), zum *Konservativismus* (Ludwig Elm in Jena) und zu *spätbürgerlicher Philosophie* überhaupt (Manfred Buhr und Heinz Malorny in Berlin) näher an Nietzsche heran. Mit Ausnahme der Studie Oduevs[250] war in der DDR bis dato nichts Monografisches zu Nietzsche erschienen, geschweige denn irgendetwas von ihm selbst herausgebracht worden. Harich liebäugelte daher mit einer zentralen, von der Spitze der AdW her gelenkten Arbeitsgruppe. Anfangs fielen auch noch die Namen Hermlin und Tomberg. Wissend um Harichs antikapitalistisch-ökologisches Engagement, vertrat in kleiner Runde John Erpenbeck, ein junger Physiker und Erkenntnistheoretiker am Zentralinstitut für Philosophie der Akademie der Wissenschaften, die optimistische These, »dass Nietzsche einen gerade heute, für uns fruchtbaren Beitrag zur Erhellung der Werteproblematik geleistet habe, und dieses »philosophische Erbe« herauszuarbeiten sei.[251]

Ob sich bei Harich bereits hier oder erst später die große Verstörung einstellte, steht dahin. Nachhaltig scheint eine Unterredung mit Klaus Höpcke gewirkt zu haben. Dieser offerierte ihm im Mai 1982, die DDR müsse vor allem wegen des Nietzsche-Archivs ein Verhältnis zu Nietzsche gewinnen, und er, Harich, sei eben der rechte Mann dafür – »immun gegen jede Beeinflussung Nietzsches«, aber auch nicht »primitiv – mit dem Holzhammer arbeitend«.[252] Harich solle ein abgewogenes Buch schreiben, wobei Höpcke ihm bei dieser Gelegenheit zur Rente noch ein Stipendium von 400 Mark aus dem Kulturfonds in Aussicht stellte (das Harich dann auch bekam, ohne je eine Nietzsche-Monografie vorgelegt zu haben). An das Gespräch erinnert Harich in seiner 1994 veröffentlichen Schrift »Nietzsche und seine Brüder« wie folgt:

> Höpcke: »*Zu Nietzsche stehen Sie kritisch. Das ist gut so. Sie pflegen aber auch nicht mit dem Holzhammer zu arbeiten.*«
> Harich: »*Gegen Nietzsche würde ich mit einer Axt aus Stahl, am liebsten mit dem Presslufthammer, mit der Dampframme vorgehen. Um über einen Denker etwas Umfangreiches zu schreiben, müsste ich ihm rationale Momente abgewinnen können, ihm ein gewisses Maß an Verehrung entgegenzubringen in der Lage sein. Aber ich empfinde vor ihm nichts als Ekel.*«[253]

Soweit war es damals allerdings noch keineswegs. Doch deutete sich im Juli 1982 die später zementierte und in vielem noch zugespitzte Position an, als Harich einen langen, noch von einer gewissen Unentschiedenheit in der Nietzschesache zeugenden Brief an Hermann Turley, Lektor des Akademie Verlags, schrieb.[254] Es scheint, als wäre sich Harich während diesem, über mehrere Tage verfassten Schreiben Schritt für Schritt darüber klargeworden, dass er gerade nicht für eine »ausgewogene« Auseinandersetzung mit Nietzsche taugte. Angezeigt sei vielmehr eine radikale Ablehnung des Denkers und all seiner Positionen.

Die Relevanz der Angelegenheit sei, so räumte er ein, für Partei und Staat insofern groß, »als ja wichtige Nietzsche-Gedenkstätten (Röcken, Naumburg, Schulpforte, Leipzig, Weimar) auf dem Territorium der DDR liegen und, beispielsweise, Röcken Wallfahrtsort für versnobte Insassen von CD [Corps diplomatique, M. S.] – Limousinen ist.« Insbesondere gehöre die »fortschrittliche« linke Nietzscherezeption auf den Prüfstand, denn sie spräche nicht etwa für Nietzsche, sondern gegen irregeleitete Exegeten. Genannt werden Thomas Mann, George B. Shaw oder Knut Hamsun, dessen auf Dostojewski zurückgehende *Mysterien* Harich als »besonders faschistoid« einstufte. »Und ist St. Hermlins Empfehlung, an Nietzsche differenzierend heranzugehen, etwa nicht Zubehör seiner snobistischen Allüren?«[255] Für snobistisch hielt er auch die »Gute Europäer-Maske«[256], die neuerdings zur Verschleierung und Beschönigung eines »groß angelegten Völkermordes in der Dritten Welt« herhalten müsse. Der Rückgriff auf Nietzsche erlaube so nicht mehr nur, ihn als Vordenker des italienischen und deutschen Faschismus, sondern als Anwalt »eines westeuropäischen oder gar atlantischen übernationalen Faschismus und Rassismus« zu verwerten.[257] Das war die neue, wenn man so will, ökologische Dimension in der Argumentation Harichs, die dann auch in seine Philippika gegen Hermlins *Mistral-Gedicht* einfließen sollte. Er ahnte wohl bereits den kommenden Eklat, als er in Nietzschescher Manier der Selbstüberhöhung offerierte:

> *»Nun stellen Sie sich, lieber Herr Turley, aber bitte einmal konkret vor, was eine derartige Abrechnung mit Nietzsche und dessen Verehrern, geschrieben mit der Brillanz, deren ich als Autor manchmal fähig bin, verknüpft mit meinem ohnedies sensationsumwitterten Namen, unter Umständen auslösen könnte: einen ganz und gar nicht erwünschten Nietzsche-Rummel, noch angefacht etwa durch den empörten Widerspruch feingeistig gestimmter liberaler Seelen vom Schlage Hermlins! Ich habe es einmal erlebt, dass ein in-*

humanes, mich schmerzendes und anekelndes Literaturwerk, das ich durch eine glanzvolle Polemik zur Strecke zu bringen gedachte, gerade dadurch erst ins Gerede gebracht worden ist, und dass sein Verfasser, Heiner Müller[258], *der einzige war, der mir dafür ein freundliches, ja dankbares Wohlwollen bewahrte.«*

Am Ende seiner Einlassungen an Turley bekennt sich Harich zwar zur Aufgabe, »wo immer Linke sich auf Nietzsche besinnen«, zu tun, »was ich kann, ihnen die Dummheit und Gemeingefährlichkeit dieser Verirrung zu Bewusstsein zu bringen«, hält aber eine eigene monografische Arbeit im gleichen Atemzug kaum mehr für möglich. Nietzsche sei ihm eine durch und durch »freudlose Materie, bereite Pein und Herzschmerz«. Vorträge könne Harich über ihn schon aus psychohygienischen Gründen keinesfalls halten. Überdies bliebe jede Menge Arbeit in tausend Forschungskontexten (u.a. neue Gesamtausgaben und Biografien). Ein Werk sei vielleicht denkbar, in zwei, drei Jahren, aber ohne jede vertragliche Bindung. Letztes Ziel einer jeden kritischen Auseinandersetzung müsse, so Harich, die konzertierte »Zerstörung Nietzsches« und vor allem die »Abrechnung mit dessen Verehrern« sein. Dreierlei Reaktion auf den *Nietzscherummel* werden dann noch konkret erwogen: »stillschweigendes Unterdrücken, knochentrockene gelehrte Analyse, polemisches Gemetzel« – Letzteres, wie sich zeigen wird, als das Hauptbetätigungsfeld Harichs. Das zu schaffende »informelle Forschungskollektiv« – Harich, Malorny, Middell – diene der Selbstverständigung und sei vor allem nötig, um dem Literaturwissenschaftler beratend und gutachtend zur Seite zu stehen (wenn nötig, in die Zange zu nehmen!). Zudem regt Harich einen Sammelband gegen Nietzsche an, einen *Anti-Nietzsche* mit klassischen und aktuellen Texten, wobei die von ihm besorgte Anthologie für den Aufbau Verlag von 1957 zu benutzen wäre.[259] Aus der beanspruchten eigenen Deutungshoheit müsse dann in einem letzten Schritt marxistischen Philosophen, Philosophie-Historikern und Literaturwissenschaftlern Schulungs- und Propagandamaterial bereitgestellt werden, bei gleichzeitiger »unauffälliger Unterdrückung Nietzsches« in der Öffentlichkeit.[260]

MIT MARKUS WOLF FÜR FRIEDRICH NIETZSCHE – AKADEMISCHE ARABESKEN

Die Dinge bewegten sich. Nietzsche galt inzwischen nicht mehr nur als politischer Philosoph und Ideologe des Imperialismus oder *Faschismus*, der den Sozialismus verneinte und das Erobern predigte.[261] Auch als Künstler, Dichter, Ästhet begann man ihn langsam wiederzuentdecken. In Leipzig trieb der Thomas Mann Forscher Eike Middell diese Lesart voran, ohne dass sie in den folgenden geschichtspolitischen Debatten je öffentlichkeitswirksam geworden wäre.[262] Allerdings hatte Middell in den Weimarer Beiträgen bereits 1983 eine für Harich besonders irritierende Argumentation gegen die kanonisierte Lukács-Linie der Nietzschedeutung entwickelt,[263] die er in seiner Rezeptionsforschung empirisch umzusetzen gedachte. In den Protokollen des Diskussionskreises der Akademie der Wissenschaften um »Nietzsche und die Folgen« kann man nachlesen, wie Middell für eine Wirkungsgeschichtsforschung plädierte, die Nietzsche als »europäisches oder gar weltliterarisches Phänomen und kein nur deutsches Problem« zu behandeln gedachte.[264]

Insgesamt zeichnete sich zu Beginn der 1980er Jahre eine schleichende Entpolitisierung und Philologisierung des Denkers und seiner Philosophie ab. Zumindest intern – also im *Büro Hager*, bei den Verantwortlichen des Akademie Verlags, den Weimarer Entscheidungsträgern sowie in den Lektoraten bei Reclam, Aufbau oder Kiepenheuer – deutete sich an, dass Nietzsche auch im »kleinen Preußen« nicht mehr länger nicht existieren konnte. Inzwischen ließ sich mit ihm sogar akademisch graduieren. Zuerst gelang das Renate Reschke an der Berliner Humboldt-Universität.[265] In universitären Lehrveranstaltungen warteten Dozenten hier und da mit seinen Texten auf. Die Hallenser hatten 1980 ein Lehrmaterial zur bürgerlichen Philosophie mit einigen Nietzsche-Splittern herausgebracht.[266] Ralf Eichberg erzählt von Seminaren, die er in den 1980ern gemeinsam mit Lutz Seiler besuchte. Im *Kruso* gibt es einen Dr. Z.[267], bürgerlich Rüdiger Ziemann, ein Germanist und Metriker, der Lektüreseminare zum Expressionismus abhielt. Das waren abendliche Zirkel am Rande des offiziellen universitären Betriebs. Ohne Nietzsche ging es nicht, gingen Trakl und Benn und vor allem Johannes R. Becher nicht, zu dem Ziemann, damals schon um die sechzig, noch 1989 promovierte.[268] In den 1950ern war Z. eine Zeit lang Sekretär Louis Fürnbergs an den Nationalen Forschungs- und Gedenkstätten der klassischen deutschen Literatur in Weimar gewesen, hatte dort im Nietzsche-Archiv gewohnt, kurz bevor Montinari kam. Er lehrte die kleine Hallenser Denkgemeinschaft das »langsame Lesen«, ein Lesen wie es Nietzsche erwartete, griff wandernde, zu den Modernen weiterwandernde Bilder, Motive und Rhythmen auf: Es ging um »Kleingeld und nicht um die großen Scheine«, zitiert Eichberg Husserl.[269] In Ziemanns Dissertation geht es dann ganz wesentlich um Bechers Nietzschebezug und um dessen Kehrtwende im sowjetischen Exil, den durch die Zeitverhältnisse nach 1933 aufgenötigten Bruch in Bechers Verwertungen und Bewertungen Nietzsches. Becher war über Ernst Bertram[270] zu Nietzsche gekommen und hatte sich wie jener in diesem selbst gefunden und erfunden. Dann musste er abschwören, wollte es. Ziemanns feine Beobachtungen zum dissonanten Tonfall dieses Abfalls, der höchst widersprüchlich und schwankend bleibt zwischen assoziativ Denunziatorischem und Affirmativem, zwischen Anklage und Apologie, stehen in krassem Widerspruch etwa zu Harichs Polemiken und Verrissen. Zu Bechers Vorwurf, Nietzsche habe »besten deutschen Boden« (politisch) unterminiert[271], bemerkt er:

»Die Boden-Metaphorik hat auf unsere Nietzsche Literatur eine seltsame Anziehungskraft ausgeübt, wobei Bechers Bild des Mineurs, der eine vorher tragfähige Struktur zerstört, besser ist als das Gärtner-Bild, das Nietzsche am Pflanzbeet des Faschismus arbeiten sieht. In jedem Falle ermöglicht die Metapher ein Umschreiben der prosaischen Aussage, dass Nietzsche die Menschen, die mit seinem Werk in Berührung kamen […] – zum Wirken

für den Faschismus angestiftet oder bereit gemacht habe, eine Behauptung, gegen welche gar zu viele Tatsachen sprechen; weder Heinrich Mann noch Stefan Zweig noch eben Becher sind Faschisten geworden. Und es gab unter den Gefolgsleuten Hitlers Nietzsche-Verehrer, wie es unter ihnen Goethe-Leser und Mozart-Hörer gab.«[272]

Uns Jenaer Studenten überraschte übrigens eines Tages die Ethikdozentin im obligatorischen marxistisch-leninistischen Grundlagenstudium mit einem blauen *Ormig-Nietzsche*, der mich in wer weiß wievieltem und kaum mehr lesbaren Durchschlag ins Grübeln brachte. Vielleicht war es etwas aus den *Unzeitgemäßen*. Der Begriff der KULTUR stand da plötzlich im Raum – ohne die gestanzten Formeln von *Materie und Bewusstsein*, von *Basis und Überbau*. Und fast wäre Nietzsche ja noch öffentlich geworden. Bei Aufbau war eine vierbändige Werkausgabe geplant, Herausgeber sollte Wolfgang Heise sein. Eine Ausgabe der *Fröhlichen Wissenschaft*, bearbeitet von Renate Reschke, stand bereits Mitte der 1980er Jahre bei Reclam-Leipzig vor dem Erscheinen. Hinzu kamen die von Malorny und Middell für den Akademie Verlag vorbereiteten Nietzsche-Monografien. Auch gab es in Leipzig und Berlin den erwähnten literaturwissenschaftlich-philosophischen Diskurs am Rande, der Spuren in den exponierten Weimarer Beiträgen hinterließ.[273] Insgesamt mochte es fast scheinen, als könne Nietzsche nun auch unter sozialistischen Himmeln reüssieren und neben oder zumindest hinter Marx gegen den Kapitalismus in Stellung gebracht werden. Vermehrt erschienen kleinere Zeitungsbeiträge, bei Insel und Kiepenheuer wurden Stefan Zweigs bzw. Theodor Lessings berühmte Nietzsche-Essays wieder aufgelegt.[274]

In Jena hatte die Universitätsleitung den Westübersiedler Friedrich Tomberg, zuvor Professor an der Pädagogischen Hochschule in Westberlin, mit dem Aufbau eines Nietzsche-Schwerpunktes betraut. Die Geschichte Tombergs, der Nietzsche zeitlebens von *links* für *links* las, erzählt von Schwierigkeiten mit der (sozialistischen) Wahrheit, nicht nur in Sachen Nietzsche. Ich treffe den gewesenen Ordinarius für *Bürgerliche Philosophie*, nach 1989 noch letzter Leiter der Abteilung Geschichte der Philosophie am Zentralinstitut an der Akademie der Wissenschaften, im März 2015 in seinem Haus in Oberkrämer, nordwestlich von Berlin.[275] Eigentlich ist es eine Bücherhöhle und *Rautenklause*, mit Nietzsche-Bildnissen und Marx-Büsten bestückt. Lenins Werke finden sich neben Spenglers und Toynbees Weltgeschichten im Regal. Beim berühmten Althistoriker Eduard Meyer sollen Lenin und Bismarck einträchtig nebeneinandergestanden haben. Größe macht Richtung mitunter unerheblich. Oberkrämer, das ist schon das Brandenburg Fontanes, der hier sein Gedicht zur Schlacht bei Fehrbellin geschrieben hat. Für den katholisch geprägten Westfalen Tomberg wurde Nietzsche, zusammen mit Schopenhauer und Marx, früh weltanschauliches Widerlager zu Kirche und Religion. Im *Collegium Augustinianum Gaesdonck*, einem Internatsgymnasium, das dem Bischof von Münster unterstand, war er auf Schillers ästhetischen Erziehung ebenso gekommen wie auf Nietzsches »vom Geist der Antike durchtränkte Empörung [...] über den selbstgefälligen Defätismus der müde gewordenen Europäer.«[276] »Gott ist tot«, zitiert der noch überaus vitale und freundliche Mann im Gespräch dann auch des Öfteren.

In Jena hatte Ende der 1950er Jahre zuerst Georg Mende seine Fühler nach Weimar mit Blick auf eine sozialistische Nietzscheaneignung ausgestreckt. Vom alten Jenaer Hauptgebäude wie vom neuen Universitätshochhaus, die Philosophen saßen im 21. Obergeschoss, war es nur ein Stück bergauf zu Nietzsches und Bechers Psychiatrie. An den zentralen deutschen Denkorten von Klassik, Romantik und idealistischer Philosophie wollte man den *Donnerer* nicht allein den Italienern und, gleichwohl es gelegentliche Übereinstimmungen gab, schon gar nicht der westdeutschen akademischen Philosophie und Literaturwissenschaft überlassen. Tomberg, der noch zu Martin Heideggers Füßen in Freiburg, wie er selbst sagt, »zum Denken gekommen« war und bei dessen Schüler Wilhelm Weischedel zu Beginn der 1960er in Berlin promoviert hatte, schien der richtige Mann dafür zu sein – ein linker, bürgerlicher Wissenschaftler, der sich auch im Westen vorzeigen ließ. Die akademisch-intellektuelle Szene der alten Bundesrepublik kennt Tomberg aus dem FF. Während seiner Berliner Studien- und Dozentenjahre galt er mal als hartgesottener Stalinist und kritikloser Anhänger der DDR, mal als Maoist oder »Kryptokommunist«, der zu jeder Gelegenheit seine in Ostberlin für 10 oder 20 Pfennige erstandenen Reclam-Bändchen mit Schriften von Marx und Lenin aus der Tasche zog. Den Ostteil der Stadt besuchte Tomberg, der selbst dramatische Ambitionen hatte und Stücke schrieb, bis zum Mauerbau vor allem, um ins Theater zu gehen – *Berliner Ensemble*, Schiffbauerdamm. »Kommunismus«, so meint er, sei für ihn damals »ein anderes Wort für verwirklichten Humanismus« gewesen.[277] 1968 gehörte er zu den theoretischen Köpfen der revolutionären Studentenbewegung, hielt dabei als Herausgeber der Zeitschrift *Das Argument*:

»an der klassischen Auffassung fest, dass eine revolutionäre Enteignung des Monopolkapitals wohl kaum durch Wahlerfolge zu erreichen sei, womit für mich klar war, dass es im Westen zumindest in der Gegenwart unsinnig war, auf eine Wende zum Sozialismus hinzuarbeiten. Mir lag vielmehr an einer Verständigung zwischen den beiden, von mir irrtümlich für unaufhebbar gehaltenen Machtblöcken, die einen Wettbewerb der Ideen ermöglichen würde, wobei ich kein Hehl daraus machte, dass ich die von Marx ausgehende Gesellschaftskonzeption, modern interpretiert, für die bessere Alternative hielt. Das machte mich geeignet, von der Argument-Redaktion her nach ›drüben‹ an aufgeschlossene Wissenschaftler glaubwürdig Loyalität zu signalisieren, so dass es der Zeitschrift eher möglich wurde, auch hinter dem Eisernen Vorhang Sympathien zu sammeln und Mitarbeiter anzuwerben, die in Haugs linkes Einigungsbemühen einbezogen werden konnten.«[278]

1979 kam Tomberg in die DDR. In Westberlin hatte er sich nach dem Mauerbau öfter mit einem Abgesandten der Behörde Markus Wolfs getroffen und mit ihm angefreundet. Idealistisch für das gesamtdeutsche Projekt des Sozialismus enthusiasmiert und den Kapitalismus ablehnend, hing die Vertraulichkeit in dieser harten politischen Angelegenheit wohl mit Tombergs die Wirklichkeit überspannender, bisweilen verdeckender theoriegeleiteter Lebensform zusammen, hatte aber auch mit dessen (noch immer spürbaren) Spontanität und aus heutiger Sicht eher naiven Illusionen zu tun, durch ein verbessertes System im Osten einen wiedervereinigten sozialistischen deutschen Staat jenseits der Bündnisse des *Kalten Krieges* befördern zu können.[279] Substanzielle Arbeit für die Behörde leistete Tomberg nie. Nur schien der eloquente Linkssympathisant Wolfs Mannen für einen kulturpolitischen Neuanfang nach erhoffter Besetzung Westberlins interessant, etwa als ein vom Osten dirigierter Präsident der Freien Universität. Als der Doppelagent Werner Stiller Anfang 1979 in die Bundesrepublik floh und auspackte, stand Tomberg plötzlich auf einer Liste tatsächlicher wie mutmaßlicher Agenten[280] und war *nolens volens* gefährdet. Die Bedrohung war durchaus real, und so landete er schließlich aus Angst und Hoffnung in der DDR.

In punkto deutscher (sozialistischer) Einheit und allgemeiner Abrüstung berührten sich Tombergs Auffassungen übrigens mit denen Harichs, der inzwischen seine Haft in Bautzen abgesessen hatte. Womöglich hätte Tomberg im Westen Ähnliches gedroht. Einen deutschen Friedensstaat in und für Europa, erhoffte er sich so ähnlich wie Nietzsche. Freiwillig das Schwert zerbrechen, »sein gesamtes Heerwesen bis in seine letzten Fundamente« zertrümmern, so hatte dieser es den Deutschen einst ins Stammbuch geschrieben. »Sich wehrlos machen, während man der Wehrhafteste war [...], das ist das Mittel zum wirklichen Frieden [...].« [KSA, Bd. 2, S. 678f.] Die Einheit dachte sich Tomberg zunächst so: Die vitale Kraft des östlichen, noch »blinden Riesens« könne nur wirksam werden mit Unterstützung des weitblickenden westlichen Zwerges, den der Riese sich auf die Schulter setzen müsse.[281] Das roch nach Spengler, der bekanntlich den Aufstieg des Ostens nach Zusammenbruch des Westens und *Untergang des Abendlandes* prophezeit hatte, und natürlich auch nach Nietzsche, »dem Russland die einzige Macht« war, »die heute Dauer im Leibe hat, die warten kann, die etwas noch versprechen kann [...]«. [KSA, Bd. 2, S. 141] Später war Tomberg davon überzeugt, dass es des *Zwerges* eigentlich gar nicht mehr bedürfe, weil der östliche Kommunismus auf Grundlage der Theorie von Marx und Engels zumindest potentiell über jene Weltsicht verfüge, die der Menschheit eine friedliche und gerechte Zukunft sichern könne.[282]

Mit Hilfe oder unter Nötigung der Stasi fand sich Tomberg schließlich in Jena wieder. Mit Markus Wolf für Friedrich Nietzsche, so konnte es fast den Anschein haben. Nur einmal hat Tomberg Wolf persönlich getroffen, sich dabei mit ihm aber nicht über Philosophie oder Günter Guillaume, sondern über die Inneneinrichtung seiner Wohnung unterhalten. Bemerkenswert ist es schon, dass die meisten der am Nietzsche-Gespräch oder an der Nietzsche-Abwehr beteiligten DDR-Philosophen irgendwann für die Stasi gearbeitet und dabei sogar überwiegend mit dem Auslandsgeheimdienst in Kontakt standen: Wolfgang Heise unter dem Decknamen »Hahn« 1959–1966; Heinz Pepperle als »Hans Ludwig« 1957–1989; Heinz Malorny als »Manfred« 1981–1989; Manfred Buhr als »Rehbein« 1964–1989[283] – *Kundschafter für den Frieden* allesamt und den ideologischen Endsieg auch über Nietzsche und seine bürgerlichen Adepten. Selbst Harich hatte sich ja, wie gehört, der *FIRMA* als argusäugiger Federkrieger angeboten. Da die *Hauptverwaltung Aufklärung* ihre Akten 1989 nahezu vollständig schreddern konnte, weiß man über tatsächliche Kooperationsgründe wie Berichtsinhalte wenig bis gar nichts. Von Tomberg ist in den Akten der BStU lediglich eine Karteikarte mit Registrierungsdatum 7. Mai 1962, Deckname »Alfons«, überliefert. Die Dinge lagen hier anders als etwa bei Buhr, der mit Valuta-Mitteln üppig ausgestattet, im NSW-Gebiet die DDR-Philosophie und -Ideologie wortreich und leichtfüßig, *rehbeinig* eben, vertrat und nebenbei Kongressberichte lieferte.[284] In den Akten taucht Tomberg noch einmal im März 1990 zum »Rechtsträgerwechsel von Wohnhäusern ehemaliger Patrioten der Aufklärung« auf, neben keinem Geringeren als Günter Guillaume.[285] Da befand sich die Behörde bereits in Auflösung. Aber man kümmerte sich. Tomberg mutmaßt, dass die Genossen irgendwann erkannten:

> *»mit wem man es bei mir zu tun hatte, mit einem bürgerlichen Wissenschaftler nämlich, der sich zwar redlich Mühe gab, zu einem Marxisten zu werden, in Wirklichkeit aber der Politik der DDR unbelehrbar, wenn nicht ablehnend gegenüberstand. Dennoch scheint die Haltung zu mir zwiespältig gewesen zu sein. Es war wohl klar, dass ich als IM nicht zu gebrauchen war. Man hatte denn auch [...] etwas anderes vor. Irgendwann würde man in den Besitz von Westberlin geraten. Dann waren nach alter Methode Spitzenpositionen mit angesehenen Bürgerlichen zu besetzen, die sich aus dem*

Hintergrund von Kommunisten steuern ließen. Für eine solche Position scheine ich langfristig vorgesehen gewesen zu sein.«

Ich zitiere aus Tombergs Replik »Korrektur einer Legende«[286]. Sie rechtfertigt nichts. Warum auch? Den schizophrenen Zeiten bin ich glücklich entronnen, in einem Alter, in dem man den Schalter seiner Überzeugungen, seiner Urteile und Vorurteile noch umlegen kann. »Ihr seid nicht klüger, ihr kommt nur später«, lautet ein dazu passendes Nietzsche-Wort. Mich interessierte dieser Punkt in Tombergs Biografie, um ihn verstehen zu können als einen sozialistischen deutschen Patrioten, dem Marx und Nietzsche positive Identitätsangebote für ein kritisches Nachdenken über Politik und Gesellschaft in West und Ost blieben.

Der *real existierende Sozialismus* zeigte sich dann dürftiger als erwartet, woran auch das vorab versprochene »Haus mit Garten und sogar der gute Rotwein« nichts zu ändern vermochten. Tomberg erlebte nun im Osten jenen Verfall, den die DDR-Propaganda pausenlos der Welt des Kapitalismus nachsagte, traf Menschen, die sich »mit einer merkwürdigen apathischen Lautlosigkeit zu bewegen schienen«[287], sah sich unversehens in eine Kultur verordneter Themen und gestanzter Diskurse versetzt. In Jena erwartete man vom kundigen Feindforscher Erhellung und Entlarvung der erwähnten *spätbürgerlichen Philosophie.* »Das wollten die Hallenser, das machte Gerlach, das machte Buhr in Berlin auch ein bisschen?«, frage ich ihn in unserem Gespräch in Oberkrämer.

Tomberg: »Jena hatte noch niemand Zuständigen, wurde in Sachen spätbürgerliche Philosophie gewissermaßen von Halle aus mitversorgt. Ich bekam einen Lehrstuhl für Geschichte der bürgerlichen Philosophie mit Schwerpunkt gegenwärtige westliche Philosophie.«

Steinbach: »Also auch in Auseinandersetzung mit der sogenannten *Nietzsche-Renaissance?*«

Tomberg: »Ja, aber meine Kollegen hielten sich bedeckt. Sich auf den Westen zu beziehen, war immer heikel, man hatte da böse Erfahrungen gemacht. Es gab in der Sektion bei Professoren und Dozenten kaum jemand, der nicht schon mal zur Bewährung in die Produktion oder in sonst eine Praxis geschickt worden war. [...] Obwohl auf meinen Wunsch mein Lehrgebiet die ganze Geschichte der bürgerlichen Philosophie sein sollte, übernahm ich dann doch in dem festen Studienplan speziell die Epoche seit Schopenhauer und damit auch die gegenwärtige westliche Philosophie. Mein eigentliches Interesse ging nach wie vor auf die Konfrontation des originalen Marx mit dem offiziellen Marxismus-Leninismus. [...] In meiner Vorlesung über die westliche Philosophie behandelte ich Marx unter dem Gesichtspunkt der Methode, abgelesen vor allem am *Kapital*, und beschäftigte mich ansonsten genauer mit den Strömungen im Westen, die ich so gut gar nicht alle kannte. Im Kopf hatte ich schließlich immer noch die Vorstellung: Die machen eine so schlechte Politik, weil sie den Marx nicht richtig gelesen haben. Da wollte ich wenigstens bei der Studentengeneration Abhilfe schaffen.«

Schlaue Marx-Exegesen waren nun aber nicht gerade das, was man von einem Westdeutschen in Jena erwartete. Die *11. Feuerbachthese* stand über der Universitätsaula: »Die Philosophen haben die Welt nur verschieden interpretiert; es kömmt drauf an, sie zu verändern.« Der frühe Marx. Auf die erstarrten Verhältnisse der Honecker-Ära bezogen, war der Gedanke längst subversiv geworden. Doch wen interessierte das schon. Mir fällt dazu die skurrile Szene vom Ende des obligatorischen marxistisch-leninistischen Grundlagenstudiums im Herbst 1989 ein. Die Sache ging ganz schnell. Draußen hatte man gerade Egon Krenz auf die Brücke des sinkenden Staatsschiffes gehievt, als ein letztes *höchstes Exemplar* der sozialistischen Politbürokratie. Unser Dozent, ein lieber, netter Kerl, der gern einen trank, aber niemandem etwas zuleide tun konnte, hatte lange Jahre mit seiner Promotion zugebracht. Dem akademischen Mittelbau ging es gut in der DDR. Wie er nun seinen dicken, blauen MEW-Band auspackte, mit ganz viel, zu viel rot Unterstrichenem und anfangen wollte vorzulesen, meinte einer von uns: »Also lieber Herr G., das muss doch nun jetzt wirklich nicht mehr sein, den ollen Marx noch durchzubuchstabieren.« Totenstille. Dann Herr G.: »Na gut, wenn ihr nicht wollt, schlage ich vor, wir gehen einen Kaffee trinken.« Alles folgte ihm in die Kaffeestube der Sektion Sportwissenschaft, und er gab einen aus. Das Grundlagenstudium, eben noch für »wichtiger als das täglich Brot« befunden,[288] war damit abgeschafft. Eine Lehrveranstaltung weniger und irgendwie ein Beispiel für die geräuschlose Implosion des real existierenden Sozialismus im Ganzen. G. wurde später *abgewickelt* – ein übles Wort für eine durchaus üble Sache –, fand aber noch eine Anstellung bei der Universitätspoststelle, wo er glücklich bis zur Rente beschäftigt wurde. Die Revolution von 1989 war friedlich.

Im Gespräch kommen wir auf die beiden Möglichkeiten zurück: Marx oder die *Spätbürgerliche Philosophie*. Die Erwartungshaltung der Jenaer ging natürlich in Richtung des dem Untergang geweihten Denkens. Tomberg kam aus dem Westen. Er musste es wissen, galt als Experte und Zeitzeuge für die dortigen Diskurse nach 1945.

Steinbach: »Auf Nietzsche kamen Sie in Jena nach Jahren wieder zurück? Wer brachte Sie dazu? Mende?«

Tomberg: »Kann sein. Als ich nach Jena kam, sagte man mir, Mende, eine immer noch hochangesehene philosophische Autorität aus früheren Zeiten, jetzt pensioniert, sei sehr an mir interessiert und kenne auch Sachen von mir. Er würde mich gern kennen lernen. Ich habe ihn zu Hause besucht und ihm ein Buch von mir, nämlich ›Polis und Nationalstaat‹[289] mitgebracht. Ich erfuhr, dass seine Frau es mit Eifer gelesen habe. [...] Vielleicht habe ich ihm erzählt, dass ich mich früher mit Nietzsche befasst habe. Und ich kann mir vorstellen, dass er da unseren Prorektor gefragt hat, ob man nicht eine eigene Nietzscheforschung aufbauen könne. Montinari würde uns sonst ja alles wegnehmen, was wir doch wenigstens fürs Ausland produzieren könnten. Außerdem war er wohl der Meinung, man müsse sich auch in der DDR eingehender mit Nietzsche befassen, wie er das früher auch getan hatte.

Er hat, denke ich, an die Einrichtung einer Art wohlinformierter Abwehrinstitution gedacht.«

Steinbach: »Auch angesichts der beiden italienischen Kommunisten, die Nietzsche in Weimar in Beschlag genommen hatten?«

Tomberg: »Auf mich kam man wahrscheinlich erst, nachdem ich Mende besucht hatte. Wir haben über Marxismus gesprochen, da hatte er dann wohl den Eindruck, dass ich ganz auf ihrem Boden stehe und man mir das zutrauen kann. Wir waren uns vermutlich auch in der Hochschätzung der Demokratiebestrebungen von Lukács einig, so dass ich ihm geeignet schien, eine Nietzscherezeption, wenigstens im Sinne von Lukács aufzubauen.« [...]

Steinbach: »Wie weit kamen Sie damit in Jena voran? Welche Kooperationen gab es?«

Tomberg: »Erst einmal bin ich nach Weimar ins Nietzsche Archiv gefahren und habe dort mit Hahn oder Holtzhauer gesprochen. Ich durfte ein bisschen in Nietzsches Papieren herumblättern und war verzweifelt. So viele Handschriften lesen, das war mir einfach zu viel. Ich habe es dann gelassen.«

Steinbach: »Sie hatten einen eher biographischen, existenziellen Zugang zu Nietzsche?«

Tomberg: »Ja gewiss. Ich habe mir Bücher über Nietzsche verschafft, habe mich mit ihm konkret befasst, um ihn richtig kennen zu lernen und so auch seine Werke. Ansonsten habe ich von mir aus nichts unternommen. Es kamen Interessenten zu mir, die Nietzsche-Themen bearbeiten wollten. Eine Studentin wurde mir von einer anderen Universität zugeleitet, bei der eine Nietzsche-Faszination sich herausgestellt hatte, von der ich sie wohl heilen sollte. Ich riet ihr, den jungen Nietzsche zu lesen, um herauszufinden, was seine Prägungen und Motivationen waren und um überhaupt erst einmal mitzubekommen, was er wollte. Sie war Feuer und Flamme, ging und kam nicht mehr wieder. Über ihr Verschwinden wurde kein Wort geredet.«

Steinbach: »Lehrveranstaltungen?«

Tomberg: »Es gab einen Lehrplan, an den musste man sich halten. Der musste abgearbeitet werden. Ich konnte gar nichts Eigenes anbieten. Das war wie in der Schule. Wie dort die Schüler und Schülerinnen zu einer Klasse, so gehörten die Studenten und Studentinnen hier zu einem Studienjahr, darüber hinaus war nichts vorgesehen, auch praktisch nicht möglich. Letztendlich war ich der Einzige an der philosophischen Sektion, der dann doch über den gesetzten Rahmen hinausgesprungen ist. Ich habe innerhalb der Sektion ein Descartes-Seminar angekündigt. Das war an sich schon unerhört. Teilgenommen hat nur der kleine Kreis von verschwiegenen Dissidenten, dem auch ich zugehörte, gegenüber den Studierenden bestand eine Schranke, die sich von selbst verstand.«[290]

Das stimmte nur halb, wie aus den Dossiers einer Jenaer Studentin Tombergs für das MfS ersichtlich wird.[291] Ich lese sie zwei Jahre nach unserem Treffen in Oberkrämer. Um den als eine Mischung von liberal-westlichem Freigeist und Edelmarxisten Wahrgenommenen hätten sich, so heißt es da, »eine Reihe von Assistenten geschart, die zum Lehrbetrieb an der Sektion Philosophie, zum Prüfungsmodus und zur Lehrmeinung in Opposition stehen«. [›Kruja‹, 29. Juli 1981]. In Vorlesungen wie Prüfungen gleichsam renitenter Reformgeist innerhalb des starren Lehrbetriebs, wusste Tomberg die Studierenden bald hinter sich. Seine Vorlesungen zu Hegels Logik füllten das Audimax, unter den Hörern neben Philosophen auch zahlreich Psychologen und M/L-Dozenten. Tatsächlich fraternisierte er am Philosophischen Institut auch mit »jungen Assistenten, die mit bestehenden Zuständen der Kaderpolitik nicht einverstanden waren und einen eingeschliffenen Dogmatismus bei der Vergabe von Dr. Arbeiten und deren Betreuung kritisierten.« Von diesen habe sich Tomberg, so die Einschätzung der Quelle, »beeinflussen und als Sprachrohr benutzen lassen (›Was ein Professor sagt, hat mehr Gewicht‹)«, wofür er von der Sektionsleitung »mit einer Rüge diszipliniert« und »in eine Gewerkschaftsfunktion eingegliedert« wurde [›Kruja‹, 16. Juni 1982], was allerdings gewohnter Modus und weniger Strafe war, wie die Informantin vermutet. Ernst Bloch hatte man 1956 »Irreführung junger Parteigenossen« vorgeworfen.

Das abschließende Persönlichkeitsprofil der kundigen Beobachterin lese ich mit Vergnügen – als Steckbrief einer Nietzscheschen Individualität oder eines Charakters mit mehr oder weniger Zeug zur *sozialistischen Persönlichkeit*:

> *»Zusammenfassend schätzt die Quelle den T. charakterlich folgendermaßen ein:*
> · *spontanes Reagieren auf Probleme/teilweise auch nebensächlich*
> · *von seiner politischen Überzeugung her wirkt er ehrlich*
> · *hemmende Probleme spricht er offen an, ohne dabei zu überlegen, ob dies für ihn später von Nachteil sein könnte*
> · *er will jeden kennen, bevor er sein Urteil abgibt*
> · *kann sich aber auch unterordnen und wirkt bescheiden*
> · *teilweise für einen Professor zu laxe und legere Lebensweise/Snob*
> · *ziemlich einfacher Lebensstil/Neubauwohnung*
>
> [›Kruja‹, 16. Juni 1982]«

Im Einzelnen stimmte das ausnehmend, was bei Stasiberichten, die bisweilen bewusst verfälschend informierten, eher selten war. Mit dem Häuschen im Grünen war es nichts geworden. Im Dossier der *Kruja* wird dann noch die offiziell gewünschte Lesart für Tombergs Seitenwechsel kolportiert: Als sympathisierender Linker sei er in Westberlin in öffentlichen Misskredit geraten und habe sich wegen zunehmenden Drucks, dem er politisch ausgesetzt war, für eine Übersiedlung mit seiner Familie in die DDR entschieden. Viel, so bekennt er, wurde nicht aus den hochfliegenden Plänen zu Nietzsche und dessen Wirkungen im Rahmen der Auseinandersetzung mit der so genannten *spätbürgerlichen Philosophie* in Jena. Marx (unkritisch gegen das realsozialistische Jetzt) und Hegel, dessen richtiges System ja nur vom Kopf auf die Füße zu stellen war, blieben Trumpf – keine Spätbürgerlichen allenthalben, sondern Vordenker, Wegbereiter, »Riesen an Denkkraft und Weitsicht«.

Ebenso wie Renate Reschke hatte auch Tomberg zu Beginn der 1980er Jahre für Reclam eine Nietzsche-Ausgabe vorbereitet. Ich frage ihn nach dem gescheiterten Buchprojekt.

Tomberg: »Karin Gurst, die Cheflektorin des Leipziger Reclam Verlages, wandte sich mit der Frage an mich, ob ich bereit sei, ein Bändchen mit Nietzschetexten herauszugeben. Sie hatte dafür grünes Licht vom Verlagschef bekommen. Ich habe zugesagt und vorgeschlagen, die sämtlichen »Unzeitgemäßen Betrachtungen« auszuwählen.«

Steinbach: »Also keinen Kessel Buntes von Texten, sondern eine geschlossene Sache früher, kritischer Äußerungen zur Zeit und gegen das »Reich« und seine Kultur.«

Tomberg: »Ja, ja, genau. Ich dachte, es sei am ehesten für die DDR tragbar, wenn der anfängliche Nietzsche vorgestellt würde – mit einer in sich zusammenhängenden Textsammlung, der seine ursprünglichen und zumindest untergründig fortlaufenden Intentionen klar entnommen werden konnten. Gedacht und noch nicht getan. Das Problem war, dass ich zwar die von Schlechta (leider nicht die von Montinari) herausgegebenen Nietzschetexte hatte, diese Ausgabe aber aus verlagsrechtlichen Gründen nicht benutzen konnte. Ich musste die ganz alte Ausgabe, also die von der Schwester herausgegebene,[292] zugrunde legen. Das bedeutete: Rückübertragung aus einer modernen Veröffentlichung in die alte Textfassung, mit Vergleich, Wort für Wort.«

Steinbach: »Natürlich, denn keine der älteren Ausgaben glich ja der anderen. Montinari und Colli haben damit immer wieder die Notwendigkeit ihrer neuen Gesamtausgabe begründet.«

Tomberg: »Es war auf jeden Fall eine ziemliche Mühe, die Texte zusammenzustellen. Und dann sollte ich ein Nachwort oder eine Einführung schreiben. Das habe ich gemacht und den Text dann Karin Gurst gegeben. Sie hat mich erst einmal dem damals legendären Chef von Reclam, dem Herrn Marquardt,

> vorgestellt. Der hat sich einverstanden erklärt, ich sollte das machen. Dann ging der Text an die Mitlektoren. Die haben daran Anstoß genommen, dass ich Nietzsche mit dem *Humanismus* zusammenbrachte«.

Für unser Gespräch hat Tomberg seine liegengebliebenen *Prolegomena* von 1983 herausgesucht. Im Manuskript von damals sind die vom Lektorat monierten Passagen angestrichen:[293]

> *»Zur nazistischen Vereinnahmung Nietzsches steht die traditionell-humanistische Motivation seines Denkens nicht unbedingt im Widerspruch. In gewisser Weise hat Nietzsche das Klassenwesen des bürgerlichen Humanismus bis in seine letzte Konsequenz zu Ende gedacht. Jegliche bürgerliche Lebensweise hat den Kapitalismus zu ihrer Voraussetzung. Wer das eine haben will, bejaht damit das andere, ob er sich dessen bewusst ist oder nicht. In Zeiten der Krise und der äußersten Zuspitzung der Klassengegensätze stellt sich die Frage des Faschismus als einer vielleicht einzig noch möglichen Rettung des gegenwärtigen Imperialismus und damit überhaupt der bürgerlichen Welt. In der Tradition tief verhaftete Repräsentanten dieser Welt, wie Martin Heidegger und Gottfried Benn, haben sich denn auch seinerzeit mit dem Hitlerfaschismus zumindest anzufreunden gesucht. Auf der anderen Seite war es gerade der erklärte bürgerliche Humanist Thomas Mann, der aus dem Problembewusstsein heraus, zu dem ihn nicht zuletzt die intensive Adaption der Gedankenwelt Nietzsches geführt hatte, die Alternative begriff und aus der Unverträglichkeit seiner Weltauffassung und Humanität mit dem Faschismus tendenziell die sozialistischen Konsequenzen zog. Er sah daher auch nach dem Zweiten Weltkrieg keine Veranlassung, das Erbe Nietzsches in seinen Werken zu verleugnen.«*

Mit Thomas Mann, dem »bürgerlichen (nicht spätbürgerlichen!) Humanisten« und Ehrendoktor der Jenaer Philosophischen Fakultät von 1955, ließ sich argumentieren, nicht wegen Nietzsche, sondern weil er einmal gesagt hatte, dass der Antikommunismus die »Grundtorheit der Epoche« sei. Dafür wurde ihm Anderes verziehen, wie seine deutschtümelnden

»Betrachtungen eines Unpolitischen« von 1918. Für problematisch war aber noch eine weitere Stelle im Vorwort Tombergs befunden worden:

»Streichen wir das Proletariat als revolutionäre Kraft aus der Geschichte, so muss der Kapitalismus als endgültig gedacht werden, und mit ihm auch die Lohnsklaverei. Seitdem diese sich in Gestalt der ›sozialen Frage‹ als konstitutives Element der bürgerlichen Gesellschaft geltend gemacht hat, bedeutet bürgerlicher Humanismus ihr faktisches Inkaufnehmen. Abgeschreckt von diesem zuweilen in aller Schärfe wahrgenommenen Tatbestand, hat die Romantik mehr oder weniger den Weg in die Innerlichkeit angetreten und hat es damit der offiziellen Kultur der Bismarckära, die sich auf ihre humanistische Bildung etwas zugutetat, leichtgemacht, sich über den Widerspruch von behauptetem humanen Anspruch und inhumaner Wirklichkeit hinwegzutäuschen. Nietzsche aber nimmt zu jener Zeit noch die humanistische Bildung beim Wort und will nicht darauf verzichten, sie in der realen Gesellschaft verwirklicht zu sehen. Er ist aber auf der anderen Seite genauso entschlossen, die Realität ohne jegliche Schönfärberei so wahrzunehmen, wie sie ist. Daher seine ungeheuer aufrüttelnde Wirkung auf einen Großteil der nachfolgenden Literatur, die ständig eines provokativen Gegenmittels bedurfte, um der romantisierenden Illusionierung nicht gänzlich zu verfallen.«[294]

In einer geforderten Erläuterung zu den beanstandeten Passagen blieb Tomberg bei der Aussage, dass »Nietzsche an seiner originell-humanistischen Konzeption des Menschen festgehalten habe«, selbst angesichts bekannter inhumaner Töne, wie: »durch Züchtung und andrerseits durch Vernichtung von Millionen Missratener, den zukünftigen Menschen zu gestalten«[295]. Provokant verwies Tomberg in diesem Zusammenhang auf einen *humanistischen Antihumanismus* auch bei Lenin:

»›Man möchte den Menschen die Köpfe streicheln‹, sagte Lenin nach dem Anhören der Appassionata, ›aber‹, fährt er fort, ›man darf das heute nicht … man muss die Köpfe einschlagen, mitleidslos einschlagen, obwohl wir unserem Ideal nach gegen jede Gewaltanwendung gegenüber dem Menschen

sind‹. Preisfrage: Kann jemand, der beabsichtigt, anderen die Köpfe einzuschlagen – und zwar zuhauf – ein Humanist sein? Natürlich, wenn keine andere Wahl bleibt. Im Falle Lenins war es so, im Falle Nietzsches objektiv nicht, das ist der Unterschied. Dennoch muss man Nietzsche zugutehalten, dass er ebenso fest von seiner Mission überzeugt war wie Lenin, und – wie wir aus seiner Biografie zur Genüge wissen – von einer ebensolchen humanen Empfindsamkeit.«

Tomberg bewegte sich mit all dem vorsichtig bis polemisch zwischen den Deutungslinien Faschismus und Humanismus.[296] Für Harich war das schon Ketzerei. Reclams Entscheidung gegen das Manuskript fiel höchstwahrscheinlich auch wegen dessen Intervention, wobei Tomberg rückblickend auf ein von Buhr, anfangs neben Mende noch Fürsprecher seiner Ausgabe, veranlasstes negatives Gutachten verwies.[297] Harich besaß beste Kontakte zu den Verlagen. Eines Tages soll er, Renate Reschke erzählte es mir, bei besagter Karin Gurst, der Reclam-Lektorin, angerufen und gefragt haben, ob es denn richtig sei, dass sie gerade Nietzsches *Fröhliche Wissenschaft* zur Veröffentlichung vorbereite. Sie bejahte arglos. Daraufhin Harich flüsternd: »Warten sie noch ein bisschen damit. Dann können sie Hitlers *Mein Kampf* gleich mitherausgeben.« Was Harich wohl zur Münchener Neuausgabe von 2016 gesagt hätte? Aufwendige Kommentierung des Bösen zum Zweck seiner Widerlegung. Harich lehnte jedes veröffentlichte Nietzsche-Wort ab. So wie Reschkes *Fröhliche Wissenschaft*, 1990 immerhin noch erschien,[298] blieben Tombergs *Unzeitgemäße Betrachtungen* damals liegen und weitere Texte ungedruckt, wie ein Vortrag zu Nietzsches Geschichtsdenken für das Jenaer Klassik-Seminar.[299]

Harich und immer wieder Harich. Wo es um Nietzsche in der DDR geht, kann man nicht nicht über ihn reden. Tomberg war in dessen Schusslinie geraten, nachdem Norbert Kapferer, einer seiner ehemaligen Westberliner Hörer, auf einer Deutschland-Forscher Tagung (West) im Mai 1985 einen Vortrag zu »Nietzsche und Heidegger in der gegenwärtigen DDR-Philosophie« gehalten hatte.[300] Ganz offensichtlich mit Insiderwissen, das ihm von DDR-Seite zugespielt worden war, hatte Kapferer hierin einer sich abzeichnenden Liberalisierung der Nietzschedeutungen auch im Osten das Wort geredet. Reschke und Tomberg seien Stimmen jener neuen Sichtweise. Letzterer wurde aus einem Brief an den amerikanischen Spezialisten für DDR-Philosophie Dennis M. Sweet mit den Worten zitiert, dass die ostdeutschen Philosophen lediglich den »Quasi-Faschisten« Nietzsche, die Literaturwissenschaftler hingegen mehr und mehr den »Literaten vor Augen« hätten. Das Gesamtwerk, auch in seiner ambivalenten linken Rezeption von Franz Mehring bis zu Hans Heinz Holz[301], wirklich zu studieren, stünde, so Tomberg, erst noch bevor.[302] Harich witterte hier nun die ganz große Ost-West-Verschwörung zu Gunsten Nietzsches und empfahl in einer prompten Eingabe an die Regierung der DDR (Ministerium für Kultur, z.H. Klaus Höpcke) das »Programm, [...] nach dem Tomberg die ihm am Herzen liegende Nietzsche-Renaissance in der DDR in Szene zu setzen vorhabe, wie folgt zu durchkreuzen:

> »1.) *Keinerlei Veröffentlichungen irgendwelcher Werke Nietzsches in der DDR; zu keinem Zeitpunkt, unter keinen Umständen;*
> 2.) *Keine öffentliche Nietzschediskussion in der DDR;*
> 3.) *Es sollte damit Schluss gemacht werden, dass mehrere Philosophen und Literaturwissenschaftler sich überhaupt weiter mit dem Thema Nietzsche beschäftigen. Mir allein sind sieben bekannt, die sich damit befassen: Dietzsch, Harich, Heise, Malorny, Middell, Reschke, Tomberg. Das ist völlig absurd. Alle – und etwa sonstige noch – sollten anderen Themen zugeführt werden (einzige Ausnahme: Malorny).*«[303]

Es ging hier wiederum um die Kanonisierung des Nietzschebildes nach Lukács, für dessen allgemeine Rehabilitierung Harich immer noch publizistisch stritt. Jede Abweichung davon sei zu unterbinden. Auch müssten die für einige so reizvoll erscheinenden Wirkungen Nietzsches auf die Literatur als ausnahmslos negativ dargestellt werden. Das marxistische Urteil über Nietzsche könne heute, so argumentierte Harich gegenüber den Staatsoberen, nur noch negativer ausfallen als bei den klassischen Autoritäten. Denn »in der spannungsgeladenen Welt von heute mit ihren ungeheuren Konfliktpotentialen, angesichts des Umsichgreifens von

Terrorismus und politischem Abenteurertum sowie der Brutalisierung westlicher Medien« dürfe eine auf die »weltweite Koalition der Vernunft« setzende DDR unmöglich »dem ärgsten Zerstörer der Vernunft, eine Renaissance bereiten helfen.« Man denke nur daran, so Harich, was in einer solchen Welt Nietzsches Parole ›Gefährlich leben!‹[304] für Unheil anrichten könne unter den Philosophen; so sah es sein »11-Punkteplan«[305] der Nietzscheabwehr vor, müssten:

> *»Tomberg und Reschke, ohne dass ihnen Gelegenheit zu einer öffentlichen Diskussion geboten wird, bekämpft und, wenn nötig, isoliert werden, wobei schwankende liberale Figuren vom Typ Heise von ihnen loszureißen und in den Kampf gegen sie hineinzuziehen sind. Reschke muss dabei ihrer horrenden Unbildung und mangelnden Logik überführt werden. Anschließend sollte sie der Bearbeitung anderweitiger Themen zugeführt werden, damit sie zu Nietzsche erst einmal Abstand gewinnt. Tomberg sollte, in diskreter individueller Auseinandersetzung, vor die Alternative gestellt werden, Lukács' Urteil über Nietzsche im 3. Kapitel von ›Zerstörung der Vernunft‹, entweder Punkt für Punkt zu widerlegen – was ihm nie gelingen kann – oder als zutreffend zu bestätigen – womit sich jeder weitere Tombergsche Senf zu diesen Themen erübrigen würde.«*

Der Inquisitor rief zur hochnotpeinlichen Befragung der Delinquenten auf. Reschke und Tomberg gehörten als geistige Verschwörer, die falsches Bewusstsein verbreiteten, öffentlich an den Pranger gestellt, so wie einst Catilina vor dem Senat von Ciceros *Quo usque tandem* ... Von Kurt Hager forderte Harich wenig später eine»knallharte öffentliche Verdammung Nietzsches ›ex cathedra‹, am besten auf dem Parteitag, am besten durch Sie.«[306]

Tomberg hatte, um sein Nietzsche-Projekt zu retten, in einem zweiten Anlauf damals noch versucht, *Philhellenismus* anstatt Humanismus ins Gespräch zu bringen. Im Gespräch von 2015 meine ich,[307] dass dies auch nicht falsch gewesen sei. »Nietzsche habe doch immer von einer Antike in der Moderne geträumt, den Reichstag von der Agora her kritisiert?«

Tomberg: »*Philhellenismus* habe ich vorgeschlagen. Aber in dem Text ist es nicht drin. Es sollte eine Diskussion mit den Lektoren stattfinden. Dazu kam es aber nicht mehr. Mir wurde gesagt, das Nietzsche-Bändchen werde nicht erscheinen. Begründung: keine. Man sprach nicht über Verbote, die von oben kamen.«

Auf Konferenzen, so flachst er, der noch immer einer theoriegeleiteten Lebensform anhängend wissenschaftlich-publizistisch aktiv und als Referent gefragt und geholt ist, sei er mit Nietzsche (und Hitler) einige Male »ins Fettnäpfchen getreten«. Offen zugemutete Wahrheiten, gerade wo sie uneindeutig blieben, und eine Aneignung Nietzsches ohne politpädagogische Tabus waren in der DDR unerwünscht. Harich beargwöhnte Tomberg zuletzt immer nur als »Gesandten der Kritischen Theorie«, was so nicht ganz stimmte, denn bereits im Westen, so meint Tomberg, habe er nie sonderlich viel von Adorno oder Habermas gehalten. Für einen echten Marxisten sei da wenig zu lernen gewesen. Dagegen lieferte er mit seiner Studie zu *Basis und Überbau* (eher unabsichtlich) einen programmatischen Text für die Studentenbewegung von 1968.[308] Damals gehörte er zu den wenigen Dozenten der Philosophie, die in Berlin unbehelligt und ungestört von der Revolte weiterlesen konnten, mit starkem Zulauf auch aus den Hörsälen der Freien Universität. Die Westberliner Popularität von damals ging Tomberg im Osten verloren, selbst mit Nietzsche, den von links zu lesen und vielleicht politisch zu operationalisieren, sein Anliegen bis heute ist.

Akademische Arabesken. Renate Reschke, Schülerin Heises, war nicht die Einzige, die sich mit Nietzsche habilitieren durfte. In Weimar hatte man den promovierten Lehrer Erhard Naake Anfang der 1980er Jahre an die Musikhochschule »Franz Liszt« geholt, um im Rahmen des marxistisch-leninistischen Grundlagenstudiums über Nietzsche, Wagner und Liszt zu referieren, Personen und Themen, die von den Studierenden auch hier immer stärker nachgefragt wurden. Naake publizierte zu Nietzsche in musikhistorischen Zusammenhängen[309] und verteidigte 1986 in Jena seine Dissertation über dessen *Verhältnis zu wichtigen sozialen und politischen Bewegungen seiner Zeit*. Nietzsche der Arbeiterfeind und Imperialistenfreund. Die Arbeit ging glatt über die Bühne, obwohl der Erstgutachter, es war Tomberg, erhebliche und mit ironischer Süffisanz vorgebrachte Einwände geltend machte. »Nietzsche verstand sich«, so unterstrich auch er, »sehr grundsätzlich als ein politischer Denker.« Aber wo Naake Nietzsche etwa »romantischen Antikapitalismus« attestierte, geriet er in den Augen des Gutachters in die Verlegenheit,

> *»erklären zu müssen, warum ein Schöngeist und frühberufener Philologieprofessor wie Nietzsche schon als junger Mann darauf versessen gewesen sein sollte, sich für die kapitalistische Ausbeutung ins Zeug zu legen. An die Stelle von Erklärung tritt dann [...] die moralische Verurteilung oder einfach die Unterstellung eines merkwürdig miesen Charakters. Wo dennoch Erklärung versucht wird, droht sie leicht ins Vulgärmarxistische abzurutschen. Nietzsche, der um seiner philosophischen Leidenschaft willen seiner Versorgtheit als Professor verlustig ging und seither ganz von bürgerlicher Wohltätigkeit abhängig war, die freilich, was die Pension seitens der Universität betrifft, recht großzügig ausfiel, immer aber nur für befristete Zeit gewährt wurde und ihm nicht mehr als ein Leben in Gasthofzimmern oder Absteigen am Meer und im Gebirge ermöglichte, wo er sich seiner Augenkrankheit wegen aufhalten musste, wird uns in dieser Dissertation als ein zum Kreis der Reichen gehöriger, von Berufsarbeit sich fernhaltender Intellektueller vorgeführt, der sich den Luxus leisten kann, an den schönsten Orten der Welt nacheinander sorglos sich zu ergehen. Da braucht man dann nicht mehr weiter zu begründen, warum dieser wohlhabende Weltenbummler sich dem Großkapital so verbunden wusste. Nur eben: einen solchen Nietzsche hat es nie gegeben.«* [310]

Harich hatte also, die verstaubte Akte des Jenaer Universitätsarchivs belegt es, durchaus recht mit seiner Skepsis gegenüber *revisionistischen* Freigeistern wie Tomberg. Auch Reschkes und Naakes Arbeiten wurden inzwischen im Westen nicht mehr nur als Nachhall oder Affirmation herrschender Ideologie zur Kenntnis genommen.[311]

Für Erhard Naake, der in Weimar seither als Nietzsche-Interpret gefragt und geholt war und jeden Sommer für die aus Jena herüberkommenden internationalen Hochschulferienkurse vor Schweden und Australiern referierte, hatte die Angelegenheit noch ein Nachspiel. Als ihn die Weimarer im Frühjahr 1989 zum Professor für dialektischen und historischen Materialismus ernennen wollten, lehnte das Ministerium ab. Begründung, die ihm damals mündlich vom Rektor, einem mitfühlenden Pianisten, offeriert wurde: »Wer sich wissenschaftlich mit Nietzsche befasst und dafür vom Klassenfeind auch noch gelobt wird, kommt für eine Berufung an dieser Hochschule nicht in Frage.«[312] Glück im Unglück, wenn man bedenkt, dass ein solcher Karrieresprung wenig später mit ziemlicher Sicherheit das Ende von Naakes akademischer Existenz bedeutet hätte. Als subalterner Philosophiedozent überlebte er hingegen die Revolution von 1989/90 in Lohn und Brot und verzichtete dafür (zumindest im Nachhinein) gern auf den Professor für *dialektischen und historischen Materialismus.*

ZWEI ITALIENER IM »DISSIDENTENNEST«

Nietzsche existierte nicht nur im politischen Aggregatzustand. Es gab wie gehört auch noch eine ästhetisch-literarische und philologische Fortexistenz oder Wiederentdeckung. Insbesondere in der Weimarer Kulturprovinz hat man Nietzsche im humanistischen Kontext der klassischen Stätten, der Dichter und Denker zu verankern und so in gewisser Weise zu entpolitisieren versucht. Eine solche Tendenz war bereits seit den ersten Nachkriegsjahren erkennbar. Nach und nach sollten Nietzsche und sein Nachlass hier zu einer rein wissenschaftlichen Angelegenheit werden, mit gegebenenfalls sozialistischem Identitätspotential.

Seit Beginn der 1960er Jahre schickten sich nun Giorgio Colli und Mazzino Montinari an, Leben und Werk des Philosophen – befreit von den Lesarten der Schwester und Alfred Baeumlers, aber auch entgegen der starren Lukács-Linie – zu erforschen und für die europäische Linke neu zu entdecken. Die beiden Italiener waren, und das prädestinierte sie für die Aufgabe, Kommunisten und (mit partiellen Reserven) auch Sympathisanten des DDR-Systems. Vor allem Montinari arbeitete jahrelang vor Ort an den Nietzsche-Papieren. Sein von der deutschsprachigen Rezeptionsforschung bislang nur in wenigen Auszügen zur Kenntnis genommener Briefwechsel mit Colli ist ein Spiegel ihrer Arbeitsbeziehungen sowie der Editionsgenese, zeugt zugleich von einem schwierigen Lehrer-Schüler-Verhältnis.[313] Beide glaubten an Nietzsche als einen Antifaschisten und Revolutionär, dessen ganzes Leben und Denken von Elisabeth verzeichnet worden war. Als Philologen und Philosophiehistoriker, Übersetzer deutscher Literatur, als Marx- und Heine-Herausgeber machten sie Weimar zu einer mehr oder weniger versteckten philologischen Nietzsche-Werkstätte. Montinari und Colli waren beileibe nicht die ersten westlichen Profiteure des Weimarer Nietzsche-Fundus. Bei näherem Hinsehen zeigt sich nämlich, dass über die ganze DDR-Zeit hinweg fast ausschließlich Forscher aus dem *Nicht-Sozialistisches Wirtschaftsgebiet* (NSW), so der offizielle *Terminus technicus*, den Nachlass nutzten und dabei überaus großzügig mit Materialien und Informationen auch zu entlegenen Themen, wie Nietzsches Schreibmaschine oder seinen selbst verfassten Rezepten, freundlich wie kundig versorgt wurden. Immer wieder fragten Interessenten nach Nietzsches Verhältnis zur Musik, nach dessen Kompositionen und Liedern. Fotokopien, zugestellt anfangs noch über den Berliner Akademie Verlag und gegen hartes Westgeld, gingen in alle Herren Länder bis nach Paraguay und in die USA.[314] Beim Durchgang der Archiv-Korrespondenz entsteht jedenfalls der Eindruck, dass sich Nietzsche in und über Weimar bis in die 1980er Jahre weitestgehend abseits der *großen* und *kleinen Politik* vermittelte. Im Unterschied zu Harichs politischer Polemik herrschte hier die reine oder *neue* oder *alte* Sachlichkeit. Nietzsche existierte vor allem und war gefragt als ästhetisches und kulturelles Phänomen, das der einsetzenden kritischen und dabei politisch vorurteilslosen Editionsphilologie den Boden bereitete.

Im Weimarer Archiv nahmen sich neben den beiden Italienern und dem erwähnten Erich F. Podach mit Inge Jens, Curt Paul Janz, Hubert A. Cancik, Johann Figl, David Marc Hoffmann oder Karl Pestalozzi ausgewiesene Kenner der Dokumente an, eine kleine emphatische wie philologisch-kritische »Valuta-Nietzsche-Gemeinde« inmitten des sozialistischen Goethestadtalltags. Gern und wiederholt kamen US-amerikanische Forscher, für die das klassische Weimar und Nietzsche zur obligaten Deutschlandtour gehörten. Britische und amerikanische Studenten reisten an, um ihre Abschlussarbeiten zu diversen Einzelfragen archivalisch zu unterfüttern, allesamt bestens von Hahn und seinen Mitarbeitern unterwiesen. Man logierte im *Hotel Elefant* oder wohnte, wie Montinari, in der *Villa Silberblick* selbst. Der Italiener huldigte dem *Genius Loci*, liebte die Abgeschiedenheit des stillen Abenteuers Forschung im Klassikernest, Thüringer Bratwurst inklusive, groß: 1,25 Mark der DDR. Für das Inland blieb der Nietzschefundus des Archivs und der Zentralbibliothek zwar grundsätzlich einsehbar, jedoch je nach Fragesteller und Zeitumständen auch »Sperrbestand«[315], dann *sekretiert* im doppelten Wortsinn: Einerseits aus- und abgesondert vom humanistischen Erbe, wie ein eitriges Wundsekret; andererseits *geheim gehalten,* was allerdings nicht hieß, dass Nietzsche und seine Werke in der DDR je »offiziell verboten« gewesen wären.[316]

An eigenständige Nietzschestudien ohne staatlichen Auftrag, so wie sie den westlichen Nutzern in der Regel gewährt wurden, war aber nicht zu denken, allerhöchstens außerhalb des akademischen und universitären Wissenschaftsbetriebs, dessen festgelegte Forschungs- und Publikationspläne jedes spontane Nachforschen unterbanden. Bevor etwa der Jenaer Philosophieprofessor Georg Mende 1962 Nietzsches Papiere studieren durfte, war ihm vom Direktor der NFG Helmut Holtzhauer die kulturpolitische Strategie partieller Abschottung so erklärt worden: Er habe »die Materialien des Nietzsche-Archivs und der Nietzsche-Gesellschaft sekretiert [für das Inland]«, weil man »die Nietzsche-Apologie davon fernhalten« und zunächst einmal »der verderblichen Ideologie Nietzsches auf die Philosophie und Literatur der bürgerlichen Welt unserer Tage« nachgehen müsse.[317] Daraus ergaben sich Restriktionen in der Nutzungspraxis. So traf es ausgerechnet einen alten Kämpfer gegen den Nationalsozialismus. Steffen Dietzsch stieß vor Jahren auf den für das *Teile und Herrsche*-Prinzip symptomatischen Fall. Danach hatte sich ein Helmuth Braun 1962 über den erwähnten denunziatorischen Artikel Kaufholds im SONNTAG[318] und über Nietzsches dortige Reduktion auf eine »reaktionäre Philosophie« ohne Bildungswert bei der Direktion der NFG beklagt und eine Replik verfasst:

> *»Ich bin alter Veteran der Arbeiterbewegung und antifaschistischer Widerstandskämpfer und verdanke Nietzsche sehr viel. Deswegen möchte ich einen Artikel gegen Kaufhold schreiben.* [...] *In der Anlage übersende ich ihnen den Entwurf einer Entgegnung.«*[319]

Die Entgegnung fehlt bei den Unterlagen. Der Bitte Brauns um Stellungnahme und weitere Quellenhinweise wurde nicht stattgegeben: Die Weimarer Institute, so die abschlägige Antwort, dienten nicht »der Apologie der Dichter und Denker, deren Nachlass von ihnen verwaltet wird, sondern wissenschaftlicher Erforschung.« Ein Hohn, wenn man an den sozialistischen Traditionsrummel um Goethe und Schiller anlässlich diverser Jahrestage denkt.

In den 1970er und frühen 1980er Jahren finden sich in den Benutzerakten immerhin (und wenig überraschend) Reiner Bohley und Heinz Malorny, der Nietzsches Wirkungen im Kontext antisozialistisch-faschistischer Bezüge nachspürte. Volker Wahl interessierte sich für die Beziehungen des Nietzsche-Archivs zur Gesellschaft der Kunstfreunde Jena-Weimar und Peter Keßler, ein Jenaer Slawist, wollte Nietzsches Verhältnis zur russischen Literatur und zu Dostojewski untersuchen. Aus dem Plan, seine Ergebnisse in den Weimarer Beiträgen zu publizieren, wurde aber nichts.[320] Nietzsches ambivalenter Weimarer Aggregatszustand verhieß insgesamt weltoffene *literarische Erbepflege* nach außen und war dennoch und eigentlich Ausdruck politischer Tabuisierung nach innen. Manfred Riedel hat diesen Widerspruch und die »lange verborgene Doppeldeutigkeit der Nietzsche-Bergung« in den 1990er Jahren zuerst kritisch aufgegriffen,[321] freilich mit bisweilen allzu harschen Angriffen gegen seine Kollegen aus dem Osten, die ihm im fortgesetzten Streit um Nietzsches Erbe fast allesamt »Kaderphilosophen« blieben.

Erstaunlich unbehelligt von jeglichen politisch-ideologischen Zumutungen und mit freundlicher Rückendeckung der Weimarer Direktion schickten sich nach Podach aber nun die beiden Italiener an, Nietzsche für ein westeuropäisches Publikum ganz neu zu bearbeiten. Die Situation war eigenartig, die Frontlinien allerdings klar: Das »Nietzsche-Weimar« gehörte zuerst den Marxisten, ostdeutschen wie italienischen. Die *falschen* Nietzsche-Interpreten saßen dagegen im Westen, konnten Nietzsches Nachlass aber ebenfalls nutzen.[322] Giorgio Colli und Mazzino Montinari mit ihren dezidiert antifaschistischen intellektuellen Biografien schlüpften hier bald in die Rolle exklusiver Exorzisten, welche die Dämonen aus Elisabeths Fälscherwerkstatt auszutreiben suchten und dabei, gewollt oder nicht, zugleich an der Auflösung seiner Texte arbeiteten: »Der Krieg, der Widerstand gegen den Faschismus«, so erinnerte sich Montinari an die Anfänge seiner Nietzsche-Beschäftigung am Luccaer Gymnasium in den 1940er Jahren, »die erste Lektüre von Nietzsche, Platon und Kant, die erste Erfahrung mit der Musik (Beethoven) [...] – all dies hatte, seit ich vierzehn Jahre alt war, eine unauslöschliche Spur in meinem Leben hinterlassen.«[323] Das galt vor allem mit Blick auf seine Prägungen durch Giorgio Colli, unter dessen geistiger Führung er damals gelernt hatte:

> *»Die schlechte (weil ideologische) Gleichung Nietzsche = Faschismus galt für uns italienische, antifaschistische Gymnasiasten damals nicht* [...]. *Unser Verhältnis zu Nietzsche blieb im Wesentlichen unbelastet, auch als der Krieg zu Ende war und Nietzsche in Deutschland der Entnazifizierung zum Opfer fiel.«*[324]

Eigentlich hatte man nur eine italienische Übersetzung bereits publizierter Texte vorbereiten wollen, dann aber, angesichts des Dilemmas verschiedener Ausgaben und sich widersprechender Transkripte eine Gesamtausgabe in Angriff genommen. Im Zwischenbericht zum Forschungsvorhaben für das GSA vom Januar 1964 hieß es zu Fortgang und Aufgabe der Edition, insbesondere das fragmentarisch gebliebene und von der Schwester fragwürdig systematisierte Spätwerk betreffend:

> *»Ende des Jahres wird die Arbeit an den Bänden VI, VII, VIII abgeschlossen sein. Mit der erstmaligen Wiederherstellung der Texte des späten Nietzsche wird die Legende des ›Wille zur Macht‹ weggefegt; vor allem aber werden sich alle bisherigen darauf begründeten Nietzsche-Auslegungen als hinfällig erweisen. Bis Juni 1966 wird die ganze Ausgabe zu Ende sein.«*[325]

Die Frage nach dem echten Nietzsche im *Wille zur Macht* rückte hier völlig in den Hintergrund. Gleichwohl ist sie für den, der die Geistesgeschichte realer Wirkungen von Werken studieren will, keineswegs obsolet. Auch die subtilste »philologische Desinfektion« kann daran nichts ändern.[326] Montinari rackerte sich vor Ort unermüdlich am Material ab, drehte jeden Zettel noch einmal um. Das alles geschah hinter stets verschlossenen Türen. Einen öffentlichen Vortrag vor DDR-Publikum hat er nie gehalten. Während Weimar für die meisten in- und ausländischen Besucher vorrangig die Stadt Goethes, Schillers, Bachs und der Bauhauskünstler blieb, fand die Arbeit an Nietzsche im Hintergrund oder sogar ein wenig im *Untergrund* statt. Montinari bewegte sich frei zwischen Florenz, Basel, München, Weimar, Röcken, Westberlin. Stasi-Berichte über ihn sind erstaunlich rar und zeugen, wenn überhaupt, von einer wohlwollend-freundlichen Berichterstattung nach oben. Das hing wohl auch mit engen, freundschaftlichen Kontakten der beiden Italiener zur Weimarer Direktion zusammen, die ihre Arbeit, auch Hahn war der HVA in anderen Angelegenheiten berichtspflichtig,[327] gegen politbürokratische Zumutungen und systemideologische Verdächtigungen abzuschirmen wussten. Daraus ergab sich ein seltsam entspanntes, fast unpolitisches und klassisch voraussetzungsloses Forschungsklima, in dem sich das Weimarer Nietzsche-Gespräch ohne viel ideologisches Aufheben entfalten konnte. Das Dossier eines GSA-Mitarbeiters vom Januar 1966, der nebenbei als IM tätig war, gibt Aufschluss über Montinari als einen dem Sozialimus weltanschaulich verbundenen wie moralisch integren Wissenschaftler ohne Fehl und Tadel, der für die Nietzsche-Forschung geradezu prädestiniert erschien:

> *»Ich kenne Mazzino Montinari seit 4½ Jahren, kenne ihn sehr gut. Wir haben vor einiger Zeit einmal Bruderschaft gemacht, und wir sehen uns sehr oft im Archiv, mitunter jeden Tag. […] Er ist italienischer Kommunist – aber wohl nicht mehr in der Partei – ich weiß darüber nicht so genau Bescheid, er ist wohl ausgetreten, weil er jetzt wissenschaftlich arbeite und nicht im Stande ist, eine Funktion wahrzunehmen – was aber gar nichts ändert an seiner grundsätzlichen Einstellung. Er liest ständig die ›Unita‹ (Organ der KPI) und genauso eifrig das ›Neue Deutschland‹, und er arbeitet hier in Weimar an einer großen Ausgabe der Werke von Nitzsche [sic], die in Italien und gleichzeitig in Frankreich erscheint. Er betont immer wieder – er hat es nicht nur gesagt sondern auch drucken lassen, es liegen einige Bände bereits vor im Vorwort –, daß unter den Bedingungen, die die DDR geschaffen hat, eine Nitzsche-Philologie ungefälscht möglich sei, während doch bis zu Kriegsende der Nachlaß, die Handschriften Nitzsches in den Händen von sehr stark entweder nazistisch beeinflußten oder rein faschistischen Leuten*

war, die einen Nitzsche zurecht gemacht haben, der ihnen in den Streifen paßte. Auf alle Fälle ist es gut, daß ein Schriftsteller, der mißbraucht worden ist von den Nazis, und in der ganzen Welt einen Namen hat, frei von Entstellung, Weglassen und Fälschungen dargeboten wird, rein philologisch.«[328]

Da sprach der Philologe selbst. Hans-Heinrich Reuter war ein international angesehener Fontane- und Goethe-Herausgeber und Biograf, dessen Deckname »Gieshübler« auf den Apotheker, Menschenfreund und Schöngeist aus *Effi Briest* zurückging. Reuters ganze Einschätzung hätte für Harich, mit dem er laut zitierter Stasi-Akte 1956 sympathisiert hatte, wohl auf der Linie eines gefährlichen ästhetischen Revisionismus gelegen. Montinari, so fährt Reuter in seinem den Italiener als *einen von uns* einführenden Bericht fort,

»stellt nicht dar, er ediert nur, obwohl er bei der Interpretation bestimmte Vorbehalte und Schwächen hat. Er ist ideologisch gesehen kein Marxist, bekennt sich nicht zum historischen und dialektischen Materialismus, das könnte man nicht sagen. Seine politische Überzeugung setzt sich im Wesentlichen im Praktischen um. Er hat mir auch viel erzählt – ich halte das für ehrlich, ich glaube nicht, daß er fähig ist, eine Lüge zu machen, er ist ein offener Mensch – über seine Erfahrungen im Klassenkampf in Italien. Er hat in Italien das Thomas-Mann-Zentrum mitgegründet, war jahrelang dessen Sekretär, also einer Einrichtung, die wesentlich von der KPI ins Leben gerufen worden ist. Dieses Zentrum gilt nicht nur Thomas Mann, sondern dieser Name ist symbolisch für das bessere Deutschland, Repräsentant für das demokratische Deutschland. […] Im Gegensatz zu dem Goethe-Institut (Propagandaeinrichtung Westdeutschlands) hat sich das Zentrum das Ziel gesetzt, mit dem gesamten Leben der DDR die italienische Öffentlichkeit bekannt zu machen. […]
Er hat im Sommer 1965 geheiratet. Seine Frau […] war Fotolaborantin in unserem Institut, Tochter eines Arztes aus Meiningen. Sie macht einen guten Eindruck, ist bescheiden und klug. Ich bin der Meinung, daß irgendwelche Doppelzüngigkeiten oder Unehrlichkeiten bei ihm ausgeschlossen sind. Er fährt sehr oft nach Westberlin, er macht da nie Geheimnisse daraus, weil

jetzt nach einigen Verhandlungen mit westdeutschen Verlagen eine Einigung zustande gekommen ist mit dem auch in der DDR sehr angesehenen Verlag Walter de Kreuder [sic!], mit dem auch die Deutsche Akademie der Wissenschaften eng zusammenarbeitet. Über diesen Verlag hat er mir mit sichtlicher Freude erzählt, daß man dort eine sehr gute Meinung über Prof. Holtzhauer hat. [...] Montinari fühlt sich dem Institut sehr verbunden. Er nimmt – ich habe nicht den Eindruck, daß es aus Berechnung tut – an Demonstrationen teil, z.B. regelmäßig am 1. Mai und kommt zu unseren Versammlungen aus wirklichem Interesse [...] Montinari ist persönlich sehr anspruchslos, den Verlockungen des ›Wirtschaftswunders‹ überhaupt nicht zugänglich. Aller Luxus fließt bei ihm ab, er will nur arbeiten [...].«[329]

Es ist alles da an sozialistischer Traditionswürdigkeit: Die faschistische Verbrämung des Denkers, die es durch saubere objektive Wissenschaft (Philologie) zu revidieren gilt; als intellektueller Vertrauter der bürgerliche Humanist Thomas Mann, dessen beiläufiger Satz, der Antikommunismus sei die Grundtorheit der Epoche, bei jeder Gelegenheit aufgerufen wurde. Hinzu kamen die Anspruchslosigkeit und Verbundenheit des ehrlichen Mannes mit dem DDR-Staat, seine Eheschließung (ohne Berechnung) mit einer einfachen, bescheidenen und klugen Weimarerin. Selbst der Führungsoffizier, der die Tonbandabschrift besorgte, scheint sich, abgesehen von kleineren Fehlern und dem obligatorischen »Nitzsche« (immerhin fehlte nur ein ›e‹), einige Mühe gegeben zu haben. Da gab es in der Angelegenheit Nietzsche weit chaotischere Dossiers und Transkriptionen vollkommen unbedarfter, ja ignoranter Berichterstatter. Hier ging es augenscheinlich um ein strategisches Abschirmen Montinaris und der Weimarer Nietzscheforschung gegenüber allen kultur- und parteipolitischen Eingriffen von außen.

In Weimar führte Montinari tatsächlich »ein geordnetes und zurückgezogenes Leben«[330], von morgens bis abends mit Nietzsche, seinem Thema lebend. Für Versammlungen hatte er jedenfalls weniger Zeit als von Reuter behauptet. Er heiratete eine ortsansässige Bibliothekarin, die ihm wie gehört einen Sohn und wenig später Drillinge zur Welt brachte, wodurch die Montinaris in Weimar quasi über Nacht und auch ohne Nietzsche bekannt wurden. Es gab dafür nicht nur die Glückwünsche der Genossen, sondern sogar die obligatorische Patenschaft des Vorsitzenden des Staatsrats Walter Ulbrichts.[331] Später pendelte die Familie zwischen Weimar und Florenz. Seit 1975 gehörte Montinari auch dem Vorstand der Weimarer Goethe-Gesellschaft an, stand so also für den Zusammenhang von Nietzsche-, Goethe- und Schiller-Forschern und eine Besinnung auf die historisch ambivalenten Traditionen vor Ort.[332]

Instruktiv für das Unpolitische und eben Philologische der ungeheuren Editionsleistung sind Montinaris Briefe an den gestrengen Lehrer und Projektleiter Colli, der in Pisa eine Professur für Geschichte der antiken Philosophie innehatte. Beständig referiert der Weimarer Bearbeiter dem immer etwas maladen und launischen Meister über Abschriften, Transkriptionen, Kollationen, Exzerpte, Seitenzahlen. Kaum glaubhaft, dass Montinari, der im Frühjahr 1961 erstmals nach Weimar kam, in all den kommenden Jahren fast nichts über deutsch-deutsche oder Ost-West-Befindlichkeiten zu vermelden hatte, nichts über den heiß laufenden *Kalten Krieg*, nichts über Mauerbau, über den Prager Frühling oder die Bitterfelder Konferenzen. Viel wichtiger war es ihm, direkt im ehemaligen Nietzsche-Archiv zu wohnen und den *Genius Loci* zu atmen. Weimar, aus Ostberliner Sicht ein »Dissidentennest« (Friedrich Tomberg), wurde dem Italiener zur Idylle mitten in Deutschland. Schon bald galt er als »civis Vimarianensis« und war »aus dem Weimarer Stadtbild nicht mehr wegzudenken«, wie Karl-Heinz Hahn 1987 in seinem warmherzigen Nachruf bekunden wird. Montinari verkörperte den guten, sozialistischen Intellektuellen, »und noch Jahre danach, als er schon in Florenz lebte, erinnerte man sich des Mannes von kräftiger Statur, wenn er mit seinem Fiat, dem kleinsten Modell dieses Typs, vor der Bibliothek oder dem Goethe- und Schiller-Archiv auftauchte, immer große Mengen von Büchern und Manuskripten mit sich führend.«[333] Der Italiener fühlte sich, wie Cesare Cases behauptete, wohl in der DDR – »gerade wegen dieses ländlichen und volkstümlichen Hintergrundes, wo jeglicher kapitalistischer Firlefanz fehlte. Er hatte dort die Solidarität der Bevölkerung angesichts des allgemeinen Mangels erlebt.«[334] Ein wenig wie Ostalgie-Kino liest sich das heute schon. Dass Montinari (und Nietzsche) letztlich aber doch dem sozialistischen Osten zugehörten, ließ Hahn in seinem Nachruf noch einmal mittels einer kleinen Episode durchblicken: »Unvergessen aber auch, dass er (Montinari) auf die vielleicht schönste Veranstaltung des Göttinger Germanistentages verzichtete und statt dessen nach Weimar kam, um das hundertjährige Bestehen des Goethe- und Schiller-Archivs durch einen wissenschaftlichen Beitrag zu würdigen.«[335] Gleichwohl sich das für Nietzsche selbst verbot, so konnten aus Sicht der DDR in derlei Lesart doch zumindest die beiden italienischen Nietzsche-Herausgeber *unser sein.*

Im April 1961 schreibt Montinari aus Weimar das erste Mal an Colli. Es sind Zeilen, die von einer fast religiösen Bindung an die Aufgabe einer neuen kritischen Nietzsche-Edition zeugen. Man habe ihm, so vermeldet er begeistert, freundlicherweise alle Materialien anstandslos zur Verfügung gestellt und gut untergebracht:

> *»Ich wohne tatsächlich in der Villa ... von Nietzsche! Von dort schreibe ich Dir in diesem Moment. Ich habe ein großartiges Zimmer für mich, mit einer Veranda und Sicht auf Weimar von der einen Seite und Blick auf den Garten, wo der kranke Nietzsche spazieren gegangen war. Es gibt eine große Stille hier. Die Villa ist im »Bayreuther« Stil; gelegen auf der Höhe und ein wenig außerhalb von Weimar ist sie der ideale Ort zum Arbeiten. Ich habe eine bestimmte Emotion gefühlt, mir ganz zugehörig, weil Anderen nicht mitteilbar, das erste Mal, dass ich ein Manuskript von Nietzsche in die Hände nahm und dann, als ich die Schwelle dieses Hauses überschritten habe. Es ist nicht wichtig, dass alles das verschwunden ist, was sich auf ihn bezieht: der Ort ist an sich selbst heilig.«*[336]

Nietzsches Weimar erscheint dem damals gerade 33-Jährigen als ein »heiliger Ort«. Darin stimmten er, der 1944 unter Collis Einfluss Atheist geworden war und sich damals durch das Braten eines Kruzifix' in der Pfanne symbolisch spektakulär vom Katholizismus abgewandt hatte,[337] und sein Lehrer vollkommen überein. Für Colli blieb Nietzsche immer der große Freiheitslehrer und einer der größten Denker der Weltgeschichte überhaupt. Er verehrte ihn als »Individuum, das als einzelnes unsere Gedanken über das Leben auf ein höheres Allgemeinniveau gehoben« habe, stellte Nietzsches Stimme in emphatischer Zu- und Verneigung, die auf den Schüler abfärbte, »über jede andere Stimme der Gegenwart«. Collis Credo lautete damals: »Für den, der sich aus den Ketten gelöst hat und in der Arena der Erkenntnis und des Lebens Tyrannen nicht anerkennt, zählt einzig er.«[338] Das kam an in Weimar, und in seinen jährlichen Dankesschreiben an Hahn sparte er, ob der überaus zuvorkommenden und kompetenten Betreuung des Projekts, daher auch nicht mit Lob. »Nirgendwo könne man«, so Colli, »so schön arbeiten wie im Goethe- und Schiller-Archiv zu Weimar – und diese Meinung ist, wie Sie bestimmt wissen, auch die meiner Mitarbeiter.«[339]

In solcher quasi religiös-andächtigen Nietzsche-Vergegenwärtigung werden dann auch das philologische Handwerk und die Editionsarbeit zu geistigen Exerzitien. Fast grenzt diese Haltung an einen – hier allerdings durch textkritische Präzisionsarbeit abgefederten – »kultischen Umgang mit Nietzsche«, zu dem selbst Montinaris Weimarer Gönner Karl-Heinz Hahn, der beherzt für eine kritische Aneignung des ganzen Nietzsche in der DDR plädierte, nicht zurück wollte.[340] Dass die Beschäftigung mit dessen Werk und Nachlass, über Weimar vermittelt, ins Europäische, ja Weltoffene wies, erwähnten ausländische Nutzer noch vielfach dankbar würdigend. Nietzsche war hier, wenn man so will, als ein prestigeträchtiges kulturpolitisches Argument für die DDR vorzeigbar, insbesondere wenn es darum ging, *westliche* Nutzungs- und Vervielfältigungswünsche aller Art dienstfertig und überaus professionell zu erfüllen. Karl-Heinz Hahn, langjähriger Leiter des Archivs und ein international tätiges Mitglied der Goethe-Gesellschaft, betonte noch 1989, dass zwischen uneingeschränkt gewährtem Zugriff auf den Weimarer Nietzsche-Fundus – insbesondere für die internationale Nutzung selbstverständlich – und der Stimmungslage eines Landes, »in dessen geistigem Leben es für Friedrich Nietzsche keinen Raum gibt«, kein unmittelbarer Widerspruch bestünde. Wenn sich daraus »mitunter dennoch Komplikationen für den Einzelnen ergeben«, sei das kaum zu vermeiden und verbunden mit einem latenten »Nietzsche-Disput, der sich zwar nur vermittelt in Publikationen niederschlägt, der aber ganz gewiss dazu beiträgt, kritische Distanz zu behaupten gegenüber einem Autor, dessen Werk, wenn auch nicht unbeschädigt, dennoch relativ leicht zu integrieren war in die geistige Szenerie faschistischer Inhumanität.«[341]

Was Montinari anbelangte, so hatte noch etwas einen religiösen Anklang: Insgesamt sollte er sieben Jahre in Weimar bleiben, wo er anfangs doch, wie Hans Castorp in Thomas Manns *Zauberberg*, mit lediglich sieben Tagen im Sanatorium hoch oben in den Bergen auszukommen gedachte. Der Italiener musste sich, zeitraubend, in die Nietzsche-Handschriften vertiefen. Bald verfügte er »über alle Schlüssel zu den Archiven und Bibliotheksräumen und auch zu den Herzen der Mitarbeiter, ganz zu Schweigen von den Kellnern des berühmten *Hotels Elefant*.«[342]

Mitunter malte Montinari undeutliche Passagen der Handschrift so lange liebevoll nach, bis er sie zu verstehen glaubte.[343] Nietzsche- und Marxphilologen wissen, welche Mühe und Pein es bereiten kann, über Tage und Wochen an der Transkription nur eines einzigen kniffligen Satzes zu tüfteln, um am Schluss vielleicht doch ratlos zu bleiben. Die Arbeitsleistung Montinaris jedenfalls war, wie aus den Briefen an Colli ersichtlich wird, immens. Auch nach den Archivzeiten vergrub er sich oft noch bis tief in die Nacht in die Abschriften:

> *»Heute zum Beispiel habe ich für das Essen nur zwanzig Minuten aufgewandt, die restliche Zeit über von 9 bis 16.10 Uhr habe ich erbittert gearbeitet, indem ich 15 Seiten entzifferte.* (16. Oktober 1962) [...]
> *Heute habe ich 16 Seiten geschafft, gestern 15, Freitag 20! Das alles kostet mich unendliche Anstrengung, aber es handelt sich um eine Anstrengung, die ich gerne, ich würde sagen, ›mit Fanatismus‹ leiste.* (23. Oktober 1962)«[344]

Nur gelegentlich schimmert in den Weimarer Lageberichten der wissenschaftliche Ost-West-Konflikt im Kampf um Nietzsche durch; so in den Verhandlungen mit den Wissenschaftsverlagen und natürlich in den Forschernetzwerken. Nach Erich Podachs erhellendem *Blick in die Notizbücher Nietzsches* (1963) – es ging um die *Werke des Zusammenbruchs* – mustert Montinari die Frontverläufe. An Colli vermeldet er im August 1963:

> *»Die Veröffentlichung der Titel und Pläne der Umwertungszeit leistet nichts Anderes, als die Neugierde für die wahre und eigentliche Ausgabe zu schärfen, deren Nutzlosigkeit man in Westdeutschland aufzuzeigen versucht (Löwiths Rezension auf Französisch von Podachs Buch). Sicherlich gibt es Seiten über Nietzsche, mit denen insbesondere Du (aber ich auch) nicht einverstanden sein wirst: andererseits, wenn Du bedenkst, dass Podach mit diesem Buch allen großen Tieren der westlichen Nietzsche-Ideologie – Heidegger, Löwith, Schlechta, Reinhardt, Würzbach – den Krieg erklärt, den Leuten also, die ›kommandieren‹ und die zählen (und die uns feindlich gesinnt sein werden), dann kannst Du nicht verkennen, dass Podach mutig gewesen ist.«*[345]

In einem früheren Schreiben an Cantimori war er noch deutlicher geworden: Podach, so bemerkte er darin, »habe es dringend nötig, dass im Ausland einschlägige Rezensionen erscheinen«, denn in der Bundesrepublik sei er »für den Großteil der Professoren eine Art Agent von ›Walter‹«, gemeint war Walter Ulbricht.[346] Ludwig Marcuse hatte in der ZEIT ätzend kritisiert, dass Podach inzwischen nicht mehr nur die Schwester und ihre Fälschungen angriff, sondern an Nietzsche selbst besserwissend herumnörgelte und damit zugleich die westliche Forschung infrage stellte.[347] Er kam so letztlich auch als anfangs noch avisierter Kooperationspartner der Italiener nicht mehr in Frage.

Im Editions- und Rezeptionskampf machte nach vielen Querelen und Wendungen schließlich durch Vermittlung Karl Pestalozzis und Karl Löwiths, gesponsert durch die Deutsche Forschungsgemeinschaft, De Gruyter das Rennen um die Kritische Studienausgabe sowie um Nietzsches gesammelte Briefe.[348] Vom zunächst favorisierten Kröner Verlag hatte man sich wegen dessen nationalsozialistischer Vorgeschichte wieder abgegrenzt:

»Tatsächlich glaube ich, wie ich gestern beim Treffen mit Holtzhauer feststellen konnte, dass Holtzhauer in dem Verlangen, seine Wirksamkeit sehen zu lassen, mit Kröner gesprochen hatte ohne allzu viel an die Vergangenheit und Gegenwart dieses Herausgebers zu denken. Weder Wilpert[349] *noch der Verantwortliche der historischen und philosophischen Veröffentlichungen sind Nationalsozialisten. Aber Letzterer scheint ziemlich eingenommen von Baeumler zu sein, der noch immer aktiv ist und seine Einführungen in den bei Kröner gedruckten Bände von Nietzsche publiziert. Also – abgesehen von den Finanzierungsfragen (wie ich Dir sagte, ist er ein bescheidener Herausgeber) – ist Kröner auszuschließen, auch weil er hier wirklich nicht gern gesehen ist, wenigstens was Nietzsche betrifft. Hahn zeigte sich Kohlhammer geneigt [...]. Für die Mikrofilme hatte er die Autorisierung von Hahn.«*[350]

Vorsichtig freundlich verhielten sich die italienischen Herausgeber und die Direktion der NFG gegenüber Nietzsche-Forschern aus der Schweiz, weil man sie ganz offensichtlich jenseits des deutsch-deutschen Deutungskampfes und auch außerhalb des Ost-West-Konflikts stehend wahrnahm. Argwöhnisch wurden dagegen Forscher aus der Bundsrepublik beäugt, wo parallele Nietzsche-Ausgaben, etwa bei Beck, Kröner, Hanser und Goldmann, vertrieben wurden:

»Gestern Abend war ich bei Hahn, heute habe ich mittags mit Holtzhauer gespeist. Alle beide sehr herzlich. Im Archiv arbeitet, zusammen mit seiner Gattin, der Schweizer, der eine kritische Ausgabe der musikalischen Kompositionen von Nietzsche macht. Er macht hier insgesamt für drei Wochen Halt. Natürlich habe ich ihn kennen gelernt. Er ist ein ergebener Freund Schlechtas. Von uns habe ich ihm nur äußerst wenig gesagt. Er hingegen hat mir angekündigt, dass er sich vom nächsten Jahr an, nämlich nach der Veröffentlichung der Kompositionen, an die Arbeit zu einer Biographie von Nietzsche machen werde. R. Blunck, der vor zwei Jahren an einem Infarkt gestorben ist, hat ihm sämtliches Material überlassen; andererseits hat er auch Geld für die Finanzierung seiner Arbeit gefunden und so wird es an ihm sein, in Fortsetzung von Blunck, die erste ehrliche Biographie von Nietzsche zu schreiben. Hahn hat mir gesagt, dass Schlechta diesem Schweizer

jede Art kleiner Aufträge anvertraut hat; nach seiner Gewohnheit agiert Schlechta immer durch dazwischen geschaltete Personen. Auf alle Fälle geht von diesem Schweizer keinerlei Bedrohung unserer gemeinsamen Arbeit aus.«[351]

Bei dem erwähnten Schweizer handelte es sich um Curt Paul Janz, der damals zum musikalischen Nachlass Nietzsches forschte und später der erste große Biograf nach Elisabeth wurde.[352] In einem Brief, den Janz Anfang Januar 1963 an das Weimarer Archiv schrieb, werden die Schwierigkeiten einer europäischen Nietzsche-Aneignung nach dem Mauerbau und der endgültigen Teilung Deutschlands deutlich. Trotz anderslautender Meldungen in der Westpresse, habe Janz, nachdem er 1959 das erste Mal vor Ort war, stets gegenüber jedermann betont, wie zuvorkommend seine Arbeiten vom Archiv in Weimar gefördert wurden und auch Studenten und Dozenten immer wärmstens empfohlen,

»einmal die Reise nach Weimar zu tun, oder z.B. zum Bach-Archiv nach Leipzig, das einen ausgezeichneten Ruf als Forschungsstätte genießen darf. Aber was nützt das, wenn ich als Einzelner sowas sage, wenn daneben ein ganzer Chor von Journalisten, welche die Dinge nie mit eigenen Augen gesehen haben, jahraus jahrein die tollsten Dinger erzählen. Ich hatte Ihnen davon gesprochen, dass ich es für einen großen Schaden für beide Seiten halte, dass das Reisen so kompliziert, der gegenseitige Anschauungsunterricht so dürftig sei. Man macht sich hüben und drüben falsche Vorstellungen. Für unsere Begriffe ist es ein komplizierter und mühsamer Vorgang, bis man zu einer Einreisegenehmigung kommt. Ich weiß das aber sehr wohl zu unterscheiden, von der großartigen Förderung, die man genießt, wenn man dann einmal da ist. Auch die Beamten an den Grenzstellen und bei der Polizei waren sehr nett zu uns und sehr zuvorkommend.«[353]

Janz kam stets gut nach Weimar, Karl Schlechta traute sich nicht und Alfred Baeumler hätte man wohl an der Grenze festgenommen. An Nietzsche wurde inzwischen gezogen, fast wie am Kind von der echten und der falschen Mutter. Nur dass hier niemand losließ. Nach einer Art *Teile-und-*

herrsche-Prinzip funktionierte die halb konspirative ostdeutsch-italienische Arbeitsgemeinschaft in der Klassikerstadt. Das galt für die Nutzung der Bestände vor Ort wie auch für die Publikationsrechte an Nietzsche und seinem Nachlass. Montinari setzte Colli die diffizile Problemlage in einem längeren Schreiben vom November 1964 auseinander:

> *»Auf unsere Arbeit haben wir, bzw. Nijhoff, Gallimard, Luciano*[354] *alle Rechte. Niemand hat uns hier etwas gefragt, niemand hat Rechte geltend gemacht. Mir scheint es daher unnütz (und sogar gefährlich), ein weiteres Mal zu fragen, was wir schon gefragt haben. Das Archiv hat das Recht, wen es will, zu den Manuskripten Nietzsches arbeiten zu lassen, und wer zu den Manuskripten arbeitet, hat die Autorenrechte (wie Podach) an seiner Arbeit, selbstverständlich kann das Archiv nicht nach unserer Arbeit anderen die Erlaubnis verweigern, zu den Manuskripten von Nietzsche zu arbeiten. Ich glaube, diese Fragen sind durch die Anfragen von Boehm*[355] *entstanden: nämlich wer hat die Rechte an den im ›Wille zur Macht‹ publizierten Texten? In diesem Sinne hat Hahn geantwortet, dass dies die Rechtsnachfolger von Elisabeth sind, und fügte auch hinzu, dass jedoch, wenn Boehm gleichermaßen diese Texte hätte veröffentlichen wollen, nichts anderes als Entgegnung hätte entgegenhalten können, als ihm jede Information und jede Möglichkeit, im Archiv zu arbeiten, zu verweigern. ›Der Wille zur Macht‹ als solcher ist gesetzlich geschützt, und sogar Kröner beansprucht, solche Rechte zu halten. Wir sind nicht im Geringsten von solchen Fragen berührt. Wir machen etwas völlig Neues mit der Autorisation, der Unterstützung und dem Schutz des Archivs gegen Dritte. Was ich von Hahn erreichen kann, ist folglich eine Beschreibung des Zustandes für Nijhoff, nämlich wie unsere Arbeit vom Archiv unterstützt wird, wie das Archiv zustimmend die kritische Ausgabe von Nietzsche betrachtet. Aber wenn Nijhoff im Allgemeinen eine ewige Abtretung der Rechte im Sinn hat, muss man ihm sagen, dass dies unmöglich ist: Holtzhauer war seinerzeit sehr deutlich, als Du ihn dasselbe für Einaudi*[356] *fragtest. Er sagte: Sie haben alle Rechte an ihrer Arbeit, aber wir geben unsere Rechte nicht auf, was bedeutet, dass wir nicht das Recht aufgeben, andere an den Manuskripten Nietzsches arbeiten zu lassen oder selbst an diesen zu arbeiten.«*[357]

Im Westen war man inzwischen leidlich gut, wenn auch tendenziös über die östlichen Nietzsche-Aktivitäten informiert. So wusste DER SPIEGEL über Hintergründe der im Erscheinen begriffenen neuen Ausgabe zu vermelden, dass aus den Weimarer Archiven mit »Geld aus Frankreich und Italien« – die Deutsche Forschungsgemeinschaft war dann wie gesagt auch mit im Boot – eine »monumentale Nietzsche-Rekonstruktion« zu erwarten sei, verantwortet vom »Pisaner Professor für antike Philosophie und Aristoteles-Spezialisten Giorgio Colli, 50, und dessen einstigem Schüler, dem Privatgelehrten Dr. Mazzino Montinari, 39«.[358] In Weimar selbst zeigte man sich, wie immer in ideologischen und politischen Streitfragen Ost-West gepolt und schon aus Gründen der Vorsicht gegenüber möglichen kulturbürokratischen Eingriffen Ostberlins, derartigen Investigationen und Selbstbildern vom anderen Ufer gegenüber hellhörig. Besonders unangenehm war die gelegentliche Feststellung, Weimar würde »einem neuen Nietzsche Kultus Vorschub« leisten.[359] In diesem Fall aber dürften die Direktionen der Weimarer Gedenkstätten und Archive wie auch die Herausgeber selbst, abgesehen von einigen kleineren Ungenauigkeiten, mit der Diktion der Hamburger Redakteure zufrieden gewesen sein. Diese hatten nämlich ganz unumwunden eingeräumt, dass sämtliche Nietzsche-Manuskripte einschließlich der Briefe bereits seit 1951 in Weimar wieder zugänglich seien, der Osten also, ohne sie an die große Glocke zu hängen, kein Geheimnis aus der Sache mache. In der Klassikerstadt habe sich denn auch, so las man in besagtem Artikel noch,

> *»Mazzino Montinari 1961 niedergelassen. Inzwischen ist er mit einer Deutschen verheiratet und hat vier Kinder. Giorgio Colli dagegen arbeitet anhand von Photokopien des Archivs in Italien. Beide kontrollieren ihre Ergebnisse gegenseitig. Mittlerweile ist es ihnen gelungen, den Nachlass Nietzsches fast vollständig zu entziffern und zu datieren. Er soll jeweils in strenger Chronologie zusammen mit den Werken erscheinen. Die Finanzierung des Unternehmens sicherten zunächst zwei ausländische Verlage: der Pariser Großverlag Gallimard und der kleine Mailänder Adelphi-Verlag. 1965 vermittelte schließlich der Heidelberger Philosoph Karl Löwith die Verbindung zu dem West-Berliner De Gruyter Verlag.«*

Montinari wird schließlich zur Mühsal seiner fast siebenjährigen Arbeit noch wie folgt zitiert: »Ein neues Nietzsche-Bild steht nicht zu erwarten, wohl aber der endgültige Erweis der Unhaltbarkeit aller Interpretationen, die sich auf ein ›Hauptwerk‹, den ›Wille zur Macht‹. stützen.«[360] Im Bestreben, die ultimative Edition zu schaffen, glaubte Montinari eine (im Sinne Nietzsches) *harte Schule*[361] durchmachen zu müssen und wurde darüber von diversen Ängsten vor dem *Schiffbruch* und wiederkehrenden Identitätskrisen geplagt. Von seinem gelegentlich ungehaltenen Lehrer Colli musste er sich dafür sogar sagen lassen (Brief vom 24. September 1967): »wie ein Radrennfahrer« zu sein, »der kein Champion wird, weil er es nicht versteht zu leiden oder zumindest nicht in ausreichendem Maße.«

Nachrichten über Weimars Alltag als einer Stadt im real existierenden Sozialismus haben in den Arbeitsberichten insgesamt Seltenheitswert. Nur liest man in Montinaris Briefen aus Weimar immer wieder, dass er sich hier angekommen, ja wie zu Hause fühlte, und dass es ihm an der Ilm gesundheitlich viel besser ging als im Süden. Das erinnert wieder an Nietzsche selbst, der sich Ende der 1880er Jahre in den oberitalienischen Städten heimischer fühlte als im kalten deutschen Norden.[362] Gelegentlich berät Montinari Colli in praktischen Fragen des Verhaltens hinter dem *Eisernen Vorhang*, etwa wenn dieser zu seinem jährlichen Weimar-Aufenthalt rüstet (Brief vom 23. Mai 1965):

> »[...] *gestern war ich mit Sigrid in Hermsdorf, um für Nachschub an Zigaretten, Schokolade und Martini (!) etc. zu sorgen. Es gibt hier nämlich in Berlin, an den Grenzposten und den Verkehrsknotenpunkten (wie Hermsdorf, 36 Kilometer von Weimar entfernt) Vertriebsstellen, die den Namen »Intershop« tragen und in denen man mit Valuta preisgünstig alles kaufen kann, was sonst viel kostet und schlecht ist. Eine andere wichtige Neuigkeit, die Dich interessieren wird, wenn Du mit der Flavia nach Weimar kommen wirst, ist, dass Du an der Grenze Coupons erwerben kannst, um Benzin (gutes) zu einem mäßigen Preis von 44 Pfennig pro Liter zu beziehen, also für weniger als in Italien, Westdeutschland und der Schweiz. Wenn Du die Coupons verkauft hast, macht das nichts, die »internationalen Tankstellen«*

sind berechtigt, Westwährung anzunehmen und verkaufen das Benzin zum selben Preis. Für all diese Erwerbungen werden Dir Quittungen ausgestellt, die Dir dann dazu dienen, bei der Rückreise den Verbleib der deklarierten Valuta nachzuweisen. Und sogar wird Dir, wenn Du mit italienischen Lire bezahlst, das Wechselgeld in Westmark herausgegeben, aber zu dem günstigen Kurs von 1 Mark = 150 Lire! Also keine Westmark kaufen!!!«[363]

Mit Nietzsche günstig über die Mauer und durch die DDR. 44 Pfennige (Ost) pro Liter Benzin! Das war doch wirklich Sozialismus. Die Rechenhaftigkeit Montinaris, die vielleicht verwundern mag, hatte mit tatsächlichem Mangel zu tun, in dem der prekäre Projektmitarbeiter Collis seine Nietzsche-Studien über Jahre betreiben musste. Heute wäre er ein älterer »Nachwuchswissenschaftler« mit dem Zeug zur – allerdings auch nur mäßig bezahlten – Juniorprofessur. Nur gut, dass die italienische Lira immer noch ein bisschen mehr wert war als die Mark der DDR. Giorgio Colli, in seinem Kommunismus offenbar gefestigter als sein Schüler, war ansonsten nicht der Adressat für kritische Lageberichte über die DDR-Gesellschaft oder die Mangelwirtschaft oder den ostdeutschen Wissenschafts- und Kulturbetrieb. Nur hier und da findet sich bei Montinari eine lakonische Bemerkung am Rande:

»Durchsicht IV/2 [*gemeint ist Bd. 4 KSA, M. S.*] *Sie ist noch nicht fertig, es fehlen noch 30 Seiten. Vergangene Woche hatte ich nur 4 Arbeitstage: der Samstag war ein Tag zur Erholung. (der nächste wird der letzte sein, an dem man halbtags arbeitet, dann wird man in der ganzen DDR ab dem 1. September dieses Jahres ein langes ›week-end‹ haben: Samstag und Sonntag, Wunder des Wohlstands!).«*[364]

Vor allem zeugt der sehr persönliche, vertrauliche Lehrer-Schüler-Austausch davon, wie insbesondere Montinari über die philologische Kärrnerarbeit im ideologischen Wechselbad von *Präfaschist* oder *Genosse Nietzsche* emotional nach Halt suchte. Seine Arbeitsenergie, die ihn am Ende, selbstvergessen, in den gesundheitlichen Ruin trieb, wollte zum »wahren (guten) Nietzsche«, zum Urbild des Philosophen durchdringen und dessen Abstand vom faschistischen Götzenbild kenntlich machen. Es ging ihm in der sozialistischen Kulturprovinz letztlich darum, einen Nietzsche jenseits der Frontlinien des Europäischen Bürgerkrieges und somit jenseits von Baeumler und Lukács wiederzuentdecken und ganz neu zu präsentieren. In diesen Bahnen bewegten sich dann alle ernsthaften Nietzsche-Editionsprojekte bis heute.

Einen resümierenden Kommentar zu Wesen und Wirkung der Weimarer Nietzsche-Ausgaben blieb selbstverständlich auch Wolfgang Harich nicht schuldig. Damals wunderte er sich nur über die Freizügigkeit und Freigiebigkeit des Weimarer Archivs und diffamierte den Herausgeber Montinari. Später wird er die Edition und den ganzen Nietzsche-Nachlass ins Bergwerk wünschen![365] Im Herbst 1985 kritisierte er in einem Schreiben an Höpcke aber bereits die Entstehungsumstände der Nietzsche-Ausgabe und stellte – jegliche Revisionen des klassischen marxistischen Nietzsche-Bildes durch die Italiener rigoros ablehnend – die Frage, wie mit der Tatsache fertig zu werden sei, dass »Colli und Montinari die 30-bändige historisch-kritische Nietzsche-Ausgabe, 1967 ff., zumindest was den Nachlass betrifft, mit DDR-Unterstützung im Weimarer Nietzsche-Archiv erarbeiten konnten?« Harich beantwortete sich die Frage gleich selbst:

> *»Entweder: Dies war ein Fehler Holtzhauers und des ihn ungenügend kontrollierenden damaligen Ministers für Kultur. Oder: Nun ja, die DDR ist ein wissenschaftsfreudiges Land* [...]. *Wie die Antwort aber auch ausfallen mag, auf keinen Fall kann aus ihr der Schluss gezogen werden, dass nun auch die DDR genötigt sei, sich in Anbetracht irgendwelcher Ergebnisse Collis und Montinaris ein neues, eigenes Nietzschebild zuzulegen, abweichend von dem, das Mehring, Lukács, Hans Günther bereits geschaffen haben, oder Herrn Montinari, einer philosophischen Null, das Recht einzuräumen, sich in den Meinungsbildungsprozess der DDR-Philosophen einzumischen und hier etwa eine Nietzsche-Diskussion zu entfachen.* [...] *Die Auflösung des ›Willens zur Macht‹ in den Nachlass durch Colli/Montinari gibt nicht den geringsten Grund, dem Urteil von Lukács über Nietzsche zu widersprechen, es zu berichtigen.«*[366]

In den »Meinungsbildungsprozess der DDR-Philosophen« mischte sich übrigens nicht Montinari, den man allenfalls wahrnahm, sondern unentwegt und penetrant Harich ein. Dessen Warnung vor einer Parzellierung und Atomisierung des Nietzschefundus und damit auch des Forschungs- und Leseinteresses am Denker war allerdings schon damals ein Pfiff gegen den Ozean. Kanonisierte Deutungsmuster, selbst wenn Montinari sich gar nicht so weit davon entfernt hatte, vermochten eine Demokratisierung oder Chaotisierung der Nietzschelesarten auf Dauer nicht zu verhindern. Gerade für Zugänge von unten und an den Orten galt längst, was Kurt Tucholsky 1932 in einem anderen Zusammenhang konstatiert hatte: »Sage mir, was du brauchst, und ich will dir dafür ein Nietzsche-Zitat besorgen.«[367]

NIETZSCHES STERBEZIMMER UND EIN ECCE HOMO FÜR »SCHMUTZIGES GELD«

Wir bleiben in Weimar. Mit der Herausgabe der Werke und nachgelassenen Fragmente aus den Nietzsche-Handschriften des Goethe- und Schiller-Archivs und einer erweiterten Erbepolitik der DDR kamen seit den 1970er Jahren immer mehr Forscher und Bildungsreisende aus dem *Westen*, die neben den Klassikern gelegentlich auch Nietzsche anfragten. Sie mussten dann allerdings voller Verwunderung oder Enttäuschung feststellen, dass das einstige Archiv- und Sterbehaus Nietzsches zwar noch stand, aber mit ihm selbst nichts mehr zu tun hatte. Es gab keine Nietzsche-Gedenkstätte, kein museales Andenken inmitten der ansonsten so lebendigen, ja hypertrophen Klassikerverehrung im alten Residenzstädtchen, das auch zu DDR-Zeiten immer noch ein wenig (heimliche) Kulturmetropole sein wollte. Der allgemeine Musealisierungstrend hatte etwas *Kompensatorisches* gegenüber der *Gegenwartsschrumpfung* realsozialistischer Identitätsangebote[368] und funktionierte ja um Goethe, Schiller, Bach, Liszt, van de Velde und Thomas Mann glänzend. Warum also sollte nicht auch Nietzsche zu (his-)tou-ristischer Verwertung taugen? Ob dabei das Überschwappen einer westeuropäischen, postmodernen, vornehmlich französischen »Nietzsche-Renaissance« eine Rolle spielte? Manfred Riedel betont zwar den Einfluss dieser »antifaschistischen« Traditionen einer mit Bataille, Camus, Foucault und der Derrida-Gruppe[369] verbundenen Nietzscherezeption. Doch dürfte die Welle, die im Westen einen gewissen Dammbruch bewirkte, kaum bis in die DDR-Provinz vorgedrungen sein, so weltoffen sich die Weimarer auch gaben. Die französischen Philosophen waren nie da gewesen, und in den Gedenkstätten sprach man allenfalls leidlich Russisch und ein wenig Englisch.

Dennoch drohte die Entladung des *geistigen Sprengstoffs* Nietzsche auch an der Ilm. Anfang der 1980er Jahre hatte hier der Bloch-Schüler Jürgen Teller die Initiative ergriffen. Teller hatte Bloch nach dessen Leipziger Kaltstellung und Weggang die Treue gehalten. »Wer undankbar ist gegen seinen Lehrer, ist schlimmer als ein Hund«. Daraufhin war er seiner Promotionsstelle verlustig gegangen. Arbeitslos und aus der SED ausgeschlossen, verlor er zu allem Unglück als Hilfsarbeiter in einem Leipziger Stahlwerk noch seinen linken Arm bei einem Unfall. Seither schlug er sich als Lektor und Mitarbeiter der Weimarer Forschungs- und Gedenkstätten durch.[370] Nach Jahrzehnten der Verödung hatte Teller hier nun die Idee, Nietzsches Sterbehaus als Erinnerungsort sichtbar und mit einer kleinen Dokumentation der Öffentlichkeit zugänglich zu machen.[371] »Ich selbst ziehe gerade in Weimar um«, schrieb Teller in einem Brief vom 13. Februar 1981, »das Nietzschehaus wird total renoviert (ich habe gerade einen Brief an meine Behörde losgelassen, dass wenigstens endlich eine Gedenktafel darüber angebracht wird, wer hier gestorben ist).«[372] Ein Ritterschlag, wie er unter dem erweiterten *Erbe- & Traditionshorizont* der späten DDR Friedrich II. von Preußen, Luther und mit Reserven sogar dem *Blut-und-Eisen-Kanzler* Bismarck zu Teil wurde, kam für Nietzsche zwar nicht in Frage, aber ein öffentlicher Hinweis zumindest auf seinen Weimarer Aufenthalt und die dortige Rezeption schienen inzwischen doch nicht unmöglich zu sein.

Die Dinge kamen also in Gang. Der Plan einer Weimarer Nietzschedokumentation und der Wiederherstellung zumindest des Sterbezimmers lagen Anfang 1983 als konkrete Pläne im *Büro Hager* zur Entscheidung vor. Hager hatte auf Vorschlag des Kulturministers Hans-Joachim Hoffmann bereits im Sommer 1983 grünes Licht für eine über Nietzsches letzte Jahre hinausgehende Dokumentation zu Leben und Werk des Philosophen, insbesondere auch die Lyrik betreffend, gegeben. Sogar sollte es zum damaligen Zeitpunkt noch ermöglicht werden, künftige Besucher »mit dem Missbrauch von Nietzsches Werk durch die Reaktion und den Faschismus« bekannt zu machen.[373] Das ursprüngliche Musealisierungskonzept stammte von Teller, um den sich eine kleine Arbeitsgruppe formierte.

Villa Silberblick im Jahr 2013

Über die relevanten Einzelheiten hinaus, also Nietzsches Sterbehaus, Elisabeths Archiv, die Bibliothek, die Jugendstilarchitektur Van de Veldes, das Inventar mit Büste Max Klingers usw., bewegte sich Tellers Argumentation in eine relativierende, ja verteidigende Position hinein. Es sei doch inzwischen sehr an der Zeit, so meinte er,

> *»die unmittelbar nach dem Sieg über den Faschismus verständliche Aversion gegenüber einer Philosophie mit unleugbar reaktionären, auf jeden Fall antisozialistischen Zügen und gefährlichen Wirkungspotenzen bis in unsere Tage nicht in ein ständiges totales Tabu ausarten zu lassen. Wiewohl Nietzsches Werke schlimme, gerade auch vom Faschismus verwertbare Schlagworte zu liefern im Stande waren, sind sie bei genauerer, gerechterer Betrachtung keineswegs ausschließlich als ›präfaschistische‹ Ideologie zu charakterisieren. Gewiss gilt auch für sie: an den Früchten sollt ihr sie erkennen. Gewiss lieferte eines ihrer Zentralthemen und -titel ›Der Wille zur Macht‹ dem sich etablierenden deutschen Imperialismus das landläufige Schibboleth*[374]*, dennoch darf darüber seine durchgängige Irritabilität*

von dem preußisch-deutschen Großmachtchauvinismus nicht unterschlagen werden. Genauso wenig ist die von ihm beschworene ›blonde Bestie‹ gleichzusetzen mit einer KZ-Aufseherin nordischer Prägung: Nietzsche war ein erklärter Feind rassistischer, besonders antisemitischer Bestrebungen bereits im 2. Kaiserreich. Auch das besondere von Georg Lukács [...] *gefällte Pauschalverdikt: Gipfel des Irrationalismus hält einer differenzierten Untersuchung nicht stand. Z.B. der von Nietzsche gefeierte ›Dionysos‹ als Gegenfigur zu Apoll, Sokrates und Christus reflektiert nicht nur das hemmungslos gewordene Kapital und den Abbau von redlichen Bürgertugenden, sondern will wie seine ›Zarathustra‹ Leitfigur eines äußerst unbestimmten, mitnichten aber faschistoiden Ordnung dienenden Aufbruchs sein und steht zugleich als krisenhaftes, oft sogar gewissenhaftes Zeichen für die Entfremdungserscheinungen seiner Welt.«*[375]

Den »SS-Zarathustra« Grotewohls, Harichs immer wieder warnend zitierte Jungvolk-Pimpf-Parolen: »Gefährlich leben!«, »Gelobt sei, was hart macht!«, »Was mich nicht umbringt, macht mich stärker!«, »Was fallen will, soll man auch noch stoßen!«, »Du gehst zu Frauen? Vergiss die Peitsche nicht!«, die so oft von den falschen Leuten zitierten Stellen, die auf Nietzsches angeschlagene Psyche mehr als auf ein politisch-moralisches Programm verwiesen: Teller kannte sie und verniedlichte ihre Wirkungen nicht, aber er ließ sich seinen *Zarathustra* auch nicht darauf reduzieren, wollte in dessen Worten und Ambivalenzen eben das Humanum in Größe wie Abgrund zugleich erblicken. Nietzsche sollte gerade in Weimar, mitten in Deutschland, erneut Aufgabe, Herausforderung, vielleicht sogar emanzipatorisches Hoffnungszeichen sein:

»Trotz der ungeheuerlichen Fragwürdigkeit und Multivalenz dieser Anschauungen muss Nietzsche als Denker von hohem Rang zur Kenntnis genommen werden, u.a. als der ›wohl glänzendste deutsche Kulturkritiker des späten 19. Jahrhunderts‹ (B. Leistner, Unruhe um einen Klassiker, Halle 1978).«[376]

»Kulturkritik des späten 19. Jahrhunderts« gedacht als Zeitkritik des späten 20. Jahrhunderts. Eine derartig differenzierte, auch mutige Stimme im sozialistischen Nietzsche-Gespräch der 1980er Jahre war selten. Teller hatte Blochs kritisch-konstruktive Leipziger Annäherungen der Nachkriegsjahre nicht vergessen und konnte aus dem Weimarer Fundus heraus darauf erneut und mit Nachdruck verweisen. Alles war fertig und blieb trotzdem liegen, weil hier nun nicht an der Berliner Obrigkeit vorbei gehandelt werden konnte. Allein die Renovierungskosten der schon um 1980 sichtlich heruntergekommenen Villa in der Weimarer Humboldtstraße waren kein Pappenstiel und mussten beantragt und genehmigt werden. Die Mühlen der Polit- und Kulturbürokratie begannen also zu mahlen, und sie mahlten überaus langsam, so dass erst Ende 1985 wieder Bewegung in die Sache kam.

Inzwischen lagen ausführliche Gutachten Manfred Buhrs und Wolfgang Heises zu Tellers Konzeption bei Werner Schubert, Nachfolger Holtzhauers als Direktor der NFG in Weimar. Während Buhr, der mächtige Leiter des Zentralinstituts für Philosophie der AdW, einer Nietzsche-Schau grundsätzliche Relevanz als »notwendiges Phänomen spätbürgerlicher Ideologieentwicklung« zuspricht, dabei von »Missbrauch« und den Machenschaften der mediokren Schwester nicht weiter reden will – durch die Dokumentation könne »doch wohl keine 90-Grad-Wäsche mit Persil plus einem Weichspüler beabsichtigt sein« – und vorschlägt, die Aufgabe insgesamt »weniger philologisch als vielmehr politisch-ideologisch anzugehen«[377], argumentiert Heise, gesundheitlich bereits angeschlagen, in seinem Schreiben, ebenfalls vom Januar 1986, es müsse um eine klare Einschätzung der Person Nietzsches gehen und dazu eine »unzweideutige Position« deutlich werden. Zu vorliegenden konkreten Ausgestaltungsplänen bemerkt er polemisch und fast ein wenig expressiv:

»1) *Worauf beruht Ns. Wirkung? Revolutionärer Gestus bei konterrevolutionärem Inhalt, Umsichschlagen contra Entfremdungsdruck aufzunehmen, integriert zugleich. Nietzsche etablierte die Geisteshaltung der ›konservativen Revolution‹.*

2) *Von Missbrauch ist eigentlich nicht zu reden. Natürlich war er kein Nazi, aber er hat entscheidende Grundmotive vorgeprägt – nur mit aristokratisierendem Gestus (Antidemokratie, Herrenrasse, Gewaltkult).*

3) *Es muss also begründet werden, warum wir dennoch seiner gedenken:*
   a) *Gehört zur deutschen Verhängnisgeschichte.*
   b) *Verkehrung einer außerordentlichen Begabung durch ideologische Bindung ins Zerstörerische. Grenze zwischen Poesie und Philosophie: daher in konkreter Kulturkritik, psychologischer Beobachtung, Kritik bürgerlicher Heuchelei Erkenntnis möglich.*
   c) *Sprachliche Gewalt. Lyrische und rhetorische Möglichkeiten.*
   d) *Soziale Ideologie zerstört einen tief erlebten Anspruch auf ein unentfremdetes Leben, verkehrt diesen ins Gegenteil.*
   e) *Nietzsche: antizipierendes geniales Symptom – Wertekrise (dadurch Aufschluss über auch unterschwellige und zukünftige Tendenzen der bürgerlichen Ideologie).*
4) *Seine Rezeption in der Literatur basiert auf bürgerlich-individualistischer Haltung. Daher, wenn mit Progressivität verbunden, Missverstehen, sonst reaktionäre Weiterführung: Spengler, Benn. Unbedingt sollte auf Tönnies frühe Nietzsche-Kritik*[378] *[...] hingewiesen werden.«*

Heises Position erscheint hier bereits ambivalent und ist längst nicht mehr so einseitig abweisend wie noch Anfang der 1960er Jahre. Man spürt einen inzwischen zerrissenen, ja wütenden Rezipienten oder in den Streit Gezwungenen. Dass er viel stärker in den neuen Nietzsche-Debatten steht als Buhr, ideologisch veränderte Gegensätze wahrnimmt, wird deutlich, wenn man den weiteren, wieder grundsätzlicher werdenden Teil des Dossiers liest:

> *»Zu überlegen wäre, ob und in welcher Weise deutlich zu machen ist, dass und warum Nietzsche in der poststrukturalistischen Enttäuschungsideologie, welche die Front wechselt, zur Kultfigur eines antimarxistischen und antihegelschen Denkens wird: contra die Systemkritik, die zum KZ führe. Das dies zwar ideologisches Symptom, aber wissenschaftlich wertlos sei: ein Gesamtprozess, der auf Irrationalismus und letztlich das Freisetzen von Gewalt hinausläuft, was sich seine Akteure auch einbilden mögen. Oder: Der Übermensch als Kultfigur dargestellt an Lederer, Breker, Fidus bis zu Comic-Zeichnungen heute.*

Mir liegt daran, dass keine halb verlegene Sache herauskommt, auch kein Herumdrücken zwischen Ja und Nein, ein Großer mit Schwächen o. ä., auch nicht das missverstandene Genie, sondern deutlich wird: wir erinnern uns Nietzsches als ein Stück deutscher Geschichte, die nicht erledigt ist, wir lernen daraus.
Ich sage das, weil ich im letzten Jahr so manches Gekeife hörte – sowohl von Nietzsche-Feinden, die sich einbilden, dass Verschweigen die beste Methode seiner Bestrafung sei, als auch von ästhetischen Nietzsche-Freunden, die gar nicht mehr hinhören auf das, was er da eigentlich sagte, die seine individuelle Tragödie und sprachlich-poetische Sensitivität blind macht.«[379]

Im ebenfalls vorliegenden Antragspapier der SED-Grundorganisation der Weimarer Forschungs- und Gedenkstätten (Parteirückhalt erhöhte Erfolgsaussichten) vom April 1986 findet sich dann noch der Hinweis auf ein zunehmendes *internationales* Interesse an Nietzsches Philosophie sowie der Nutzung des Nachlasses durch *ausländische* Forscher, der man Rechnung tragen müsse. Vorrangige Aufgabe bliebe aber, »dass wir Nietzsches Philosophie als irrationalistisch eindeutig charakterisieren und ihre präfaschistische Wirkung herausarbeiten«, wobei eine »Herausgabe seiner Werke in der DDR [...] in diesem Zusammenhang nicht opportun« erschien.[380] Es half am Ende alles nichts.

Das von Heise zuletzt erwähnte »Verschweigen« Nietzsches als »Methode seiner Bestrafung« galt Harich, der, »aus vertrauenswürdig erscheinenden Quellen« über das Weimarer Vorhaben unterrichtet, dagegen in Berlin sogleich an höchster Stelle interveniert hatte. Seine geharnischte Eingabe an Kultusminister Hoffmann vom Oktober 1985 ließ argumentativ nichts unversucht, die Weimarer Planungen als »verfassungsfeindlich« (!) zu kriminalisieren und ein sofortiges Einschreiten gegen jedes dort initiierte Nietzsche-Andenken zu erwirken.[381] Ein unerträglicher Gedanke sei es ihm, so setzte er Hoffmann unter Druck,

dass künftig an den Geburtstagen unseres Staatsoberhauptes von Leuten, die gern im trüben fischen, in Weimar stille Gedenkfeiern für den Verfasser von ›Also sprach Zarathustra‹, den Künder des Herrenmenschenidols, Verherrlicher der ›blonden Bestie‹ und Befürworter des Abtötens des menschlichen Gewissens veranstaltet werden könnten; dies noch dazu in unmittelbarer Nähe des ehemaligen KZ Buchenwald, wo zwischen 1933 und 1945 von Deutschen, die wahrlich nicht zuletzt durch Ideen Nietzsches irregeführt waren, die höllischsten Verbrechen an zahllosen politisch und rassisch Verfolgten des Naziregimes begangen worden sind, und auf dem geheiligten Boden der Hauptstadt unserer klassischen humanistischen Kultur, deren Vermächtnis Nietzsche mit Füßen getreten hat.[382]

Harich wusste, dass Honeckers Geburtstag, der 25. August, auf Nietzsches Todestag fiel. Die NFG Weimar wolle, so behauptete er noch, mit der Einrichtung eines »Nietzsche-Gedenkzimmers nicht einem Bedürfnis unserer Bürger Rechnung tragen«, sondern lediglich »Wünschen ausländischer Besucher unserer Republik entgegenkommen« und damit »Sensationsbedürfnisse und schlimmstenfalls subversive Bestrebungen von Touristen, ausländischen Missionsmitgliedern, westlichen Journalisten« befriedigen. Harich sieht eine neuerlich ins Braune verlaufende Musealisierungslinie kommen – *von Nietzsche zu Hitler*. So sei es ihm schon passiert, dass er

»von einem Ausländer bei einem Spaziergang nach dem Grab von Horst Wessel gefragt wurde. Auch dieses in Berlin wiederherzurichten und beliebigen Besuchern zugänglich zu machen, läge auf der Linie des Weimarer Vorhabens, wäre ein nächster Schritt [...]. *Der übernächste Schritt müsste dann logischerweise ein Hitlergedenkstein auf dem Gelände der einstigen Reichskanzlei, zwischen Grotewohlstraße und Mauer, sein, wie wär's?«*[383]

Ähnlich demagogisch äußerte er sich gegenüber Willi Stoph[384] und Klaus Höpcke. Die Entscheidungsträger gerieten dadurch in Zugzwang. Schließlich musste Hoffmann Harich beschwichtigen und die geplante Ausgestaltung des Weimarer Sterbezimmers herunterspielen. Es gebe zwar, so dessen Entgegnung, eine Arbeitsgruppe um Manfred Buhr, aber es ginge dieser lediglich um eine sparsame und keineswegs öffentlich zugängliche

»Dokumentation mit Verbindungslinien zu Ideologie des Verbrechens«.[385] Anspielungsreich zurückrudernd stellte Hoffmann, der dem Anliegen anfangs noch überaus positiv gegenüberstand,[386] jetzt unmissverständlich klar: »Nietzsche ist nicht unser, und er wird es nie sein.« Die Harich gut bekannte Bezugsstelle: »Denn er war unser!«, findet sich in Goethes *Epilog zu Schillers Glocke*, aufgegriffen 1955 von Johannes R. Becher in seiner Weimarer Festrede zu Schillers 200. Geburtstag.[387] Damit war die Sterbezimmerrestauration bis zum Ende der DDR auf Eis gelegt. Erst 1991 wurde das Erdgeschoss der Öffentlichkeit zugänglich gemacht. Heute finden sich im Bibliotheksraum wieder die von Max Klinger geschaffene Nietzsche-Herme aus Marmor, die Hitler irritiert angesehen und Harich verabscheut hat. An den Wänden sind die Porträtdarstellungen des kranken Nietzsche von Hans Olde zu sehen. Ansonsten Glasvitrinen mit ausgewählten Dokumenten aus der *elisabethanischen* Zeit. Im ehemaligen Speisezimmer schließlich wird auf die »widerspruchsvolle Geschichte des Hauses und dessen Rolle im Nietzsche-Kult des Nationalsozialismus«[388] verwiesen, so, wie es schon Teller geplant hatte.

Eine spektakuläre Veröffentlichung aus der Weimarer Nietzsche-Werkstatt kam aber doch noch ans Licht der DDR-Öffentlichkeit: 1985 erschien bei Edition-Leipzig eine opulente Faksimileausgabe des *Ecce homo*, der bereits nahe am Wahnsinn verfassten Autobiografie Nietzsches von 1888/89, philologisch und textkritisch betreut von Montinari und Hahn. Die Neuedition konnte als ein Ausweis kritischer Textarbeit in Absetzung von Kürzungs- und Fälschungspraktiken der Schwester und ihrer Mitarbeiter gelesen werden. Auch war dieser Text für Einsteiger und ein breiteres Publikum besser geeignet als etwa der *Zarathustra*, führte er doch, und das hatte Montinari immer gewollt, über die Werke zum Leben des schwierigen Denkers. Positive Fachgutachten und eine Stellungnahme des Leipziger Verlagslektorates lagen seit Ende 1982 vor, die Druckgenehmigung war von der Leiterin der Abteilung Wissenschaftliche und Fachliteratur, Dr. Rosemarie Buhr, im September 1983 erteilt worden. Die Gutachten lasen sich euphorisch: Steffen Dietzsch, Philosophiehistoriker an der Akademie der Wissenschaften, verwies auf ein Schlüsseldokument, das nun endlich, von den Verfälschungen der Schwester befreit, dazu beitragen könne, Vorurteile über Nietzsche abzubauen und zu einem »historisch-konkreten und damit korrekten Bild der Ideen, des Wollens und der Wirkung« des Denkers zu gelangen. Handschriftliche Randbemerkung des Zensors hierzu übrigens: »ausschließlich für Export!?«[389] Dietzsch verfasste dann auf Wunsch Hahns noch ein Nachwort zur Ausgabe, das ungedruckt blieb.[390] Ebenso fiel eine Chronik zu Nietzsches Leben weg, die Montinari der Edition hatte voranstellen wollen. Klaus Pezold, Leipziger Professor für deutsche Literaturgeschichte und zweiter Gutachter, prophezeite der Edition eine große internationale Resonanz (die dann freilich ausblieb) und lobte Transkription und Kommentar, weil sie einen »faszinierenden Einblick in das Ringen Nietzsches um den adäquaten Ausdruck seines unerhörten Selbstgefühls und Sendungsbewusstseins ermöglicht«.[391]

Nietzsches Autobiografie in opulenter Foliogröße – 44 × 31,5cm – also, 104 Seiten Faksimile, 103 Seiten Transkription, 89 Seiten Kommentar.[392] Ein politisch entschärfter, philologischer, bibliophiler Nietzsche für den sozialistischen Leser aus der Weimarer Werkstatt, ein *echter*, ein gereinigter Nietzsche? Die Ausgabe kostete indes 290,– Mark der DDR, was nun nicht eben für eine breitere Leserzielgruppe sprach, schon gar nicht für eine Rezeption lesender Arbeiter und Bauern. Hinzu kam ein Format, das wie gemacht schien für *Nationalpreisträger* oder *Helden der Arbeit*, als Sachgeschenk zum Orden. Eher hätte man Honeckers *Mein Leben* oder Marxens Jenaer Promotion von 1841 noch in einer solchen Prachtversion vermutet. Nietzsches *Ecce homo* in derlei Aufmachung musste jedenfalls den Eindruck einer besonderen Jubiläumsausgabe oder Würdigung erwecken. Und mehr noch warf sie die Frage auf: Warum wird die Autobiografie eines erklärten Feindes des Sozialismus in solch einem repräsentativen Format, ungebührlich vergrößert in jeder Hinsicht, der Öffentlichkeit zugemutet?

In Berlin war wiederum Harich in Buchhandlungen auf die Ausgabe gestoßen und traute seinen Augen nicht. Für ihn ist die Angelegenheit sofort ein Politikum. Er führt den Dammbruch vor allem auf einen »Filz aus

Lässigkeit und Schlendrian« in den Führungsetagen zurück. So zögere Manfred Buhr im Einvernehmen mit Tomberg und den Weimarern die nötige interne Selbstverständigung zu Nietzsche hinaus und habe eben auch diesen *Ecce homo* auf dem Gewissen. Der unmittelbare Anlass der Eingabe an den Vorsitzenden des Ministerrats der DDR, Willi Stoph, so vermeldete Harich an Hager:

> *»war der mich alarmierende Anblick der Faksimile-Prachtausgabe von Nietzsches ›Ecce homo‹ im Schaufenster eines Buchladens in der Friedrichstraße. Als ich Höpcke [...] davon berichtete [...], da meinte er nur: ›Was? Diese Ausgabe sollte doch nur für das andere, das schmutzige Geld zu haben sein, und nun auf einmal wird sie in unserem Buchhandel vertrieben? Na so was!‹ Aus dieser Buchhandlung in der Friedrichstraße, im Haus der NDPD-Führung und des Verlags der Nation, verschwand der Nietzsche denn auch prompt. Aber noch im April stand er in der Chausseestraße im Schaufenster ausgerechnet der Brechtbuchhandlung, und noch im Mai konnte man ihn in dieser kaufen. Beide Buchhandlungen liegen etwa zweihundert Meter voneinander entfernt, eine Strecke, die zu durchmessen dem Schlendrian und der Lässigkeit bereits schwerfällt.«*[393]

Auch in Leipziger und Jenaer Universitätsbuchhandlungen war der Festtags Nietzsche zu haben. Man kann sich denken, wie daraufhin die Telefone zwischen Berlin und Weimar heißliefen. Hager verlangte von Höpcke Aufklärung und war unzufrieden mit der eigenen defensiven Position in einer Sache, die ihn doch hätte etwas angehen, in der er doch Entscheidungen hätte treffen sollen. Nietzsche der renitenten Provinz überlassen? In einer auf seinem Schreibtisch landenden Hausmitteilung Höpckes,[394] der zunächst überhaupt keine Ahnung von der Sache zu haben schien und sich erst von einem Mitarbeiter instruieren lassen musste, trat das Unglaubliche zu Tage: Tatsächlich war der Band vom Weimarer Archiv-Direktor und engen Vertrauten Montinaris, Karl-Heinz Hahn, verantwortet und herausgegeben worden, in einer entlegenen Reihe »Manu scripta« zwar, in der lediglich Handschriften aus den Beständen des Goethe- und Schiller-Archivs ediert wurden, aber eben höchst exponiert durch Aufmachung und Preis. Verlag und Herausgeber konzipierten die Reihe »weitgehend für den NSW-Export«, weswegen der *Ecce homo* bei Edition-Leipzig und zugleich als Lizenzausgabe im Dr. Ludwig Reichert Verlag Wiesbaden erschien, hier für 290,– DM, versteht sich. Ausstattung, Format und Preis seien daher dem »NSW-Export angepasst«. Von den 1.800 gedruckten Exemplaren waren bis Anfang 1986 etwas mehr als tausend in den Westen gegangen bzw. reserviert geblieben für den Export. 557 Exemplare wurden für den »SW-Sortimentsbezug und für den Verkauf in der DDR ausgeliefert.« Höpcke wollte sich indes nicht nachsagen lassen, der Herausgabe eines Werkes und somit der Verbreitung Nietzsches (durch Schlendrian und Lässigkeit) Vorschub geleistet zu haben. Gegen diese gerüchteweise kursierende Auffassung, so der *Buchminister*, würde allein

> *»die Tatsache der Faksimile-Ausgabe* [*sprechen*], *die Ausstattung, der Preis, der realisierte NSW-Export-Anteil und – nicht zuletzt – der Kontext* [...] *Faksimile der Handschriften aus den Beständen des Goethe- und Schiller-Archivs (einer der größten Bestände dieses Archivs ist der Nietzsche-Nachlass).«*[395]

Die Angelegenheit blieb delikat: Ausgerechnet Nietzsches gegen alle Traditionen des Arbeiter- und Bauernstaates gerichtete und von Momenten des Wahnsinns bereits zerrissene Autobiografie; mit ihren Ausfällen nicht nur gegen den »Kampf um gleiche Rechte« als »ein Symptom von Krankheit«, gegen das »Mitleiden«, das »im Handumdrehn nach Pöbel riecht«, gegen die »verunglückten Weiblein« und »›Emancipirten‹, denen das Zeug zu Kindern abgeht«, sondern auch gegen einen gerade neu entdeckten Traditionsheiligen wie Martin Luther als »Wegbereiter« der *Frühbürgerlichen Revolution*, den Nietzsche nur ein »Verhängnis von Mönch« schilt, der »das Christenthum wiederhergestellt« habe, »im Augenblick, wo es unterlag«. Und damit nicht genug, denn es finden sich im Kommentar jener Ausgabe auch die erstmals im Werkzusammenhang veröffentlichten und zum Gedankenkreis der »großen Politik« gehörigen wütenden Fragmente gegen das Haus der Hohenzollern.[396] Abgesehen davon, dass dies methodisch durchaus problematisch ist, lagen gerade diese

Positionen vollkommen quer zur gerade mächtig in Gang gekommenen Preußenrenaissance in Ostberlin mit ihren mehr andächtig als kritischen Friedrich- und Bismarckapologien[397]. Der Ostberliner Volksmund hatte nach Wiederaufstellung des Reiterstandbildes Friedrichs II. *Unter den Linden* (1980) die Parole ausgegeben: »Lieber Friedrich steig hernieder / Und regiere Preußen wieder / Lass in diesen schweren Zeiten / Lieber unsern Erich reiten.«

Das Gegenteil stand nun aber bei Nietzsche, der den Hohenzollern noch den »Todkrieg« erklärt hatte; »verbrecherischen Idioten«, die »seit F{riedrichs} des Großen Diebes Tagen [...] nichts anderes gethan als gelogen und gestohlen« hätten. »Ihr Werkzeug, Fürst Bismarck, der Idiot par excellence unter allen Staatsmännern, hat nie eine Hand breit über die Dyn{astie} Hohenzollern hinausgedacht.«[398] Und wie gegen Ernst Engelbergs gerade erschienene Bismarckdeutung gerichtet, als die eines letztlich doch progressiven Staatsmannes, dessen Reicheinigungskriege Wegmarken auf dem steinigen Pfad vom alten zum neuen, sozialistischen Preußen waren,[399] sprach Nietzsche von den »hirnverbranntesten Kriegen [...], die je geführt wurden: Fürst Bismarck hat zu Gunsten seiner Hauspolitik alle Voraussetzungen für große Aufgaben, für welthistorische Zwecke, für eine edlere und feinere Geistigkeit mit einer flachwürdigen Sicherheit des Instinkts vernichtet.« Und er »zog es vor, mit dem Wort ›deutsch‹ im Munde zu pochen polizei-gesetzlich ...«[400]. Und schließlich – alles Originalstellen aus dem *Ecce homo* – war da noch die Vision, dass es »Kriege geben [wird], wie es noch keine auf Erden gegeben hat«! Hätte man sich diese düstere Vorahnung mit Phantasie und Zynismus etwa im Sinne des Endkampfes um den Erdball oder zwischen Kapital und Arbeit, West und Ost, Sowjetkommunismus und amerikanischem Imperialismus zu Recht interpretieren sollen, nach der Schlussakte von Helsinki, nach allen humanitären Erleichterungen im kleinen Grenz- und Reiseverkehr zwischen DDR und Bundesrepublik Deutschland? Aber selbst bei stillschweigendem Übergehen all dieser, mit dem sozialistischen Erbe inkompatiblen Ausfällen Nietzsches: Wie konnte ein Buch dieser Art für einen derart hohen Preis gerade dort auf den Markt kommen, wo Bildung und Bildungsmittel für jedermann erschwinglich sein sollten und allein die Erhöhung der Brötchenpreise von fünf auf zehn Pfennig trotz guter Gründe der Ökonomen bis zum Untergang der DDR eine Unmöglichkeit blieb? Wie konnte, wenn man schon eine Zensur hatte und in anderen Fällen rigoros praktizierte, eine solche Verhöhnung des Publikums zugelassen werden? Die Frage ist nicht rhetorisch und auch gar nicht polemisch gemeint. Kurt Hager hätte derlei philologisch teure und politisch schräge Spielerei, die dem Leser ohne seine Kenntnis und sein *placet* als »originalgetreue Wiedergabe des Druckmanuskripts« und »buchstabengetreue Transkription« ans Herz gelegt wurde,[401] wäre er wirklich macht- und deutungsbewusst gewesen, als persönlichen Affront nehmen und gegen die Verantwortlichen im »Dissidentennest« vorgehen müssen. Doch ließ man Weimar offenbar schon aus Prestigegründen und um des lieben *Klassikerfriedens* willen in Ruhe. Nur bekam der NFG-Direktor Werner Schubert eine scharfe Absage vom genervten Höpcke, als jener erneut eine Nietzsche-Publikation, diesmal eine Bildmonografie herausbringen wollte. Es bestünde dafür keinerlei Interesse beim Verlag Edition-Leipzig, und er, Höpcke, habe sich doch klar dazu geäußert, dass derlei nach dem *Ecce homo*-Fauxpas auf keinerlei Unterstützung mehr rechnen könne.[402] Unruhe und persönliche Angriffe allenthalben.

Während die Obrigkeit zu vertuschen und zu verharmlosen suchte, verlor Harich die Nerven. Verbunden mit einem geharnischten Schmähbrief trat er aus dem *Kulturbund* aus, was einem kleinen Parteiaustritt gleichkam. In die SED wollte ihn niemand zurückhaben. Das Schreiben an die Leitung des Kulturbundes ist ein Beispiel für übersteigerte und unangemessene, ja pathogen-verschwörungstheoretische Affekte gegen alles Nietzsche Betreffende. Als »Einzige Kopie!« adressiert er die Erklärung zugleich an Kurt Hager. »Mit Leuten, die dem Übergreifen der Nietzsche-Renaissance auf die Deutsche Demokratische Republik – und damit auf die sozialistischen Länder überhaupt – Vorschub leisten« und einer Einrichtung, welche »die Tradition seiner Gründerväter mit Füßen« treten würde, wolle er nichts mehr zu tun haben. *Nietzsches Machwerk* in den Räumen des Clubs ausgestellt und auch noch zum Verkauf angeboten zu sehen, nötigten ihn zu diesem Schritt.[403]

Obendrein sorgte Harich in besagter Brechtbuchhandlung noch für einen handfesten Skandal. Des *Ecce homo* im Schaufenster gewahr werdend, stürmte er wütend in den Laden und verlangte vom Buchhändler, diesen sofort aus der Auslage zu entfernen. Als der sich weigerte, drohte Harich, die Scheibe einzuschlagen. Es kam zu Handgreiflichkeiten. Schließlich setzte man ihn vor die Tür. Im nächstgelegenen Polizeirevier erstattete er Anzeige, wobei die Bediensteten nicht verstanden, warum. Es handelte sich ja nicht einmal um ein Westbuch.[404] Man stelle sich nun vor, Harich wäre, den Kilo schweren *Ecce homo* fest umklammert, durch die Schaufensterscheibe der Buchhandlung auf die Berliner Chausseestraße gesprungen. Ein Auflauf entsteht. Harich, umstellt von einer Menschentraube, wirft die einzelnen Blätter der Ausgabe auf die Straße, so wie Nietzsche einst seine Manuskriptseiten in der Turiner Wohnung verstreute. Er warnt noch einmal lautstark vor dem »Schöpfer des Nationalsozialismus« und dem Lobredner der »blonden Bestie«, es folgt die Einlieferung in die Psychiatrie usf. – eine spektakuläre Szene fast wie im Januar 1889, als Nietzsche das geschundene Pferd auf dem Corso umarmt hatte. Auch wenn Buchhändler und Polizisten vermutlich tatsächlich dachten, einem Verrückten gegenüberzustehen, war und wurde Harich keineswegs verrückt. Gleichwohl gab es bei ihm die seinerzeit schon von Becher diagnostizierten schizophrenen Zustände, die seit seiner Haftzeit immer wiederkehrenden Schübe von Verfolgungswahn, die Angst vor Verschwörungen und Verschwörern, vor dem »Apparat«.[405] Hinzu kamen die Anfälle plötzlichen Herzrasens, die Unmengen an Faustan-Tabletten. Wäre Harich damals eingeliefert und ruhiggestellt worden, Nietzsche hätte in der späten DDR wohl tatsächlich, ganz offiziell geduldet und partiell gefördert, noch eine kleine publizistische Blüte und (zumindest was Weimar anbelangt) eine museale Aufwertung erfahren; kritisch sicherlich und noch immer mit warnendem Zeigefinger, aber doch mit heimlichen und unheimlichen Identitätspotentialen für jedermann.

GESPRÄCHE IM GÄSTEHAUS UND EIN MANUSKRIPT

Von nun an reagierte Harich auf jegliche Nietzscheäußerung, ob von Freund oder Feind, doppelt allergisch. Überall sah er sich von Nietzscheadepten umgeben und verfolgt, von Netzwerkern einer *Nietzsche-Renaissance* und in deren Dunstkreis von Nazis in West und Ost umstellt. Die Lage war paradox: Im Moment des Aufbrechens linker und rechter Deutungsscholastiken, des Einsetzens einer tastend forschenden Neubewertung Nietzsches jenseits von Lukács und Baeumler, wollte Harich endgültig *Tabula rasa* machen, den Denker für indiskutabel erklären. Es ging ihm längst nicht mehr darum, Nietzsche nur vom marxistischen Standpunkt zu widerlegen, wie Heinz Malorny, oder gar politisch zu desinfizieren, wie in Weimar versucht. Nietzsche sollte vielmehr – um der geistigen Hygiene Willen – weggeschlossen, entsorgt, vernichtet werden.

Es ist Mitte Mai 1987. Anne Harich, letzte seiner vier Frauen, schildert in ihrer Autobiografie jenen Moment, in dem ihr Mann nach zahllosen Eingaben dieser Art, nach publizistischen Misserfolgen – sein Lukácstext blieb in der DDR ungedruckt – und einer zumindest gefühlten fortschreitenden Isolierung endlich zur lang ersehnten Nietzsche-Aussprache ins Vorzimmer der Macht gebeten wird.[406] Es ist eine Begegnung mit seinem alten Bekannten Kurt Hager im berühmten Gästehaus des Zentralkomitees der SED an der Spree. Noch lieber hätte Harich sicher Stoph oder Honecker selbst getroffen, aber immerhin konnte er nun dem Chefideologen des Staates seine Sicht der Dinge von Angesicht zu Angesicht vortragen. Gerade war seine Replik auf Heinz Pepperles »Revision des marxistischen Nietzsche-Bildes?« in Sinn und Form erschienen, nur in Auszügen allerdings.[407] Die harsche Kritik an den Weimarer Musealisierungsbestrebungen und die persönlichen Ausfälle gegen andere Wissenschaftler fielen dem Rotstift der Redaktion zum Opfer. Dabei hatte der Berliner Philosophieprofessor Heinz Pepperle nur geringfügig an der ideologischen Stellschraube gedreht: die üblichen Verdächtigungen gegen Nietzsche blieben, Franzosen wurden nicht zitiert, Montinaris Ansinnen verworfen, Nietzsche auch für Sozialisten und den Sozialismus zu lesen. Nichts sonderlich Originelles also, nur eben Nietzsche etwas exponierter, scheinbar liberal präsentiert, für den auch westlichen Leserkreis der Zeitschrift. Im für DDR-Kulturverhältnisse elitären Versammlungsort mehr oder weniger linientreuer Intellektueller aus dem Umfeld der Ostberliner Akademie der Wissenschaften – Johannes R. Becher hatte die Zeitschrift einst gegründet – wurde hierin gelegentlich schon mal ein Auge zugedrückt, wenn man etwas hineingeschrieben hatte, was politisch nicht ganz korrekt war.[408] Pepperle hatte Nietzsche nicht aufgewertet oder gar zum *Genossen* gemacht. Nur zeigte er sich beeindruckt von dessen Sprachgewalt und hob eine gelegentlich scharfsinnige Zeitkritik an der bürgerlichen Gesellschaft und Religion hervor. Nietzsches skeptische Argumentationsfiguren könne man, so das Credo Pepperles, als ernstzunehmende Argumente auch in der aktuellen Auseinandersetzung mit dem Kapitalismus lesen. Sogar von »beachtenswerten Leistungen« und einer »rückhaltlos ehrlichen Persönlichkeit« war noch die Rede,[409] jedenfalls von keinem reinen Nazivordenker mehr, allenfalls hier und da »faschistisch brauchbar« (eine Formulierung Blochs) und missbraucht. Nietzsche blieb in dieser Argumentation, und das war die entscheidende und systemideologisch passgenaue Lesart (auch gegen die Ästheten und Philologen), vor allem ein Antisozialist[410] und insofern ausschließlich politisch zu interpretieren.

Für Harich war dies bereits zu viel des Guten. Gerade die Hintenansetzung des Nazivordenkers empfand er als eine Unmöglichkeit. Seine Replik, im Sinne der Staatsdoktrin und uneingeschränkter Nietzsche-Anhänger sowieso *unzeitgemäße Betrachtung*, gipfelte in der oft wiederholten Formulierung: »Eine Gesellschaft kann kulturell kaum tiefer sinken, als wenn sie die Kenntnis seiner Elaborate zu den Kriterien ihrer Allgemeinbildung rechnet. [...] Den Mann nicht für zitierfähig zu halten, sollte zu den Grundregeln geistiger Hygiene gehören.«[411] Am Ende stand für Nietzsche, so wie in Brechts *Verhör des Lukullus* für den Feldherrn, die Verdammung: »Ins Nichts mit ihm!«[412] Vor allem dieser anspielungsreiche Schlusspunkt verschaffte dem Thema jene von Harich gerade nicht (oder doch, solange er sprach?) gewollte öffentliche Prominenz, die alles bisher in der DDR zu Nietzsche Gesagte in den Schatten stellte.

Für Hager gab es also gute Gründe, auch um den Streit nicht eskalieren zu lassen, den unberechenbaren Quertreiber zur Aussprache ins Berliner Gästehaus zu bitten. Die schwierige Aufgabe für den lavierenden Ideologen bestand darin, den *Gegendonnerer* ruhig, aber nicht kalt zu stellen und Harich so einzuwickeln, dass er sich gerade jetzt in der Nietzschedebatte nicht völlig isoliert fühlte. Er sollte den Eindruck haben, gefragt zu sein, um keine weiteren Skandale zu machen, nicht *intern* und schon gar nicht in der Öffentlichkeit. Harich hat sich auf das Treffen minutiös vorbereitet. Er inszeniert in den Tagen zuvor fingierte Dialoge mit seinem Gegenüber,[413] legt sich der Anklage dienliche Nietzscheworte zurecht. Er kann sie auswendig, seit er als Neuruppiner Gymnasiast im Lesezirkel des »Bayreuther Bundes« darauf gestoßen wurde.[414] Seine Unruhe bekämpft er mit Beruhigungsmitteln, seine Frau, die ihn begleitet und Krankenschwester ist, hat für alle Fälle und um einem Herzanfall während des möglichen *Trash-Talks* vorbeugen zu können, eine Faustanspritze in der Tasche, die notfalls direkt unter den Augen der Funktionäre intravenös verabreicht worden wäre. Dann aber, man sitzt am großen runden Eichentisch, gibt es Tee, Kaffee und Kuchen. Harich, der Süßes mag, angelt sich aus der Tischmitte mit langem Arm die *Petits Fours* unter Hinweis darauf, dass diese Hitlers Lieblingskuchen gewesen wären.[415] Totenstille. Treffer. Man ist beim Thema. Harich bekräftigt noch einmal seinen Nietzscheaffekt, warnt vor der gefährlichen Tendenz, dessen Denken zu verharmlosen. Von Missbrauch könne keine Rede sein, Nietzsche selbst habe die Ideologie, derer sich die Nazis bedienten, erfunden. Er sei nicht Vordenker, sondern »Schöpfer« einer faschistischen Weltanschauung und Politik. Sein Gegenüber hört wortlos zu, es wird eifrig protokolliert. In seiner Anklage beruft sich Harich auf den Saarbrücker Philosophiehistoriker Ernst

R. Sandvoss, der Jahre zuvor mit Bienenfleiß Nietzschezitate gesammelt hatte und diese in Hitlers Reden sowie in »Mein Kampf« wieder gefunden haben wollte.[416] Hitler habe Nietzsche in »Mein Kampf«, so behauptet Harich, nur nicht erwähnt, weil er als typischer Autodidakt und Plagiator keine geistige Abhängigkeit zugeben wollte. Sandvoss' Ergebnisse aber zwängen förmlich dazu, »in Nietzsche geradezu den Mitverfasser [...] zu sehen, das Buch als gemeinsames Werk von Hitler und Nietzsche zu betrachten.«[417] Der Monolog geht weiter. Harich bemerkt nicht, dass es Hager nicht darum geht, eine gemeinsame Position zu Nietzsche oder gegen Nietzsche auszutüfteln. Er könnte seinem Gegenüber in Wissen wie rhetorischer Finesse ohnehin nicht das Wasser reichen. Harich zitiert weiter eifrig Sandvoss, um Nietzsche als den großen Verschwörer und Urheber der Menschheitskatastrophen im 20. Jahrhundert zu entlarven. Bei den sozialistischen Brudervölkern sei die Verseuchung schon fortgeschritten: Deng Xiao Ping und Ceaușescu hätten Nietzsche-Ausgaben initiiert, um ihren Willen zur Macht zu demonstrieren. Von eigenen Zukunftsängsten getrieben, ist er sich sicher, dass jeder neuerliche Nietzschekult in einem globalen Vernichtungskrieg enden müsse.[418]

Hagers eigentlicher Punkt sind dann aber Harichs Invektiven gegen Hermlin und die daraufhin verständliche Zurückhaltung der Verlage und Redaktionen ihm gegenüber. Er müsse sich nicht wundern, wenn sein Lukács-Artikel nicht gedruckt würde und die Pepperle-Replik in Sinn und Form nur gekürzt erschiene. »Warum schreibst du denn an Honecker?«, fragt Hager ihn: »Das hat so etwas Denunziatorisches, und am Ende landet doch alles auf meinem Schreibtisch!« Harich ahnt, worum es geht. Er ist in der Hinterhand. Hager kommt zum Eigentlichen: Was bleibt für ihn, Harich, zu tun, was lässt man ihn tun? »In Sachen Nietzsche kein Wort!«, hätte er jetzt anordnen können. Doch nichts dergleichen passiert. Harich soll als Drohpotential für alle, die in Sachen Nietzsche zu viel vorhaben, nicht gänzlich ausgeschaltet werden. Er hat viel Zeit und verfügt über jenen manischen Zensorenspürsinn, jene ideologiekritische Pedanterie, die jedes Manuskript bis auf das letzte Jota ernst nimmt und wie ein Drogenhund anschlägt, wo immer süßlicher Nietzsche-Geruch aufsteigt. Eike Middells Studien werden angesprochen, doch Hager, der vorgibt, den

Germanisten gar nicht zu kennen,[419] schließt aus, dass in nächster Zeit irgendeine Publikation zu erwarten sei.

Harich ist erstaunt und erfreut. Versteht er die Dinge richtig? Er darf also kritischer Beobachter jedweder Nietzschebewegung zwischen Potsdam und Weimar bleiben? Ein Arbeitskreis »Nietzsche und die Folgen« wird extra für ihn (natürlich sagt man das nicht so) bei der AdW ins Leben gerufen. Seine extremen Positionen kann er hier noch mehrfach zur Diskussion stellen. Er ist eingehegt und namhafte Wissenschaftler werden vergattert, ihn in die Diskussion einzubinden, bei Stange zu halten. Ralf Eichberg kam als Hallenser Doktorand noch in den zweifelhaften Genuss des Arbeitskreises und besagter Äußerungen Harichs zu »Nietzsche als Schöpfer der faschistischen Ideologie«. Eines Tages, nach seiner Vorlesung, sei Gerlach zu ihm gekommen und habe gesagt: »Ich habe einfach die Nase voll, es gibt dort in Berlin an der Akademie der Wissenschaften einen Kreis, da müssten sich Leute, Lehrstuhlinhaber unterschiedlichster Couleur, treffen und immer eine Harich-Rede anhören und dann damit auseinandersetzen. Und ich habe jetzt einmal daran teilgenommen und weigere mich, da weiter mitzumachen. Haben sie nicht Lust, hin zu fahren? « Eichberg fuhr hin, und es lief so: »Vorn im Präsidium, da saßen Buhr und Harich und hier war so ein langer Tisch, da saßen viele Professoren, ich kannte damals kaum einen. Den einzigen, den ich dort kannte, das war Friedrich Tomberg. Jedenfalls hat Buhr die Leute begrüßt und dann gesagt: Herr Harich, wir geben ihnen das Wort. Und der Harich kam an mit einem großen Tonband, stellte das hin und meinte: ›Mein Arzt hat mir verboten, lange Reden zu halten. Ich darf mich nicht zu sehr aufregen und deshalb habe ich für sie diese Rede auf Band gesprochen‹. Und dann haben die Professoren dagesessen und haben mitgeschrieben wie die Pennäler.«[420] Als Harich den Einladungen zu den Sitzungen irgendwann nicht mehr nachkam, wurden Hausbesuche verordnet. Es gab Tonbandmitschnitte, Tee und Süßes, alles wie gehabt. Einmal im Monat besuchte ihn jemand, um ihm zuzuhören, ihn ein bisschen therapeutisch zu betreuen. Selbst der von Harich so gehasste »Gesandte der kritischen Theorie«, Friedrich Tomberg, musste hin, »um mit ihm zu plaudern und es ihm so schwerer zu machen, [...] bissig wie er war, seine Zähne auch gegen unser

Institut« zu zeigen. Man redete über Anthropologie und verstand sich sogar gut. Nietzsche wurde nicht erwähnt. Gegenüber Reinhard Mocek, der Harich ebenfalls aufsuchte, meinte dieser nur: »Nietzsche gehört ins Klo!«[421]

Anfang 1988 wurde der *Sinn und Form*-Streit um Nietzsche von Manfred Buhr beigelegt.[422] Es lag nun offen, wer der eigentliche Sieger des Nietzschedeutungs- oder Zumutungskampfes war. Wenn es bei Buhr jetzt hieß, dass es »keinen zureichenden Grund für eine ›Neubewertung‹ Nietzsches und seiner Wirkung« gebe und gleich gar keinen, »für eine Zurücknahme des Grundsätzlichen am marxistischen Nietzsche-Bild«, dann war das ja wohl nichts Anderes als ein erneutes Plädoyer für Lukács' und Oduevs' Paradigma von der »Zerstörung der Vernunft«. Von Harich selbst hätte die Bemerkung Buhrs kommen können: »In der Konsequenz führt das zur Untergrabung der antifaschistischen Tradition, die ein wesentliches und unverzichtbares Merkmal unseres Staates ist, die wir nicht vernachlässigen können, weil wir uns nicht selber aufgeben können.«[423] Das war ein Schlag ins Gesicht all derer, die tatsächlich auf »Meinungen zu einem Streit« (so der Obertitel des Heftes) gehofft hatten. Buhr hatte wohl seine Anweisungen von Hager, die Dinge jetzt unmissverständlich zu klären. Was blieb, war eine verordnete »philosophische Friedhofsstille« (Jürgen Große) und allenfalls weiteres Verwalten Nietzsches im Stile Heinz Malornys. In der Sache hatte Harich hier zumindest erreicht, was er wollte: Nietzsche verhindern, totschweigen, für null und nichtig erklären. In den Schlussfolgerungen eines Stasidossiers zur Kontroverse vom März 1988 (von kundiger Stelle aus der AdW) hieß es nun:

» · *sinnvolle Begrenzung der laufenden Nietzsche-Diskussion und Verhinderung einer uferlosen, d.h. noch andere Zeitschriften/Publikationen erfassenden Erweiterung;*
· *Unterbindung von Tendenzen »Selbständige« Nietzsche-Interessen-Gruppen an Hochschulen und anderen Institutionen zu bilden* [...]*;*
· *Zuverlässige Kontrolle evtl. neofaschistischer Gruppen wie »Skinhead«-*

Nachahmer auf dem Territorium der DDR und deren Aktivitäten als Nietzsche-Propagandisten.

- [...] *begründete Zurückstellung verlegerischer Entscheidungen in Bezug auf die Schriften Nietzsches;*
- *dementsprechende Weisungen an die öffentliche Ausleihe (Bibliotheken/ Archive) ohne Erschwerung berechtigter Forschung durch die Fachwissenschaftler* [...], *auch Schriftsteller mit nachweisbarem gesellschaftsdienlichen Auftrag* [...].[424]

Im letztgenannten Punkt gab es tatsächlich erhebliche Verunsicherung, seitdem Neonazis im Oktober 1987 ein Konzert der Westberliner Band »Element of Crime« in der Ostberliner Zionskirche überfallen hatten. Die DDR sah sich so einer, zumal in der Bundesrepublik rasch medienwirksam gewordenen (Drehteams der ARD waren ständig vor Ort) eigenen rechtsradikalen Jugendszene gegenüber. Hinzu kam Anfang 1988 die Grabsteinschändung auf dem jüdischen Friedhof in der Schönhauser Allee durch Schüler einer Berliner POS.[425] Vermutlich hätte Harich, wäre er gefragt worden, darauf geschworen, dass die Täter Nietzscheleser waren. Das alles konnte jedenfalls auch auf abseitige philosophische und geschichtspolitische Debatten zurückwirken und verstärkte zumindest die Hellhörigkeit der Ideenwächter gegenüber der Gretchenfrage des Zusammenhangs von Nietzsches Denken und jedweder Art von altem oder neuem *Faschismus*.

Heinz Malornys Nietzsche-Manuskript. Die unendliche Geschichte. Harich wurden im Gespräch mit Hager letztlich alle sachlichen Hoheiten in der Begutachtung und Bewertung publizistischer Nietzsche-Aktivitäten und damit die Rolle eines Superlektors zugebilligt. Malornys eigentlich fertiges Buch »Zur Philosophie Friedrich Nietzsches« konnte Harich so nach Belieben durch immer neue und aufsteigend ungehaltene bis verleumdende Gutachten ein ums andere Mal verhindern. Es war der letzte Schritt, die Veröffentlichung jeglicher Nietzscheliteratur bis zum Ende der DDR zu unterbinden. Dabei hatte Malorny, so wie Pepperle auch, nie ein Loblied auf den Philosophen gesungen, keine Abstriche am Ideologen des Klassenfeindes und am Antisozialisten gemacht, dessen Kulturkritik mit marxistischer Gesellschaftskritik (wie von Montinari in Weimar versucht) für unvereinbar erklärt.

In zahllosen Besprechungen in Harichs Berliner Wohnung hatte er das Projekt seit seinen Anfängen wieder und wieder diskutiert. Der Mentor dozierte, gab gute und warnende Ratschläge, aber es war eigentlich bald klar: Malorny sollte dessen Buch schreiben, sollte Harichs Diktion, Harichs krude Thesen eins zu eins übernehmen. Obwohl Malorny dies nach Kräften versuchte, galt für jenen offenbar die Devise: »Wer mir am nächsten steht, muss die heftigsten Schläge erhalten.«[426] Mit immer neuen Korrekturauflagen verzögerte er die Drucklegung. Mitte 1987, das Buch liegt nach mehrmaliger Umarbeitung nun druckreif beim Akademie Verlag, meldet sich Harich erneut zu Wort, fraglos kenntnisreich und textsicher, was Nietzsche anbelangt, aber mit kaum mehr nachvollziehbaren Schmähungen gegen alle Wertungen des Verfassers. Für September des Jahres ist die Auslieferung geplant, auf die er durch ein für Nietzsche »schamlos Reklame machendes Inserat im Buchhändlerbörsenblatt« aufmerksam wird. Voller Empörung informiert er Hager, verwendet Großbuchstaben, so wie einst Lenin in seinen Dekreten:

> *»Ich kann davor nur warnen! Ich schlage vor, den Druck sofort zu stoppen und jede weitere Entscheidung von einer Kollektiven Beratung, die mein Gutachten gebührend mit in Betracht zieht, abhängig zu machen. Erst diese Beratung sollte eine der drei Möglichkeiten beschliessen: Entweder – unveränderte Veröffentlichung (falls alle meine Einwände widerlegt werden sollten); oder – Umarbeitung des Manuskripts durch den Autor von Grund auf und in allen Teilen [...]; oder – gänzliche und endgültige Beendigung des ganzen Projekts, was, nach Lage der Dinge das Allerbeste wäre.«*[427]

Malorny ist jetzt nur noch »Revisionist«. Harich bombardiert die Spitzen der Abteilung Wissenschaften beim Zentralkomitee (Prof. Gregor Schirmer) und der AdW mit Eingaben. Und Hager liest immer mit. Im Pingpongspiel von Kritik und versuchter Manuskriptüberarbeitung spielt Harich den intellektuellen Scharfrichter, der die Gesamtdiktion wie beliebige Details des Buches je nach Laune in Frage stellen kann.

Mit einem Augenzwinkern hätte irgendwann ein Punkt gemacht werden, Harich sagen können (oder Hager bestimmen): »Gut, Malorny hat gebüßt für ein Thema, dem er vielleicht nicht gewachsen ist, aber nun soll sein Buch doch erscheinen. Die Rezensenten mögen es sich zur Brust nehmen.« Aber die Wut des Kritikers ist auch dessen Wissen um die Unmöglichkeit, Nietzsches *Unwillen zum System,* seine gegenläufigen Rezeptionen, seine multiple politische Benutzbarkeit einer systematischen Kritik vom festen Standpunkt der materialistischen Geschichtsauffassung und marxschen Klassentheorie unterziehen zu können. Es ist das Wissen um die Unmöglichkeit, den Geist zu töten. Deshalb ging es immer weiter: Denunziation per beliebiger Assoziation. Deshalb musste Nietzsche *ins Klo,* weil er sich eben durch die eine, die reine Lehre nicht greifen, nicht verwerfen ließ.

Heinz Malorny, leidensfähig bis zur Selbstaufgabe, nahm alle Verbalinjurien Harichs lange zähneknirschend hin. Vielleicht wusste er, was ihm fehlte und was jener ihm an Wissen und polemischer Energie, an Sprachgewalt auch voraushatte. Also machte er sich, von Hager und Buhr beschwichtigt, immer wieder an die Arbeit. Man denkt an Erich Kästners Wort: »Nie dürft ihr so tief sinken, von dem Kakao, durch den man euch zieht, auch noch zu trinken.« Es half alles nichts. Harich donnerte gegen das Manuskript, wie es ihm passte: Von »unbeschreiblicher Niveaulosigkeit« zeuge es und wimmele nur so von »gefährlichen politischen Instinktlosigkeiten«, ja es sei einfach nur »Schutt, Müll.«[428] Der Kontrast, den Harich zwischen dem biederen Stil Malornys und Nietzsches schillernden, verführerischen Zitaten mit dem Scharfblick der Verärgerung ausmacht, nütze Nietzsche, werte ihn auf, mache ihn interessant. Das Manuskript erkläre ihn gar:

> *»zum Vorläufer des Gedankenguts der Grünen und Alternativen; es hebt – welch gefundenes Fressen für unsere ›Junge Gemeinde‹ – hervor, dass er zwischen der von ihm bekämpften christlichen Kirche und der menschlichen Größe Jesu sehr wohl zu differenzieren gewusst habe usw. usf.«*[429]

Eine Linienführung in die moderne ökologische Linke, mit deren gerade auch religiösen Strömungen Harich gut vertraut war, gab Malornys Lesart zwar ganz und gar nicht her, aber an ideologiekritischer Phantasie hatte es dem Zensor ja nie gemangelt. Und wo der gescholtene Autor erklärte, dass er »der Person Friedrich Nietzsches seine Achtung durchaus nicht versagt«, konstatierte Harich kalt: »Was gibt es an dieser Person zu achten? Nichts!«[430] Im Kern war ihm alles Verstehen, alles biografische Einfühlen, jedes Eingehen auf Nietzsches Leiden, auf dessen Isolation und Krankheit nur apologetische Illusion und höchst verdächtig. Ein Beispiel des für Harich so typischen kritikasternden und dabei kenntnisreichen Kleinkleins:

> *»Zu S. 40: Wieder eine Legende: die Einsamkeit! Das Leiden an einer ›erbarmungslosen und grausamen Welt‹! Von Einsamkeit war keine Spur. Immer standen hilfsbereite Freunde und bewundernde Damenkränzchen im Hintergrund zur Verfügung. Wenn Nietzsche trotzdem hin und wieder für ein paar Wochen ›einsam‹ blieb, dann aus eigenem Entschluss. Erbarmungslos war die Welt im übrigen gegen viele, viele andere, nicht gegen ihn, den Kostgänger des Patriziats von Basel, der die Sommer im Oberengadin und die Winter in Italien verbringen konnte. Ich habe dem Verf. den Unsinn, den er auf S. 36 bis 40 verzapft, vor Jahren gesprächsweise ausgeredet […].«*[431]

Kostgänger der Baseler Reichen.[432] Naja: Nietzsche war am Ende ärmer als Harich. Die »Damenkränzchen« hingegen stimmten fast. Nietzsche war kein Frauenfeind. Nur Lou brachte ihn auf die Palme, und er ließ sich aus Liebeskummer gehen, beschimpfte sie als »Äffin mit falschen Brüsten«. Der Brief blieb glücklicherweise liegen. Aber wer Nietzsche wirklich kennen lernen will, wird auf seine Freundinnen zurückkommen müssen, auch auf Elisabeth, die noch etwas über den jungen Nietzsche wusste;[433] auf Lou, die ihn trotz seiner Ausraster für überaus höflich, ja sogar weiblich mild befand,[434] auf Malwida und Resa! Kein späterer Biograf kam noch einmal so nahe an das Rätsel und Missverständnis F. N. heran.[435]

Inzwischen verwirft Harich Malornys Manuskript mit manischer Akribie Seite für Seite. Der Chef des Akademie Verlags Berthold wird bekniet, das Buch ganz einzustampfen. Man brauche gar keine neue Monografie zu Nietzsche. Das Für und Wider darüber in Rezensionen in Ost und West würde das Interesse doch nur ungebührlich steigern. Eine Sammlung sämtlicher namhafter Stimmen gegen ihn, inklusive der jüngsten Debatten in *Sinn und Form,* wäre nach wie vor das Beste, wobei Harich sich hier sogar großzügig zeigte: Malorny könne ja Herausgeber sein.[436]

Wie so vieles Unentschiedene in den letzten Jahren der DDR, das hätte erledigt werden müssen, stattdessen aber hinausgezögert, vertagt und vertuscht wurde, blieb auch diese Angelegenheit in der Schwebe und band einiges an intellektueller Energie. Allerdings schien sich die Waage Anfang 1988, *Sinn und Form* hatte gerade »Meinungen« gegen Harich gebracht,[437] endlich zu Gunsten Malornys zu neigen. Doch noch einmal ergriff der in die Defensive geratene und inzwischen vollkommen isolierte Kritiker die Flucht nach vorn. Harichs Invektiven richteten sich jetzt nicht mehr nur gegen den Verfasser, sondern gegen die gesamte akademische Literaturwissenschaft und Philosophie – einen geistigen *Apparat,* der in der Sicherheit systemideologischer Anpassung erschlafft sei, unbrauchbar für den Barrikadenkampf im *Kalten Krieg* der Ideen. Vor allem Manfred Buhr traf nun die Kritik. Dessen Beitrag zum »Meinungsstreit« in *Sinn und Form* wollte Harich keineswegs als Affirmation einer rigorosen Nietzsche-Abwehr oder gar als ein erneutes Plädoyer für Lukács durchgehen lassen.[438] Formulierungen wie die, dass eine marxistische Kritik an Nietzsche »die Kraft« haben müsse, »ihn zu ertragen« und dass sie um die »Sensibilität kultureller Gebilde und ihrer Schöpfer« wisse, ja »diese respektiere«,[439] waren für Harich Stichworte, die jenen gefährlichen Versuchen Vorschub leisteten,

> *»Nietzsche mit Rücksicht auf seine angeblich positive Wirkung auf die Kunst und Literatur im 20. Jahrhundert zu retten, statt seine durchweg schädlich, reaktionär desorientierende Wirkung auf sie nachzuweisen* [...]. *Die diesbezüglichen Bemühungen Eike Middells, eines Nietzsche verehrenden, dabei philosophisch gänzlich inkompetenten Literaturwissenschaftlers,*

der Lukács hasst und ihn von rechts [...] in der Nietzschefrage bekämpft, erhalten so von Buhr das gewünschte grüne Licht.«[440]

In einem derartigen Klima ästhetischer Beliebigkeit sah Harich offenbar schon Kruse-Büsten, Munch-Gemälde, Benn- und George-Gedichte aus dem verseuchten sozialistischen Kulturboden ins Kraut schießen. Vielleicht erschien ihm in seinen Alpträumen sogar Max Klingers monumentale Büste Nietzsches, überlebensgroß und prophetisch, die heute wieder das Weimarer Museum ziert und an deren Wiederaufstellung man bereits Anfang der 1980er Jahre gedacht hatte. Die Abkehr vom politischen als dem einzigen Maßstab erlaubter Nietzschebewertung war dann auch der kardinale Vorwurf gegen Buhr, der als »Wesenszug Nietzscheanischer Philosophie deren ›Unverbindlichkeit‹« konstatierte, ihre Verfügbarkeit auch »für unterschiedlichste gesellschaftliche und kulturelle Erscheinungen«.[441] Harich hielt diese dagegen für »in unüberbietbarem Maße verbindlich, nämlich im Sinne reaktionärster Interessen und brutalster Praktiken, woraus sich ihre Verfügbarkeit für Imperialismus und Faschismus ergibt.«[442] Der »Philosophiepapst« Buhr wird schließlich, so wie früher der »Dichterfürst« Hermlin, in der Nietzschefrage für »fachlich inkompetent und ideologisch unzuverlässig« erklärt. In *Sinn und Form* hatte Buhr Nietzsche einen Aal genannt, »der mit feuchten Händen schwer zu fassen sei.« Für Harich ist dieser nun *selbst* der sich windende Aal, ein »Gummitier«[443] und damit ein unsicherer Kantonist im globalen Systemkonflikt.

Parallel wird Malornys Manuskript erneut mit der Attitüde des »Gesinnungskriegers« (Jürgen Große) zurückgewiesen. Es handelt sich um eine inzwischen nochmals überarbeitete Fassung vom April 1988. Harich spießt nun vor allem jene Stellen im Manuskript auf, in denen die Zusammenhänge zwischen Nietzsches Philosophie und Hitlers Reich scheinbar relativiert sind. Nietzsche sei der »Schöpfer« der nationalsozialistischen Weltanschauung und ein »ideologischer Faschist«, nicht etwa nur ein Vordenker oder gar ein Missbrauchter. Entsprechend allergisch reagiert er auf die Behauptung Malornys, »im Denken der Naziführer hätte die Philosophie Nietzsches anfangs noch keine wesentliche Rolle gespielt;

Hitlers ›Mein Kampf‹ und Rosenbergs ›Mythus des zwanzigsten Jahrhunderts‹ seien ohne eingehende Kenntnis Nietzsches verfasst«[444] worden. Selbst wenn Hitler, so kontert Harich,

> *»Nietzsche nicht gelesen hätte, so würde das nichts daran ändern, dass die ganze Ideologie sämtlicher Gruppierungen des Rechtsradikalismus, dass dessen Jargon und Vokabular im Ersten Weltkrieg, zur Zeit der Weimarer Republik und, natürlich, am meisten in den Jahren der Hitlerherrschaft von Gedanken und Parolen Nietzsches durchtränkt gewesen sind. ›Gefährlich leben!‹, ›Gelobt sei, was hart macht!‹, ›Was mich nicht umbringt, macht mich stärker!‹, ›Was fallen will, soll man auch noch stoßen!‹, ›Gehst du zum Weibe, vergiss die Peitsche nicht!‹ usw. usf., diese und viele ähnliche Slogans*[445] *hatte jeder SA- und SS-Mann, ach was, jeder Jungvolkpimpf, aber auch jeder Stahlhelmer, jeder Angehörige der deutschnationalen Scharnhorstjugend, jeder Streikbrecher der ›Technischen Nothilfe‹ unentwegt im Ohr* [...].«[446]

Ein übersteigertes Antifaschismusparadigma quillt aus jeder Silbe, zudem klingen Kindheitsmuster des Kritikers an, der den Einfluss der Naziideologie in Jungvolk und Hitlerjugend am eigenen Leib – jeder Fahnenappell mit einem Nietzschespruch! – erfahren hatte.[447] Damit ließ sich freilich argumentieren, zumal, so gesehen, nicht nur Nietzsche, sondern mit ihm der Gründungsmythos der DDR auf dem Spiel stand. Wer hier falsch lag, befand sich (und hier nun nicht mehr nur für Harich) außerhalb des Gesetzes, stand gegen die Kräfte des *Fortschritts*.

Die Sache konnte für Malorny gefährlich werden und die Wirkung blieb nicht aus. Sein Nietzsche wurde weiter zurückgehalten, ehe er dann, im Wendeherbst 1989, endlich erschien. Der Zeitpunkt konnte unglücklicher kaum sein. Das Buch ging unter. *Pro captu lectoris habent sua fata libelli:* Bücher haben, je nach Auffassung des Lesers (und Kritikers) ihre Schicksale. Wer interessierte sich im Moment, als die Marxsche Revolutionstheorie von der Wirklichkeit überraschend bestätigt wurde, schon noch für marxistische Ideologiekritik, durchexerziert an einem Denker, dessen Geist, wie sich gezeigt hatte, ohnehin nicht zu töten war? Ich habe

Heinz Malorny in den 1990er Jahren, inzwischen *abgewickelt*, wie so viele Gesellschaftswissenschaftler der untergegangenen DDR, noch das eine oder andere Mal über Nietzsche vortragen hören – stets kenntnisreich zu Biografie und Werk, sachlich am Text entlang, aber immer mit dem warnenden Unterton aus Zeiten, in denen man darüber debattiert hatte, ob Nietzsche überhaupt lesenswert sei und ob man ihn lesen lassen dürfe. Lesen lassen musste man ihn inzwischen, lesenswert aber sei er auch jetzt noch nicht, so das unveränderte Credo.

Im Sommer 1988 hatte sich Malorny zuletzt verzweifelt an Hager selbst gewandt, um vor Harichs Angriffen Schutz zu suchen und sein Nietzsche-Buch endlich zur Veröffentlichung zu bringen. Es ist dies noch einmal ein Dokument des ideologischen *Autokannibalismus*, wie er in der DDR der Gorbatschow-Ära um sich zu greifen begann. Malorny bezieht sich im Kern seiner Argumentation darauf, wer denn nun von beiden Kontrahenten, Harich oder er, es geht nun ums Persönliche, der glaubhaftere Antifaschist und lautere Kommunist und damit der berufenere Nietzscheinterpret sei:

»Über viele Ausfälle Harichs wundere ich mich nicht allzu sehr. Ich kenne ihn seit langem, von 1952 bis 1956 hörte ich bei ihm Vorlesungen, seit 1982 stehe ich wieder mit ihm in Kontakt, habe ich eine Reihe längerer Gespräche mit ihm geführt oder vielmehr […] mit großer Geduld seinen Ausführungen zugehört, die für mich in vieler Hinsicht interessant und aufschlussreich waren. Er war so freundlich, mir einen gründlichen Einblick in seinen Lebenslauf, seine Weltanschauung und Moral, seinen Charakter, seine Ambitionen und seine taktischen Raffinessen in der Verfolgung seiner Ziele zu gewähren. Ich habe mich auch mit einer Reihe seiner Schriften, so u. a. ›Kommunismus ohne Wachstum‹ vertraut gemacht. Aufgrund dieser recht intimen Kenntnis seiner Person und seiner Anschauungen gibt es für mich keinen Grund, ihn als einen Marxisten-Leninisten anzusehen. Da ich von ihm selbst weiß, wie er über viele Philosophen, Wissenschaftler und Schriftsteller unserer Republik denkt, brauche ich nicht allzu betroffen sein, wenn er mir die Fähigkeit abspricht, ein Buch über Nietzsche zu schreiben […]. Harich wird allerdings für mich unerträglich, wo seine überhitzte Phantasie bei mir ›politische In-

stinktlosigkeiten‹ entdecken zu müssen glaubt. So beschuldigt er mich u.a., ich würde die Grünen und Alternativen Nietzsche in die Arme treiben und die kirchliche Opposition gegen unseren Staat und die Verwandlung von jungen oppositionellen Christen in Skinheads befördern. Er versteigt sich sogar zur Unterstellung, ich würde antisemitischen Vorstellungen huldigen. Ich kann dazu nur eins sagen: In unserer Familie gab es kommunistische Überzeugungen und eine klare Haltung gegenüber dem gerade aufkommenden Faschismus bereits, als Wolfgang Harich noch gar nicht geboren war. Meinem Vater und meiner Mutter drohten wegen politischer Äußerungen in der Nazizeit Anzeigen, mein Cousin Fritz hat wegen illegaler Arbeit die Keller der Gestapo, das Zuchthaus und das Strafbataillon 999 kennengelernt. Überflüssig also zu sagen, dass die Klarheit über den Antisemitismus bei uns Familientradition ist. Ich erinnere mich noch sehr gut an das Entsetzen und den Abscheu angesichts der johlenden Horde, die am 10. November 1938 das jüdische Textilgeschäft meines Geburtsorts demolierte und den Besitzer misshandelte […]. *Mir ist nicht bekannt, welchen politischen Ansichten Harich zu dieser Zeit anhing, ob es stimmt, daß er seine Fähigkeiten und seine damalige Gesinnung als Fähnleinführer des deutschen Jungvolks unter Beweis stellte.*«[448]

In seiner Autobiografie gibt Harich über diese frühen Naziimprägnierungen ganz ungeniert Auskunft, nicht ohne auf die »Reichskristallnacht« als Moment auch seiner Distanzierung von Hitler und die sich anschließende Karriere als »Genie unüberführbaren Simulierens« zu verweisen.[449] So wie er damals simulierte, fabulierte er jetzt. Auf den Antisemitismusvorwurf musste Malorny schon wegen des Zionskirchenüberfalls und der Schändung jüdischer Gräber in der Schönhauser Allee reagieren.[450] Malorny erreichte mit seinem Schreiben nicht viel mehr, als der Macht die Lauterkeit seiner marxistischen und antifaschistischen Seele zu offenbaren. Aber darum ging es nicht. Sein Manuskript wurde von Hager, Berthold & Co weiter zurückgehalten – solange, bis es dann im Herbst 1989 weit realere Bedrohungen für den Sozialismus gab als ein Buch über Nietzsche, an dem sich ein kleiner Akademiemitarbeiter über Jahre wundgeschrieben hatte.

Harichs Beschimpfungen waren zuletzt mehr als nur wüste Polemik, die sich persönlich gegen Malorny oder seine DDR-Intimfeinde Buhr, Tomberg und Hager richteten. In Sachen Nietzsche ließ der ewige Gutachter außer Lukács und Hans Günther, ob lebend oder tot, bald überhaupt niemanden mehr gelten. Er kämpfte jetzt gegen alles, was sich in Ost und West, von links bis rechts für Nietzsche regte oder wieder zu regen schien, sah den Sozialismus einer riesigen Nietzsche-Spinne ins Netz gehen und sich selbst umstellt von Nietzsche-Adepten und -Apologeten aller Couleur: So seien Renate Reschke und ihr Berliner Lehrer Wolfgang Heise Saboteure in den eigenen Reihen, die für Nietzsche schamlos Reklame machten; Theodor Lessings kurz zuvor bei Kiepenheuer wieder aufgelegter, luzider Essay gehöre in die Nähe von Naziapologien wie auch Ernst Blochs Interpretationen, die Reaktionäres bei Nietzsche auf ungebührliche Weise für *links* umfunktioniert hätten. Neben dem viel zu liberalistischen Exegeten Karl Löwith geht es auch gegen den »linken Präfaschisten« Hugo Fischer, bei dem Nietzsche und Marx gleichermaßen als Erfinder der Dekadenz gepriesen würden.[451] Und die großzügig geförderte Weimarer Ausgabe Giorgio Collis und Mazzino Montinaris sei sowieso nur ein »kardinaler kulturpolitischer Missgriff« gewesen.

In seinem Verfolgungswahn sah Harich sich in einer Welt von Feinden – umstellt und verraten von Kant und Hermlin, von Honecker, dem Politbüro und deren »Assistenten auf Kaderebene« Höpcke, Hager, Schirmer, Erich Hahn, von der akademischen Philosophie, von Buhr, Pepperle, Reschke, Tomberg, Irrlitz, sowieso.[452] Niemand kam jetzt noch ungeschoren davon. Harich behauptete sogar, sein Berliner Lehrer Hermann Duncker habe 1948 im Kolleg in tiefer Beschämung darüber geweint, dass er in jungen Jahren Nietzsche gehuldigt habe[453] und damit schuldig geworden sei »an einem Naziverbrechen gegen die Menschlichkeit«. Seine Studenten hätten ihn trösten müssen. Selbst am DKP-Intellektuellen Hans Heinz Holz und dessen für die westdeutsche Linke bahnbrechendem Buch »Die abenteuerliche Rebellion« (1976) lässt der wütende Zensor kein gutes Haar. Man hätte ihn, der bei genauerem Hinsehen sogar über eine intellektuelle Nazibiografie verfüge (sein Antifaschismus sei »keineswegs über jeden Zweifel erhaben«), für diese »humanisierende Weißwäscherei Nietzsches« aus der DKP ausschließen sollen!

Dies alles steht nun nicht etwa in einem psychiatrischen Aufnahmeprotokoll, sondern ist nachzulesen in »Nietzsche und seine Brüder«, einem Selbstinterviewbuch Harichs, nachgeahmt den Freimaurergesprächen Lessings. Das in der ersten Jahreshälfte 1989 verfasste Manuskript sollte eine »Stinkbombe« werden, die der Verfasser mit Blick bereits auf die 1994 bevorstehenden Feiern zum 150. Geburtstag Nietzsches zusammengebastelt hatte.[454] Denunziation per Assoziation wie gehabt, alles kreuz und quer durcheinander. Nichts kann Harichs manisch-akribische Nietzscheanklage widerlegen, niemand ihm widersprechen. Er stellt sich nun selbst die Fragen, die er seinerzeit von Hager am runden Eichentisch im SED-Gästehaus gern gehört und so beantwortet hätte. Inzwischen ist Nietzsche nicht mehr nur Faschist und Rassist, Imperialist und Antisemit, auch seine Heine-Verehrung sei nur Mache gewesen, sondern zudem noch übler Frauenfeind und, auf die aktuellen politischen Verhältnisse hochgerechnet, der »schlechthin anti-grüne Ideologe«[455]. Sogar Elisabeth hätte sein Werk nicht etwa nationalistisch und nationalsozialistisch zugespitzt, sondern im Gegenteil mit der »verfälschenden Humanisierung ihres Bruders angefangen«[456].

Harich geht es am Ende noch einmal um die Entsorgung Nietzsches in der DDR. Er ist das eigentliche Epizentrum des Bösen, faschistisches Zeug. Hitler kein Nietzscheleser? Und wenn schon. Größenwahnsinnig waren sie beide: Die *Ecce homo*-Überschriften, Hitler gegenüber seinen Sekretärinnen: »Ich werde als der größte Deutsche in die Geschichte eingehen!« Dass dessen Welteroberungspläne auf dem Mist von Nietzsches »großer Politik«[457] gewachsen waren, lag so oder so auf der Hand[458]. Ich stelle mir vor, wie der *Gegendonnerer* in jenen politischen Umbruchzeiten nun Tag und Nacht über der verhassten Colli/Montinari-Ausgabe saß und jedes ihm gefällige und seiner Polemik gefügige Zitat, in die Maschine tippend, aus den Zusammenhängen riss. Harich arbeitete mit Vorliebe in abgedunkelten Zimmern, dabei stets mit Jackett, Ausweis in der Innentasche, falls er abgeholt würde – von Feinden des Sozialismus oder vom Geheimdienst selbst. Eines Tages soll vor seiner Wohnung ein Strick gelegen haben. Er war sich sicher: Jetzt habe ihm die Stasi bedeutet, sich aufzuhängen!

Wiederum erklärt er sich als »Antifaschist«, bemisst als solcher den Schaden, den die Italiener mit ihrer inzwischen bei De Gruyter in zweiter Auflage vorliegender Studienausgabe, fünfzehn Dünndruckbände, angerichtet hätten: 640 Seiten pro Band, so rechnet er, seien im Durchschnitt für weniger als 20,- DM »sagenhaft billig« und selbst für DDR-Buchpreisverhältnisse noch erschwinglich, in Kassette mit insgesamt 9.592 Seiten Text zu haben »für bloß 298,- DM«. Man habe Nietzsche so zum Klassiker gemacht und gleichzeitig »zu einem ungewöhnlich leicht erschwinglichen Massenartikel«[459]. Der ganze Nietzsche-Nachlass sowie das Archiv selbst seien, so moniert Harich, 1945 *leider* nicht verbrannt oder in einem Bergwerk endgelagert worden. Am besten wäre der Ural gewesen. Da dies aber nicht geschehen war, empfahl er jetzt, den »Nietzsche-Müll« gegen harte Devisen in den Westen zu exportieren:

Interviewer: »*In die Bundesrepublik? Nach Westberlin?*«
Harich: »*Nein, dahin nicht. Nur keinen weiteren ›ehemals preußischen Kulturbesitz‹! [...] Ein Geschäft mit der Bibliothek des Britischen Museums in London wäre angebracht. Noch mehr Geld dürfte bei einer Versteigerung jedes einzelnen Manuskripts in den USA herausspringen, vielleicht auch in Japan.*«
Interviewer: »*Spaß bei Seite!*«
Harich: »*Ich spaße nicht, ich meine es todernst. Für Sozialisten darf Nietzsches Nachlass kein Kulturgut sein. Also weg damit! Und wer so verschroben ist, ihn haben zu wollen, soll dafür zahlen. Eiskalt müsste dies über unseren Außenhandel abgewickelt werden, ohne Beteiligung des Kulturministeriums. Gleichzeitig wäre das Grab in Röcken bei Lützen einzuebnen, damit es endlich aufhört, Wallfahrtsort zu sein.*«[460]

Auch eher unbedeutende Nietzsche-Handschriften werden heute noch teuer gehandelt. 2010 kamen bei der Autografenhandlung *Stargardt* in Berlin fünf Briefe Nietzsches an Emily Finn von 1887/88 unter den Hammer. Nichts Besonderes: Kopfschmerzen, Milch, Schlaf und die *Genealogie der Moral*. Ein Liebhaber legte 140.000 Euro dafür hin. Im *Kalten Krieg* wäre noch mehr gezahlt worden. Harichs Vorschlag ernst genommen und etwa durch Alexander Schalck-Golodkowski »eiskalt« realisiert: Die DDR hätte sich auf Jahre hin sanieren können, vielleicht sogar noch bis 1994 existiert, um dann in aller Form Nietzsches 150. Geburtstag zu feiern.

Am Ende musste Harich noch miterleben, wie sein Menetekel eintraf, freilich unter anderen politischen Rahmenbedingungen als gedacht und nicht erst 1994. Denn bereits zum neunzigsten Todestag des Philosophen war großer Nietzsche-Bahnhof in Röcken. 25. August 1990. Honecker saß bereits im sowjetischen Militärhospital Beelitz, ohne Geburtstagsfeier. In der proppenvollen Röckener Kirche rezitierte Vera Oelschlägel, die sozialistische Theaterdiva und Brechtinterpretin, ausgerechnet das verhasste »Mistral-Gedicht«, vorgelesen womöglich aus Hermlins Anthologie. Sie zitiert die schon wieder in die Zeit passenden Sätze aus dem *Zarathustra*: »Staat heißt das kälteste aller kalten Ungeheuer.«[461] Gemeint war hier nun nicht mehr so sehr der verdämmerte DDR-Staat, sondern bereits Kohls Bundesrepublik. Nietzsches Gedicht *Der Einsame* hätte vielleicht besser gepasst: »Verhasst ist mir das Folgen und das Führen / Gehorchen? Nein! Und aber nein – Regieren!« 1994 gab es dann in Weimar anlässlich des 150. Geburtstages eine Ausstellung: »Für F. N.«[462], und am 15. Oktober 1994 eröffnete im »Wallfahrtsort« Röcken ein kleines Nietzsche-Museum – zunächst noch provisorisch in einem ehemaligen Stall (zu DDR-Zeiten Garage für den Trabi des Pfarrers) neben dem Geburtshaus untergebracht. Womöglich hatte der ewige Kritiker nur noch ein höhnisches Lachen dafür übrig. Angeschrieben hat er dagegen jedenfalls nicht mehr.

HAUPTMANN STÜRMER MACHT FORTSCHRITTE – NIETZSCHE »UNTER RÖCKEN«

Nietzsches Todestag war also Honeckers Geburtstag. Kein gutes Omen für den Staatschef. Zwar hatte Nietzsche in Weimar das Zeitliche gesegnet, aber hier lag er nun begraben, »unter Röcken«, wie zwischen Naumburg und Leipzig der Volksmund frotzelt. Im kleinen Pfarrdorf war Nietzsche aufgewachsen, nach dem frühen Tod des Vaters und Bruders unter »lauter Frauenzimmern«, Schwester, Mutter, Großmutter, Tanten – »unter Röcken« eben. Der kleine Kirchenfleck Röcken im heutigen Sachsen-Anhalt, früher preußische Provinz Sachsen, gehörte seit Auflösung der Länder 1952 zum Bezirk Halle.

Unter der Kirche und über der Braunkohle fand der Denker im Spätsommer des Jahres 1900 seine letzte Ruhestätte. Seine Beerdigung fiel auf den 28. August, Goethes Geburtstag. Wieder ein Zufall. Mit dabei war Theodor Lessing. Als ein »fremder Student« sah er, wie der, »der sich am liebsten Antichrist nannte«, an die damals noch weiße Mauer der Dorfkirche gebettet und herabgesenkt wurde in die »ausgeödete, lehmige, allermißbrauchteste Erde«. Lessings Beschreibungen, zusammengefasst 1925 im Essay »Nietzsche«, waren 1987 bei Gustav Kiepenheuer (Leipzig & Weimar) wiederaufgelegt worden. Sie passten in die Zeit spätsozialistischen Unbehagens an der Kultur und eine inzwischen als ewige Gegenwart erduldete DDR-Wirklichkeit. Nicht die Engadiner Gletscherwelt, sondern »Europas flachstes Flachland«, so hatte Lessing es bereits gesehen, nahm Nietzsche zurück. Gehörte er hierher? In diese trostlose Ebene, wo die Kämpfe der Reformation, die Schlachten des Dreißigjährigen, des Siebenjährigen und des Befreiungskrieges gegen Napoleon geschlagen wurden, in die »allermißbrauchteste Erde«? Nietzsche schwor stets auf seine militärischen Prägungen und Kindheitsmuster am Rande des Schlachtfeldes von Lützen. Lessing blieb skeptisch: »So schläft Zarathustra, der Wiederkehr harrend, nicht inmitten der waldumgürteten Alpen von Sils Maria, sondern umdroht von Ziegeln und Industrien, am Rande des rußüberzogenen Himmels von Leipzig.«[463]

Heute ist man in Röcken stolz auf den großen Sohn, nicht aber auf die Schwester, die gefälscht und getrickst und den Bruder in eine SA-Uniform gesteckt hatte. *Der Wille zur Macht,* der eigentlich gar keiner war.[464] Hätte man ein pompöses NS-Grabmal für die Geschwister in Weimar errichtet, im Garten des Nietzsche-Archivs vielleicht, alles wäre anders gekommen. Elisabeth wäre in Weimar geblieben. In jungen Jahren sah sie aus wie Nicole Kidman in den 1980ern, schön und durchtrieben. Zu ihrer Beerdigung im November 1935 sollte auch Hitler kommen. Das Dach des Pfarrhauses war ausgebessert worden. Das Nietzsche-Archiv hatte einen neuen Kirchteppich gespendet. Aus runden Nietzsche-Jahrestagen konnten die Geistlichen für sich und ihre marode Kirche immer etwas Kapital schlagen. Damals oder auch erst 1944, zum Hundertsten, hatte man um die Familiengrabstätte eine Hecke gepflanzt. Sie ist heute noch da, die »Führerhecke«. Curt Stauss, in Röcken Pfarrer von 1974–1981, erzählt es augenzwinkernd bei unserer Begegnung vor Ort, im Frühjahr 2013. Hitler kam dann aber doch nicht, hatte wohl von der Weimarer Trauerfeier genug. Ein gewesener DDR-Judoka und habilitierter Sportwissenschaftler, der uns, weil die ABM-Stelle der eigentlichen Kennerin und Gedenkstättenleiterin schon wieder einmal nicht verlängert wurde, begleitet, weist auf einen Komposthaufen hinter der Hecke: »Besser, dass er nicht kam, denn das hätte dem Führer bestimmt nicht gefallen.« Ordnung muss sein.

In Weimar war Elisabeths Totenfeier eine NS-Demonstration, in Röcken dagegen schloss sich ein Kreis,[465] der die zerrüttete Familie am Ende doch noch zusammenführte, wenn auch nur an der Kirchenmauer: Mutter und Tochter in der Mitte, Vater und Sohn (der umgebettet werden musste) rechts und links außen. Hier konnte die Schwester ihren geliebten Fritz weiter umarmen, ihn *sicher fassen,* »unter Röcken« *warmhalten.* Im trüben November 1935 hatte Pfarrer Thörel eine auffallend kurze Rede gehalten, vielleicht mit einem vagen Gefühl für die Weimarer Verwechslung von Nietzsche mit Rosenberg tags zuvor, vielleicht aber auch nur, weil er die Sache rasch hinter sich bringen wollte. Salomonisch doppelsinnig sprach er von »einem weiten Weg«, der Elisabeth »über Höhen und durch Tiefen im Reich des Geistes und der Gedanken führte.«[466] Mehr Kritik ging nicht in einer Trauerrede. De mortuis nihil nisi bene. Zum Hundertsten Geburtstag, im Oktober 1944, hatten Nietzsches Grab noch einmal Kränze von Hitler und Goebbels geziert. Dann war es vorbei mit der braunen Götzendämmerung. Nach 1945 wurde es in Röcken still um den *Donnerer*. Das Dorf und seine Pfarrer plagten andere Sorgen: Hunger, Kohlennot, Einquartierungen, die Sowjets im nahen Leipzig. Der oft beschworene Gegensatz von Natur und Industrie, von dem, wie Theodor Lessing bereits festgestellt hatte, schon Nietzsches Röcken »an der Peripherie des rußüberzogenen Himmels von Leipzig« betroffen war,[467] blieb da eher nebensächlich, ästhetisch. Auf die Bodenreform folgte die LPG-Gründung *Rosa Luxemburg*, ab 1968 mit Lützen im Typ III »Pionier« verbunden, jener Form landwirtschaftlicher Produktionsgemeinschaft mit der geringsten Teilhabe und Eigenbeteiligung der Leute. Sozialistische Bauernfabriken. Zu den Bauern kamen noch die in der Braunkohle Beschäftigten und ein paar Leuna-Arbeiter, die ins nahe Chemiekombinat pendelten. Ein Proletendorf, »Sklavenmoral« allenthalben, hätte Nietzsche wohl dazu gesagt. Dazwischen aber die Kirche und der Philosoph als mögliche Pole doppelter Dissidenz.

Auf der Broschüre zur 750-Jahrfeier findet sich der für den Braunkohleabbau wichtige alte Wasserturm aus den 1920ern im Ährenkranz. Industrielle neben landwirtschaftlicher Tradition. Die sozialistische Henne legte hier 1950 noch 91, 1980 aber bereits 222 Eier. Noch ein paar Jahre länger, man hätte es vielleicht zur sozialistischen *Überhenne* mit 356 Eiern jährlicher Legeleistung gebracht! Im Festprogramm, das just am 25. August 1982 mit den Hochseilakrobaten Weisheit aus Gotha eröffnet wurde, verwies der Bürgermeister auf Honeckers Rede vor dem Luther-Komitee in Vorbereitung der 1983er Ehrungen des Reformators: »Gedenktage«, so der Staatsmann, »sind für uns nichts Formales, sondern Anlass, historische Ereignisse, das Wesen großer Persönlichkeiten tiefer zu verstehen und für die Gegenwart zu nutzen.« Erweiterte Erinnerungshorizonte, so die leise Botschaft, auch für die protestantische Kirche. Von den Nietzsches ist im Festprogramm auch die Rede. Unter den Röckener Pfarrern, so liest man, sei Karl Ludwig Nietzsche zu erwähnen, der Vater des »Philosophen und Lyrikers Friedrich Wilhelm Nietzsche«, aufgeführt sogar mit zweitem Vornamen, der dem seit 1844 herrschenden preußischen König Friedrich Wilhelm IV. zu Ehren gewählt worden war. Seine Philosophie widerspiegele »den sich anbahnenden Übergang zum Imperialismus und die Reaktion der imperialistischen Bourgeoisie auf die Pariser Kommune und das Erstarken der deutschen Sozialdemokratie. Damit wurde Nietzsches Lehre zum Vorläufer vieler irrationaler und subjektiv idealistischer Schulen der bürgerlichen Philosophie.«[468]

Die eher vorsichtige Wertung ohne unmittelbaren NS-Bezug problematisiert vor allem Nietzsches scharfe Abwehrhaltung gegen den Sozialismus und die Pariser Kommune als erster kommunistischer Revolution, laut Marx. Als am 24. Mai 1871 die Tuilerien in Brand geraten waren und sich in Basel die Falschmeldung verbreitet hatte, auch der Louvre sei zerstört, kommentierte Nietzsche dieses »Erdbeben der Kultur« gegenüber seinem Freund und Gesprächspartner Wilhelm Fischer: »Sein ganzes Leben und seine beste Kraft benutzt man, eine Periode der Cultur besser zu verstehen und besser zu erklären; wie erscheint dieser Beruf, wenn ein einziger unseliger Tag die kostbaren Dokumente solcher Perioden zu Asche verbrennt.«[469]

Vor allem auswärtige Besucher hielten in Röcken die Erinnerung an Nietzsche wach, erzählt Heidemarie Thamm, die zu DDR-Zeiten in Leipziger Büchereien tätig war. Sie kennt sich aus mit ihrem Heimatdorf und mit Philosophen. Nach dem Krieg gab es einen kauzigen Küster, der Gästen gelegentlich die Kirche zeigte. Er soll ein bissiger Ironiker gewesen sein und Enthusiasten, wenn es gar zu arg wurde mit ihrer Nietzsche-Verehrung, schon gern einmal auf den Arm genommen haben. Dann erzählte er von begehbaren Grüften unter den Gräbern und anderem Geheimnisvollen, dem herumspukenden toten Bruder etwa. Für seine Gruselgeschichten nahm der Mann dann gern fünf Mark West![470] Auch Manfred Riedel hatte ihn Mitte der 1950er Jahre noch als Leipziger Student getroffen, auf Fahrradexkursion. Der Hüter der Grabstätte und Fremdenführer habe die Gräber damals heimlich und unentgeltlich gepflegt, unterstützt von den Dorfbewohnern, die gewusst hätten, dass die Pflege unerwünscht sei.[471] Ob er die eingenommenen Westmark wirklich dafür ausgab, ist allerdings nicht ganz sicher.

Röcken war jener Ort, an dem ein Gedenken an Nietzsche über die gesamte DDR-Zeit ungebrochen möglich blieb. Immer wieder kamen vorsichtig interessierte wie kundige Gäste aus dem In- und (mehr noch) dem Ausland hierher. Aus dem nahen Leipzig war jeder Nietzsche-Geist mit Gadamers und Blochs Weggang vertrieben worden, hier konnte ihn, wer wollte, noch spüren. Jürgen Große erzählt eingangs seines Essays *Ernstfall Nietzsche* von einem Besuch im Jahre 1987. Eine Geschichte der West-Ost-Irritation, wie sie im Buche steht: Der Bundesbürger missversteht den Busfahrer aus Leipzig, der zwei und nicht zwölf Mark Fahrgeld, wie vom jungen westdeutschen Philosophen irrtümlich verstanden, für die Reise nach Röcken verlangt. Ungläubige Nachfrage, ob des so hohen Preises, verbaler Konter: »Mir sin doch hier nich in dr Bäih Ärr Däih.« Große fand Pfarrhaus und Kirche in Funktion, sah auch die Gräber der Nietzsche Familie, wenig gepflegt zwar, aber doch gut erhalten. Die vom Westen überschwappende Mode, Nietzsche zu verherrlichen, so hatte es am Schluss der *Sinn und Form*-Philippika Harichs geheißen, würde hierzulande durch »einen löblich ausgeprägten Sinn für Heimatkunde« begünstigt. »Einer Weltberühmtheit, geboren in Röcken bei Lützen und dort auch begraben, aufgewachsen und oft zu Besuch in Naumburg, mit Studium in Leipzig, mit Sterbestunde in Weimar, ist, was sie auch angestellt haben mag, bei uns ein Vorschuss an neugierigem Interesse sicher.«[472] Die Diagnose schien Nietzsches *Vom Nutzen und Nachtheil der Historie für das Leben* abgelauscht, worin der Sinn jener *antiquarischen* Geschichtsaneignung damit erklärt wird, dass so »auch minder begünstigte Geschlechter sesshaft gemacht und davon abgehalten würden, »nach dem Besseren in der Fremde herumzuschweifen«.

Kein »Wallfahrtsort«, aber heimliche Pilgerstätte war das Dörfchen zu DDR-Zeiten schon. Heidemarie Thamm bringt es auf den Satz: »Die

Nietzsche Grabanlage in Röcken heute

Leute, die hierherkommen, Akademiker, aber auch ganz normale, sind alle nicht stromlinienförmig.« Das galt vor 1990 noch mehr als jetzt. Vielleicht meint sie damit den Typ inneren Emigranten, dem Nietzsche Fluchtpunkt eines eskapistischen Fernwehs war. Vielleicht denkt sie aber auch an jene kritischen Freigeister, die mit Nietzsche zu Feinden des SED-Staates wurden. Etwa an den jungen Leipziger Buchhändler, der, selbst lyrisch ambitioniert, Anfang der 1980er Jahre im Zusammenhang mit Röcken-Besuchen ins Visier der Staatssicherheit geriet. Er schmuggelte Bücher aus dem Westen und unterhielt Kontakte zu kirchlichen Kreisen, zur Friedensbewegung sowie zu Zirkeln literarischer Dissidenz. Nietzsches Philosophie inspirierte ihn laut Vernehmungsprotokoll als eine der materialistischen Weltanschauung gegenläufige Geisteshaltung. In der Tonbandabschrift einer Aussprache mit »Händler«, so der Vorgangsname, vom Oktober 1983 werden »erkenntnistheoretische und ästhetische Vorbehalte« gegen den Marxismus geltend gemacht. »Händler« betrachte die herrschende Lehre »nicht unbedingt als Dogma«, sondern als eine Sache für sich, eine Gesellschaftstheorie unter anderen, die allerdings alles auf den Klassenbegriff verschiebe. Für ihn, so führt das Protokoll wörtlich aus, sei

> *»die Kunst in der Philosophie in erster Linie interessant. Für mich gibt der Marxismus wenig, ich habe mir deshalb andere Anschauungen und Philosophen ausgesucht* [...], *mich beeinflusst in erster Linie Schopenhauer und Nitzsche. Nitzsche ist sicherlich im Faschismus missbraucht worden, aber auch andere Leute, die alle rehabilitiert wurden. Ich glaube – und das habe ich bei Philosophievorlesungen gehört –, dass man dabei ist, auch das Nitzsche-Bild wieder zu aktualisieren und den positiven Gehalt herauszuarbeiten. Nitzsche war ein großer Kritiker seiner Zeit und ein hervorragender Psychologe, der viele Dinge erkannt* [...] *und deshalb so viel Einfluss auf die Kunst ausgeübt hat.«*[473]

Einer *operativen Personenkontrolle* unterzogen, wurde der junge Mann nun öfter verhört. Man erhoffte sich Einblicke in Netzwerke kritischer Literaturproduktion zwischen Leipzig, Nordhausen und Jena und bekam in den ersten Gesprächen durchaus substanziell instruktive Hinweise. Allerdings hatte »Händler« zugleich einen Ausreiseantrag nach Bayern gestellt und verfolgte seine eigenen Interessen. Behördliche Unterstützung, falls er sich als IM zur Verfügung stelle, lehnte er brüsk ab und drohte, bei weiteren Anwerbungsversuchen oder gar Zwangsvorladungen per Polizeigewalt »für die Publizierung dieser Angelegenheit Sorge zu tragen«.[474]

Er war tatsächlich gut vernetzt. Kurz zuvor hatte er sich in einem Brief an Franz Joseph Strauß gewandt, um in Bayern Philosophie studieren zu können. Eine Literatur und eine Auffassung, so schrieb er, die »das menschliche Dasein« (mit Nietzsche!) »als essentiell tragisch« begriffen und deren Wege in eine »metaphysisch gedeutete Natur- und Geisteswelt« führten, seien »den marxistischen Ideologen ebenso verhasst wie unverständlich.« Ein System, das die Probleme der Menschen bereits gelöst zu haben glaubt, müsse sich weiter, »schon durch die Existenz solcher Literatur empfindlich gestört fühlen, obwohl dies nie meine Absicht war.«[475] Nietzsches *Irrationalismus* im Gewand lyrisch-aphoristischer Form konnte derlei Auffassungen nolens volens stützen und so als chaotische Gegenpropaganda zur kommunistischen Heilslehre wirken. Zuletzt wandte sich der renitente Buchhändler an Erich Honecker mit der Forderung, es war mehr als nur eine Bitte, seiner Ausreise zuzustimmen. Andernfalls bliebe ihm »gar nichts anderes übrig, als gezielt die Öffentlichkeit sowie internationale Menschenrechtsorganisationen einzuschalten.«[476] Unverfrorenheit siegt mitunter, insbesondere dann, wenn die Macht den öffentlichen Skandal fürchten muss. Wenig später war »Händler« im Westen.

Seit den 1950er Jahren kamen am Röckener Grab immer wieder Philosophiestudenten aus Berlin, Leipzig oder Halle zusammen, freilich außerhalb des *sozialistischen* Studierplanes. Von Radtouren zum Freiluftphilosophen hört man in den Gesprächen öfter. Auch einfache Leute, so erzählen die Pfarrer, waren immer wieder vor Ort, Arbeiter oder Soldaten aus den umliegenden Kasernen. Eine Momentaufnahme von 1969 zeigt zwei Studenten der Berliner Humboldt-Universität am Röckener Grab und in Schulpforte. Rolf Schilling, vormals Dozent für Marxismus-Leninismus, dann Abweichler, Dissident, Parteifeind und literarischer Aussteiger, heute freier Schriftsteller,[477] hat davon in »VISION einer REISE« berichtet: »Uns zu erwärmen, flohen wir und fielen/Zurück ins bürgerliche Wohlbehagen.«[478] Man brach aus zu Nietzsche und konnte mit ihm sein systemkritisches Erweckungserlebnis haben. »Aus der Dunsthölle von Merseburg und Leuna kommend«, sagten Schilling und andere ungeachtet des staatsoffiziellen Nein ihr pathetisches *Ja* zu Nietzsche.[479]

Alle Jahre wieder traf man sich auch später am Grab, zumeist zu Nietzsches Todestag. Und Schilling redete. Sein Tonfall erscheint von Marxens *Kommunistischem Manifest* wie von Nietzsches *Zarathustra* gleichermaßen imprägniert, schwärmerisch-missionarisch, metapolitisch, ästhetisch, mystisch, nie unmittelbar revolutionär. Nietzsche-Predigten gegen materialistische Erdenschwere. Schilling verneinte damit den real existierenden Sozialismus ebenso wie die moderne westliche Gesellschaft und eben ihr »bürgerliches Wohlbehagen«. Mit Blick auf Nietzsches Krankheit und dessen Wahnsinn:

»Die Alten unterschieden zwei Arten desselben: den holden Wahn, wie er den Dichter und Seher beseelt […] – und den schlimmen Wahn: jenem anderen nah verwandt […] – nur eine Steigerung, ein Hinauswuchern ins Üppige und Böse, wo Holdes jählings umschlägt in Verruchtes, Traum in Trauer und Rausch in Raserei. Erst die moderne Gesellschaft, der die Verschleierung ihrer eigenen Irrationalität Lebensbedingung ist, hat es nötig, ihre irrationale Gesamtbewegung mit rationalen Mitteln bis ins kleinste Detail zu organisieren. Sie erfindet als Mythen-Surrogate den Götzen Fortschritt und Fetisch Wissenschaft, – Kriege, Massenverführung, sexuelle, soziale, politische und geistige Knechtung werden gerechtfertigt und höchst planmäßig betrieben. ›Der Wahnsinn ist bei Einzelnen etwas Seltenes, aber bei Parteien, Völkern, Zeiten die Regel‹, sagt Nietzsche. Die moderne Gesellschaft, als absurde Erscheinung, muss gleichwohl jeden Ausdruck des Absurden im Einzelding tabuisieren, will sie sich nicht als Ganzes in Frage gestellt sehen. Natürlich ist die Folge dieses Druckes am Ende genau das Gegenteil des Angestrebten: Gerade die rational organisierte Gesellschaft erzeugt massenweise das Absurde, ja, sie hat es letztlich nötig als Ergänzung ihrer plattrationalen Existenz. So nimmt der Wahnsinn Nietzsches im Individuellen Allgemeines vorweg.«[480]

Die Reden in, man könnte jetzt sagen, absurder Runde, wurden über die Jahre länger, der Zuhörerkreis kaum größer. Immer mit dabei, und nicht der einzige Spitzel, war ein gewisser »IM Asker«[481]. Seine Akte weist den eifrigen Berichterstatter in jungen Jahren als prekär und wechselnd Beschäftigten aus, politisch mehrfach auffällig geworden und zwischenzeitlich inhaftiert. Seit Anfang der 1960 Jahre machte er dann als *schreibender Arbeiter* und erfolgreicher Kinderbuchautor von sich reden, wurde Mitglied des Schriftstellerverbandes, nicht ohne gegen die Ausbürgerung Wolf Biermanns aufgetreten zu sein. Da war »Asker« allerdings schon tätiger IM. Bei näherem Hinsehen erweist er sich als einer der wenigen kundigen behördlichen Beobachter der Nietzscheaneignungsversuche zwischen Nordhausen und Röcken. Den Namen des Philosophen schrieb er stets korrekt, anders als seine Führungsoffiziere, die in Aktion traten, wo es Tonbandmitschnitte zu transkribieren gab. Einer von ihnen, ein

Hauptmann Stürmer, machte in seinen Abschriften nur überaus langsam Fortschritte. Die Varianten hier und in anderen Stasiakten schwanken zwischen typischer Abweichung und abenteuerlichster Reduzierung. Neben dem wie gesagt selten korrekt geschriebenen »Nietzsche« findet sich in einer Skala der von 1 bis 5:

»NIETSCHE – NITZSCHE – NITSCHE – NÜTSCHE – NIETE«

Selbst der Philosoph *Niete*, kaum mehr glaublich, war kein Scherz und findet sich, so wie die Abwandlung Röckens in »Röbben«, in der Abschrift eines Berichts »Askers« durch besagten Hauptmann Stürmer.[482] Die vom mitteldeutschen Sprachflair herkommende Normalschreib- wie Redeweise in den Akten blieb *Nit(z)sche*. Der notorisch falsch geschriebene Name in den Transkriptionen der Tonbandprotokolle spricht für Ignoranz und Unkenntnis gleichermaßen. Nietzsche war feindliche *Terra incognita*. Das genügte. Wie auch immer geschrieben, wie auch immer verstanden: Er blieb eine Chiffre für etwas Feindliches, historisch, politisch, moralisch.

Hinter all den Unsinnigkeiten und Absurditäten verbirgt sich ein methodisches Problem: Nietzsche und die Stasi. Allein die Heuristik ist hier, anders als in gewöhnlichen Archiven, nicht ohne Hilfe interessierter Sachbearbeiter möglich, ja sie funktioniert nur Dank ihres Enthusiasmus.[483] Einen Vorgang »Nietzsche« oder »Nietzsche-Renaissance« gibt es in den Akten nicht. Das Thema ist weich, wenn man so will. Niemand wurde wegen eines Nietzsche-Zitats verhaftet, aber es konnte auffällig werden, wer sich mit Nietzsche in Unter- und Hintergründen bewegte. Die Recherche führt über sachliche und persönliche Provenienzen: Neben Harich, der Bände füllt, gab es die operativen Vorgänge zu den Röckener Pfarrern und Magdeburger Theologen, zu Weimarer Archivaren, einzelnen Professoren und Nietzsche-Enthusiasten wie Rolf Schilling. Auch über Schlagworte kommt man weiter, »spätbürgerliche Philosophie« ist beispielsweise ein solches. Überall gab es Beobachter und Berichterstatter, teils nebeneinander übereinander berichtend, ohne voneinander zu wissen. Man hat es mit einer merkwürdigen Art von stiller Post zu tun. Im Durcheinander des formellen und operativen Durchdringens verschiedener Sphären von Staat, Kultur und Gesellschaft konstituierte sich der versteckte Nietzsche-Diskurs als waberndes Gerücht und es zeigt sich nebenbei, wie wenig effizient bis sinnlos die ideologiepolizeiliche Funktion der Stasi – zumindest in diesem Fall – sein konnte. Zuletzt spiegelt sich im so verzerrten Porträt Nietzsches die polykratische Verwirrung staatlicher Instanzen und Trägerfiguren. Der Denker chaotisierte, und sein Geist war nicht zu töten.

Röcken in den 1970er und -80er Jahren. Der Wanderer und sein Schatten. »IM Asker«, der Dichterfreund und Nietzsche-Beobachter, ist zuletzt Teil der feierlich gestimmten Anhängerschar des Philosophen, die zu ihren alljährlichen Treffen ans Röckener Grab zieht. Selbst der freundliche Fahrer, Schillings »erster Wagenlenker«, ein Nordhäuser Zauberkünstler, ist IM. In den Berichten wird Schilling unter dem Operativen Vorgang (OV) »Poet«[484] geführt, wechselweise wahrgenommen als staatsfeindlicher Hetzer, intellektueller Spinner, einsamer Esoteriker oder auch nur Psychopath, der allerdings über keinen Geringeren als Ernst Jünger westlich vernetzt war, rezensiert wurde und sogar einmal im »Rheinischen Merkur« publizierte.[485] »Askers« Dossiers lesen sich in Sachen Nietzsche durchaus kritisch instruktiv, bisweilen einfühlend und jedenfalls immer kundig. Er kennt und verehrt Schilling, womöglich auch ein wenig Nietzsche selbst. Neben mancherlei persönlichen Informationen zu den Observierten – Schilling will sich und die Seinen, und das bestätigen »Askers« Steckbriefe, anders sehen als »die Seichten und Lauen, die Satten und Angepassten, die ›Normalen‹ und die ›Gesunden‹«[486] – finden sich auch zu Nietzsches Denken Bewertungen und Stimmungen. So wird Hauptmann Stürmer von »Asker« zur Biografie des Philosophen und zu möglichen Lesarten seines Denkens in Kenntnis gesetzt. Die Tonbandabschrift hat dem Führungsoffizier, wie man sieht, einige Mühe bereitet (Rechtschreibung beibehalten):

»*N.-Friedrich-Wilhelm, 15.10.1844–25.8.1900, Philosoph und Lyriker, Atteist, Vorl. der imp. nystisch irationalen Lebensphilosophie und damit bedingt auch der faschistischen Ideologie. Er lebte seit 1889 in geistiger Umnachtung. Nitzsche vertrat in seinem Werk ›Willen zur Macht‹ die bestimmende Kraft in der Welt. Er forderte die Bourgeoisie auf, ihre humanistischen und demokratischen Ideale zu verwerfen. Er bekämpfte die revolutionäre Arbeiterbewegung von der Position einer aristokratischen Elitetheorie und Herrenmenschenmoral. N. Philosophie enthält zwar Kritik an der bürgerlichen Gesellschaft, mündet jedoch als Revolution von rechts in imperialistische Aggressivität. Von ihm wurden später viele spätbürgerliche Schriftsteller beeinflusst.«*

Den Feststellungen der marxistischen Literaturwissenschaft, die »Asker« hier im Wesentlichen übernimmt, werden Passagen aus einem gerade erschienenen Wegweiser zur Weltliteratur des Münchner Verlags Artemis & Winkler gegenübergestellt. Angesichts der Werke Nietzsches könne man auch fühlen,

»wieviel tiefer und lebensnäher seine Einsichten sind als seine [...] *prophetischen Aussagen. Es hieße, Nietsche einseitig zu verfälschen, wenn wir nicht allen Nachdruck darauflegten, dass er eben auch ganz anders verstanden werden kann, als er nun einmal in Deutschland verstanden wird. Vergessen wir nicht, dass zahlreiche Geister höchsten humanistischen Ranges in der gesamten Welt durch seine Schule gegangen sind.«*[487]

»Asker« kommt über diese differenzierten Instruktionen auf sein eigentliches Amt zurück, das mit der hier wie dort angedeuteten ästhetisch (-humanistischen) Rezeption Nietzsches – er ist oder darf mehr sein als nur politischer Vordenker – zu tun hat. Denn eben diese Einstellung finde sich auch bei der zu observierenden Zielperson »Poet«. Schillings Auffassungen entsprächen eben den in der »Springerschen Publikation« geschilderten Positionen voll und ganz. Bezeichnend sei darüber hinaus, so »Asker«, dass »Poet« zu Nietzsche gekommen sei, nachdem und obwohl er marxistisch-leninistische Philosophie studiert habe, »also doch zutiefst von der Widersinnigkeit bürgerlicher Philosophie überzeugt sein müsse.« Brav pädagogisch, fast wie ein sozialistischer Pionierleiter, wird dann aber doch der Hoffnung Ausdruck gegeben, kritische Einsicht und Abkehr durch wiederholte Gespräche mit Schilling erreichen zu können.[488] Der aber hörte nicht zu, steigerte sich über die Jahre in immer elegischere Nietzsche-Selbstgespräche, in der »Stunde des Abschieds, Stunde für Träume und weite Gedanken, für Blicke hinter den Schleier – Mittag in Röcken, später August.«[489] The show must go on. »Asker« trug dazu erheblich bei, indem er vorgab, höchst selbst in die Rolle des ästhetischen wie politischen Erziehers schlüpfen und damit das Röckener Stillleben mit Philosophen und selbsternanntem Dichterfürsten beherrschen zu können – eine Strategie, die die Behörde in Sicherheit wog und dabei die eigenen Freiheitsgrade nicht aufhob. Die Besuche gingen ungestört weiter und nichts geschah. Es blieb dabei: Schilling redete und »Asker« informierte.

Die Röckener Stasiprotokolle machen am Ende deutlich, wie aufwendig und zugleich ineffizient die Behörde hier und auch sonst nicht selten arbeitete. Obzwar alle Hoffnungen der Initiatoren auf einen steigenden Zuspruch ihrer Nietzsche-Treffen (auch »Asker« wäre das lieb gewesen!) vergeblich blieben, hielten die Spitzel treu zur Stange. Jahr für Jahr wartete man auf Studenten aus Halle oder Jena, verzögerte den Beginn der Lesungen am Grab des Philosophen, weil mit dem nächsten Leipziger Bus vielleicht noch ein paar Interessierte mehr hätten ankommen können. Es kam aber niemand. Für größere Kundgebungen, zumal politischer Art, taugte Nietzsche ebenso wenig wie sein Exeget. Die IMs waren überrepräsentiert im »auserwählten Kreis« des von Schilling im Anschluss an Stefan George beschworenen »Holden Reiches«.[490] Jede Menge Berichte, Tonbandaufzeichnungen, Abschriften, Missverständnisse, wie gehabt, und viel Arbeit. Nietzsche laugte das System nicht nur als chaotisierender Stichwortgeber, sondern auch ökonomisch aus.

Bleiben Röcken und seine Pfarrer. Von seiner Kirche ließ Pfarrer Curt Stauss in den 1970ern einige tausend Postkarten anfertigen. Die Gräber sieht man am Bildrand, exponierter ging es nicht. Vom Verkauf an Gäste und Liebhaber ließ er die Grabstätte des Vaters restaurieren und die Anlage pflegen. Mehr war nicht möglich. Die Kirche hatte kein Geld, der

Staat keine Lust. Als das Museum Weißenfels im Mai 1970 bei den NFG in Weimar anfragte, wie mit dem wachsenden Nietzsche-Interesse (West) und einer notwendigen, das Ansehen der DDR nicht schmälernden Pflege der Grablege umzugehen sei, kam der Bescheid, dass Denkmalpflege und kirchliche Organe zwar zu einem der Sache dienenden Einvernehmen kommen sollten. Jedoch sei eine besondere Zuwendung für den Nietzsche-Ort durch etwaige staatliche Instanzen oder »örtliche Organe«

> *»wohl nicht in Übereinstimmung zu bringen mit der Aneignung des humanistischen Erbes und der kritischen Auseinandersetzung mit antihumanen Auffassungen, die zweifellos bei Nietzsche in ausgeprägtem Maße vorhanden sind. Gewiss wird eine wissenschaftlich-kritische Auseinandersetzung mit dem Werk Nietzsches, das in unverantwortlicher Weise von den mit seinem Nachlass Betrauten verfälscht worden ist, ihm Gerechtigkeit widerfahren lassen. An eine Umfunktionierung ist aber unter keinen Umständen zu denken, da sie allen historisch-wissenschaftlichen Einsichten, die bisher gewonnen wurden, widersprechen würde.«*[491]

Nur wenige interessierten sich für seine Kirche, erzählt Stauss. Nietzsche war Zugpferd. Der Pfarrer ist ein Kenner und Nietzsche-Leser. Das sei unter Theologen gar nicht so selten gewesen, meint er. Den »Freund-Feind«, der trotz Antichrist-Attitüde immer irgendwie Prediger geblieben war, weiß Stauss auch als Kirchenkritiker zu schätzen. Das hatte er bei Reiner Bohley gelernt. Überhaupt führen von Röcken die Wege zu einer eigenständigen kirchlichen Rezeption, in den 1980ern dann getragen vor allem von Bohley und der Magdeburger Gemeinde. Hier fand im April 1982 eine wiederum gut überwachte Konferenz statt: »Der missbrauchte Philosoph – Wiederentdeckung von Friedrich Nietzsche«. Man fragte, warum sich gerade »heute viele Menschen, besonders aus der jüngeren Generation [...] dem lange Zeit verfemten Philosophen zuwenden«[492]. Es ging, und das interessierte die Jugend mit oder ohne Nietzsche, um politische und weltanschauliche Alternativen zum oder im real existierenden Sozialismus. Stauss war auch mit dabei, kennt die damaligen Initiatoren und ihre Schwierigkeiten mit Nietzsche und der Staatsmacht. Dem lakonischen und mit Augenzwinkern auf die Jahre ihres Zusammenseins im alten Pfarrhaus zurückblickenden, erstaunlich jung gebliebenen Mann verdankt der tote Nietzsche mehr als man denkt. Vielleicht retteten ihn Stauss und seine Kollegen vor und nach ihm ja sogar vor dem Vergessen und einer kulturrevolutionären *damnatio memoriae.* Im kleinen Pfarrdörfchen wirkten die Protestanten jedenfalls für ihren Nietzsche. Was blieb ihnen auch Anderes übrig? Jürgen Teller hatte in seinem Plädoyer für eine Weimarer Sterbenische auch schon von jenem »feinen Sinn für das konkret-historisch Mögliche« gesprochen, der für alle auf dem Territorium der DDR liegenden Nietzsche-Orte zu entwickeln sei. In Röcken besorge das der »Dorfpfarrer – paradoxerweise für den erklärten Antichristen und Antipfaffen«, in Weimar niemand.[493]

Postkarte Röcken Dorfkirche,
H. C. Schmiedicke, Kunstverlag Leipzig

Bei aller Aufbruchstimmung, nicht nur im kirchlichen Verhältnis zum schwierigen Denker, darf nicht vergessen werden, dass auch die subversivste Vergegenwärtigung im geschlossenen Denkraum des SED-Staates einem ungeschriebenen Gesetz zu folgen hatte: Wo immer man im Öffentlichen auf Nietzsche und seine Philosophie zu sprechen kam, hatte dies unter der Maßgabe prinzipieller Kritik zu erfolgen.[494] Ansonsten wäre es der Macht ein Leichtes gewesen, jegliche Nietzscheregungen mit dem Verdikt des Faschismus zu belegen und so rigoros zu unterbinden.

Bei der Stellenzuweisung hatte man Stauss 1974 gefragt, »ob er denn etwas dagegen habe, nach Röcken zu gehen?« Er wusste, wie das gemeint war und worauf er sich einließ, war aber neugierig auf das besondere Örtchen. Er zog hier unter ein Dach mit dem unzeitgemäßen wie unbehausten Philosophen. Der heute in Wittenberg als Beauftragter des Rates für Seelsorge und Beratung von Opfern der SED-Kirchenpolitik tätige Pfarrer erzählt wie Heidemarie Thamm von Nietzsche-Enthusiasten und -Jüngern, aber auch von Schulkindern, die Nummernschilder von Westwagen notieren mussten, während Harich in Berlin über die »CD-Limousinen« (meint *corps diplomatique*) und den nach Röcken pilgernden »literarischen Snob« wetterte. Der Trabi, der ihn zu den recht und schlecht besuchten Gottesdiensten auf die Dörfer brachte, stand im Stall neben dem Pfarrhaus, nach 1990 erstes Museum. Vor allem traf Stauss immer wieder ausländische Wissenschaftler und Interessenten: Podach, Montinari, Salaquarda, das Ehepaar Jens, Filmemacher, Diplomaten aus der Amerikanischen oder Japanischen Botschaft in Berlin. Von der Staatssicherheit wurde er sehr passend in einem *Operativen Vorgang* »Diplomat« erfasst und der Spionage verdächtigt.[495] Auch Franz Fühmann war einmal da und hat ihm geschrieben, zu Nietzsches Wirkung auf seine eigene Literatur. Aus Stauss' Akte erfährt man wieder Oberflächliches und Halbwahres zu »Nitzsche« (hier fast durchweg so) und über diverse Kontakte vor Ort, etwa zu Werner Ross, Nietzsches Biografen:

> »*Aktennotiz, Weissenfels, 31.1.1980. Über den Bürgermeister der Gemeinde Röcken konnte ich in Erfahrung bringen, dass Pfarrer Stauss sehr gute Beziehungen nach der BRD und auch nach Österreich hergestellt hat. In Österreich hat er angeblich einen Freund, der Professor sein soll* [...] *erarbeitet angeblich gegenwärtig eine Biografie über Nitzsche. Ein Exemplar davon will er dem Bürgermeister zuleiten, sobald er im Besitz dieser ist. Stauss hätte den Bürgermeister gefragt, welchen Standpunkt er zu Nitzsche vertritt. Der vorhergehende Bürgermeister hätte gesagt, es wäre verboten über Nitzsche zu sprechen. Im März dieses Jahres wird der Professor angeblich hier zu Besuch zum Pfarrer Stauss kommen.* Handschriftlich: *Der Stellv. Inneres wurde darüber informiert.*«

Der Spionageverdacht war wohl zugleich Schutzschild für den Pfarrer. Zu gut, zu gefährlich, zu westlich vernetzt. Die Sache musste auf kleiner Flamme gehalten werden. Werner Ross' Biografie, *Der ängstliche Adler*, erschien im selben Jahr. Der Verfasser, kein Österreicher, sondern Deutscher, war Schulleiter und Direktor des Goethe-Instituts in Rom gewesen, später Honorarprofessor für vergleichende Literaturgeschichte in München geworden. Die Informantin wusste es nicht genau, wie so viele der Berichterstatter es eben nicht so genau wussten oder wissen wollten. Bei Stauss fielen laut Berichten alternative kirchliche Jugendarbeit, ökologische und Friedensaktivitäten mit der Pflege der Nietzsche-Grablege zusammen. Dem IM gegenüber erklärte er dazu (diplomatisch), »er habe keine Absicht, eine Nitzsche-Gedenkstätte zu schaffen, aber Grabpflege sollte auf jeden Fall durchgeführt werden«, denn es sei doch so, dass unter den »Nitzsche-Verehrern« des In- und Auslandes auch »Geschichtsforscher mit marxistischer und christlicher Weltanschauung« Interesse am Philosophen zeigten. Auch sprach er die Bitte aus, »die Kirche in Röcken in die Denkmalspflege des Kreises einzubeziehen, da sie historischen Wert habe.«[496]

Sein Nachfolger Reinhard Creutzburg, 1981–89 in Röcken tätig, erlebte die gelegentliche Nietzsche-Kundschaft nicht ohne ein gewisses Unbehagen. Fremde feierten da im August oder Oktober, der sächsische Herbst kann golden sein, in seinem Kirchgarten den so unendlich Kirchen- und Systemfernen. Man saß auf der Wiese, trank Wein, las und deklamierte Nietzsche. Aber da war nicht viel Politisches, keine Erregung öffentlichen Ärgernisses. Die Staatssicherheit feierte wie gehabt immer mit. Steffen Dietzsch, vor 1989 Philosoph und Philosophiehistoriker an der Akademie der Wissenschaften, erzählt von herbstlichen Besuchen des Röckener Grabes (der August blieb für Schillings Auftritte reserviert) und einer Beziehung zu Nietzsche *jenseits von Dissidenz versus Dogmatik*[497].

Creutzburg wurde eines Tages die Urkunde über den Denkmalschutz für die »Grabstätte Nietzsche im Süden der Röckener Kirche« eingehändigt – »wegen seiner geschichtlichen, künstlerischen bzw. wissenschaftlichen Bedeutung für die sozialistische Gesellschaft«, wie es in der Begründung überraschend hieß. Ausstellungsdatum Silvester 1986, heute im kleinen Museum zu bewundern. Jetzt bestand laut Urkunde nicht mehr nur die Möglichkeit, sondern die »Verpflichtung, das Denkmal der Öffentlichkeit zugänglich zu machen.« Der Pfarrer las zweimal und traute seinen Augen nicht, als er den Empfang per Unterschrift zu bestätigen hatte. In Röcken gab es bereits damals diverse Ängste vor einer möglichen Abbaggerung durch die näher rückenden Braunkohletagebaue aus Leipzig und Umgebung, politisch motiviert womöglich. Jetzt atmete man auf. Bei energiepolitischen Entscheidungen hätte die staatliche Denkmalpflege, wie heute wahrscheinlich auch, wohl immer das Nachsehen gehabt, so dass Befürchtungen, Nietzsche könnte politischen Abbaggerungsgelüsten zum Opfer fallen, gewiss nicht unbegründet waren. Die erfolgte Unterschutzstellung noch zu DDR-Zeiten basierte auf der Ausweitung des Denkmalbegriffs auf Geschichtsdenkmale nach 1972, im Falle Nietzsches eines »Denkmals der Kulturgeschichte«. Das Röckener Pfarrhaus als Geburtshaus sowie die Grabstätten der Familie Nietzsche wurden so bereits um 1977 als »Kulturdenkmale« erfasst und auf die Denkmalliste des damaligen Kreises Weißenfels gesetzt. Unter insgesamt 216 Einzelposten eher am Ende (vielleicht um wenig Aufsehen zu erregen) erhielten sie dann per Ratsbeschluss des Kreistages vom 21. Mai 1982 den gesetzlichen Denkmalstatus.[498] Dass noch etwas von dieser Kreisliste nach oben durchsickerte und die Entscheidung durch Einwände aus Halle oder Berlin verzögert wurde, ist nicht ausgeschlossen (Harich und Hager jedenfalls hatten ihre Informanten) und würde den langen Zeitraum zwischen Beschluss und Benachrichtigung erklären. Eine politische Einflussnahme auf die Unterschutzstellungen ist allerdings wenig wahrscheinlich, rückte doch die institutionelle Denkmalpflege und hier vor allem der städtebauliche Denkmalschutz erst ab Mitte der 1980er Jahre stärker in den kulturpolitischen Fokus der SED.

Partei und Staat blieben Nietzsche gegenüber auf Distanz, was in Röcken bis heute spürbar ist und bekanntlich auf Gegenseitigkeit beruht. »Das kälteste aller kalten Ungeheuer« wider den Freigeist. Noch immer kümmert sich keine Landes- oder gar Bundesstiftung. Und die Kirche hat immer noch kein Geld, in Röcken jedenfalls nicht. Noch im Frühjahr 1990 fragte sich Creutzburg in einem Brief an Martin Pernet, wie sich wohl die politische Wende auf Nietzsches Orte in der verdämmernden DDR auswirken würde. »Wie ich höre, gibt es bereits in Weimar große Pläne.

Allerdings glaube ich nicht, dass sich am baulichen Zustand der Röckener Gebäude bald etwas verbessern könnte, denn sie sind Eigentum der dortigen Kirchgemeinde, die weder früher noch heute über große finanzielle Mittel verfügt.«[499] Der Pfarrer wusste: Man kochte auf kleiner Flamme – in Sachen Nietzsche wie auch in der Kirchenarbeit. In den ruinierten Gotteshäusern des Sprengels lauschten zumeist kaum noch ein Dutzend Leute den Predigten – ein paar alte Bäuerinnen, ein versprengter Leuna-Arbeiter, der Landarzt vielleicht. Creutzburg, der in Halle noch 1989 mit einer Arbeit zum religiösen Sozialismus in der Weimarer Republik[500] promoviert wurde, wagte es einmal, im Schaukasten der Pfarrgemeinde ein Nietzsche-Bildnis auszustellen. Wenig später war die Scheibe eingeschlagen und das Bild entwendet. Der nachdenkliche Kirchenmann vermutet Liebhaberklau,[501] vielleicht war es ja auch ein Gesandter Harichs, der gerade in der Berliner Brechtbuchhandlung randaliert hatte, nachdem er den *Ecce homo* in deren Schaufenster ausgestellt sah.

Wohlmeinende Gäste aus dem Westen schenkten den Pfarrern mit Vorliebe Nietzsche im *Goldmann-Klassikerformat*. Für einen solchen *Zarathustra* hatte ich im Dezember 1989 in Kronach 16,80 meiner 100,– DM Begrüßungsgeld versetzt. Beim damaligen Schwarzmarktkurs wären das über 130 Mark der DDR gewesen. Brötchen und Bücher kosteten mehr im Westen, weil sie mehr wert waren. Durch Vermittlung des Freiburger Politologen Wilhelm Hennis, der Röcken 1987 besucht hatte, bekam Pfarrer Creutzburg die Kassette der *Kritischen Studienausgabe* (KSA), die fortan die Pfarrbibliothek zierte und heute noch zum musealen Fundus gehört. Der Münchner Verlag hatte sie in der Hoffnung gestiftet, dem Pfarrer wie dem Nietzsche-Ort mit dieser Spende helfen zu können. »Immerhin«, so hieß es am Schluss des Schreibens, »Röcken ist ein denkwürdiger Ort, und das Pfarrhaus eine denkwürdige Stätte. Auch für uns ist es eine Ehre, dort als Verlag mit diesem Werk vertreten zu sein.«[502] Creutzburg erwähnt im Dankschreiben erfreut, dass die Sendung zwar geöffnet und somit »kontrolliert« worden, aber doch unversehrt angekommen sei. Wenn Sie, so schrieb er nach München, »unseren Schriftstellerkongress im Dezember 1987 verfolgt haben, werden Sie wissen, wie umstritten die Haltung zum Erbe Nietzsches bei uns ist.«[503] Noch längere Zeit nach dem

Ende der DDR standen die geschenkten *Nietzscheana* in einem unscheinbaren schwarzen Schrank des Pfarrhauses und Heidemarie Thamm erinnert sich an einen Besuch Manfred Riedels Ende der 1990er Jahre, dem es so gar nicht gefiel, seine Bücher »in so einem dunklen Schrank« (wie dem Giftschrank der Philosophischen Sektionen Halles oder Leipzigs vor 1989) verwahrt zu sehen.[504]

Seinen Briefwechsel mit Interessenten und Wissenschaftlern hat Creutzburg gut aufbewahrt. Wilhelm Hennis, den ich in Jena im Wintersemester 1991/92 noch als Gastdozent mit einer fulminanten Vorlesung zu Max Webers Fragestellung hörte, fühlte sich durch die Begegnung am Ort im Sommer 1987 in seinem Interesse an Nietzsche bestärkt. Wieder zu Hause, schrieb er dem Pfarrer, welch ungewöhnliches Erlebnis ihm der Aufenthalt in »Ihrem – Nietzsches – Hause« für ihn gewesen sei. Intensiver hätte er sich mit Nietzsche

> *»erst in den letzten Jahren im Zusammenhang mit Max Weber beschäftigt. Für eine jugendliche Nietzsche-Schwärmerei war es bei mir also zu spät. Aber gerade deshalb war das Erlebnis vielleicht besonders anrührend. Ein solcher Mensch konnte wohl nur aus einem deutschen Pfarrhaus kommen. Gewiss ein Apostat – aber ist sein ganzes Werk nicht eine leidenschaftliche Klage darüber, in eine solche Lage gekommen zu sein. Und wie hat es dahin kommen können? – Das treibt ihn genauso um, wie Weber die Frage nach den Ursprüngen des modernen Rationalismus. Ich schicke Ihnen meine kleine Abhandlung[505] mit gesonderter Post.«*[506]

Über viele Jahre korrespondierte Creutzburg mit Martin Pernet, der wie Reiner Bohley zu Nietzsches christlichen Kindheitsmustern forschte[507] und Röcken öfter besucht hatte. Anfang 1990 war der Schweizer Pfarrer noch einmal da. Die Kirche sah nach einem Unwetter sehr mitgenommen aus. Das Dach war teilweise abgedeckt. In seinem Brief an Creutzburg, der inzwischen nach Stendal gewechselt war, gab Pernet seiner Hoffnung Ausdruck, dass Röcken nach den politischen Umwälzungen nun auch endlich ein »Anziehungsort für Touristen mit entsprechender Infrastruk-

Evangelische Kirche Pobles, 2011

tur« würde. Man habe auch Pobles aufgesucht, den malerischen, aber völlig heruntergekommenen Kirchflecken, wo schon Nietzsches Großvater und noch Stauss und Creutzburg gepredigt hatten:

> »*Aber der Eindruck war einfach niederschmetternd. Der Zustand der Kirche unbeschreiblich – Sie werden es dem Herrgott gewiss auch schon geklagt haben! – und der Friedhof! Ein junger Bauer sagte uns wörtlich: ›Das wollten wir alle nicht. Das waren die Kommunisten!‹ – Nun, dahin werde ich nie wieder zurückkehren. Ich wähnte mich im frühen 18. Jahrhundert. Ist das der Ort von Pfr. Oehler? Er wird sich im Grab umgedreht haben!*«[508]

Ähnlich empfand wenig später Wulf Kirsten bei einem Besuch des »weltverlorenen Großvaterdorfes«. Im damaligen Zustand, so dichtete er seine »Märchenhafte Geschichte«, hätte es von Nietzsche selbst erdacht sein können: »wie es so grabesstill / und gespenstisch zur nacht gebettet liegt. / das sprachlose Pobles, in sich versunken, erdwärts / zusammengerutscht in die schuttkegel / aller irdischen vergänglichkeit, längst / aus der welt herausgenommen. die wuchtige dorfkirche / nur mehr ein torso.

abgetragen turm und dach. / ausgebrochen die fenster. ein denkmal / für wahrträume, in dem der mond / je nach belieben fratzen schneidet. / unter den schuhen knirschen die scherben. / die gruft der Edlen von Kleefeld geschändet / von grabräubern. die särge aufgebrochen. / die gebeine wahllos verstreut. der lichtkegel / einer taschenlampe lehrt uns das gruseln.«[509]

Ende Juli 1990, unmittelbar nach der Währungsunion, meldet sich Pernet noch einmal bei Creutzburg. Man freut sich über die Öffnung und Freizügigkeit, gerade für die Nietzsche-Forschung, steht dem politischen Wandel aber reserviert gegenüber. Die deutsche Einheit ist nahezu gemacht. »Ich hatte mir wohl gedacht«, so schrieb der damals 35-jährige Pernet,

> *»dass aus Sicht von intelligenten Bürgern/innen aus der DDR die BRD-Übernahmementalität kaum mit Freude akzeptiert wird. Es gibt doch wirklich noch mehr Werte als nur die DM! Selbstverständlich verstehen wir auch, dass die Menschen in der DDR nun endlich auch alle möglichen Freiheiten, einen für geleistete Arbeit entsprechenden Lohn erhalten sollen. Doch traurig genug, dass den BRD-Politikern die DDR gerade gut genug ist, ihr ramponiertes politisches Mandat mit Zusatzstimmen aufzudonnern! Aber, um ehrlich zu sein, Herr Kohl macht ja wirklich keinen intelligenten Eindruck!«*[510]

Das abgewandelte Schlafrock-Gedicht dazu, die Verhunzung hätte mir Nietzsche sicher übelgenommen, ginge vielleicht so:

> »Kam trotz drückendem Gewande / Leipzigs Volk einst zu Verstande / weh', wie hat sich das gewandt! / Ledig grad der strengen Kleider / überlässt's schon wieder einem Schneider / nämlich Helmut den Verstand.«

Und zu Angela Merkel ließe sich dann *Biedergewand über Migrantenland* reimen, oder so ähnlich. Die neue deutsche Änderungsschneiderin im strammen Hosenanzug am Ende des deutschen National- und Sozialstaats Bismarckscher Prägung.

1990 lag auf den Nietzsche Gräbern an der Dorfkirche Leunas Ruß wie schwarze Patina. Noch einmal half die List der Vernunft der Nietzsche-Aneignungsmühsal: Dorothee Berthold, Gedenkstättenenthusiastin und ABM-Kraft an der Seite der Pfarrer, schmirgelte die Grabplatten an der Kirche in mühevoller Kleinarbeit wieder frei und atmete auf. Denn Jugendliche hatten in die schwarze Kruste Herzchen und Pfeilchen eingraviert, dazwischen auch Hakenkreuze. Unter der Staubschicht allerdings hatten sich die Marmorplatten und ihre Inschriften bestens erhalten.

Es ging damals um die Vorbereitungen zu Nietzsches 90. Todestag, der im letzten Röckener Sommer der »Noch-DDR«, wie es in der Presseankündigung hieß, mit Vortrag, Kolloquium im Garten und Gründung einer Interessengemeinschaft begangen werden sollte. Der neue Pfarrer Hans-Jürgen Kant hatte neben der Edelsozialistin Vera Oelschlegel, die den Mistral, wie gegen Harich persönlich, deklamierte, einen Referenten Hermann Josef Schmidt aus Dortmund eingeladen, rheinischer Katholik und guter Bekannter des eben verstorbenen Reiner Bohley, der wie dieser Nietzsches Kindheitsmuster eingehend behandelte. Neugierige Dorfbewohner begegneten daneben den Hallenser Kennern *spätbürgerlichen Denkens*, Hans-Martin Gerlach und Ralf Eichberg. Und auch der Ilmenauer Renegat Rolf Schilling und sein Eckermann »Asker« waren wieder vor Ort. Schilling hatte noch einmal seine Rede von 1976 herausgeholt. Ein Film-Team/West und ein sichtlich irritierter FAZ-Journalist hörten zu.[511] Bizarres Festtagsszenario. Alte und neue Fronten im Kampf um das »Jahrhundertmissverständnis«, versteckte und offene Deutungsmachtansprüche, beleidigte Eitelkeiten, *Menschliches Allzumenschliches*. Erich Honecker feierte seinen Geburtstag an jenem 25. August 1990 in Schutzhaft in einem sowjetischen Militärhospital.

Nietzsche verhieß damals immerhin Freiheit und dem, der sich nichts vormachte, das Ende des realen wie utopisch existierenden Sozialismus, zumindest hier im mitteldeutschen Flachland. Heute ist Röcken ein idyllischer Ort, scheinbar politisch entrückt, so wie eh und je. Eh man ihn bemerkt, ist man schon durchgefahren. Die Stasi ist weg, die Pfarrer sind es auch. Im Museum gibt es Nietzsche-Ausgaben, Postkarten, witzige Souvenirs. Für Schilling übrigens ist das, was nach 1989 in Röcken geschah, die »schlimmstmögliche Wendung« der Geschichte: Die Kommunisten, so sagt er, hätten Nietzsche ernst genommen, die Demokraten hingegen verkauften Sammeltassen mit der Aufschrift: *Ich bin kein Mensch, ich bin Dynamit.*[512] Politische Sprengkraft rückläufig, der »gefährliche« Nietzsche tot, so scheint es Schilling zu beklagen. Harich hätte widersprochen. »Du sollst keine Politik treiben«, war ein von Nietzsche formuliertes Gebot des Freigeistes [NF 1875–1879, KSA 8, S. 348].

Dorothee Berthold und Stefanie Jung, eine Leipziger Anglistin, die mit ihrer Familie seit ein paar Jahren das alte Pfarrhaus bewohnt und einen kleinen Förderverein gegründet hat, kämpfen einstweilen weiter gegen die Braunkohle, die Röcken immer noch bedroht. Der Ort ist bunter und populärer geworden durch sie – und kinderfreundlicher. Bund und Land halten sich bedeckt. Die schrägen Vögel kommen immer noch und verwechseln schon mal das hintersinnige Denkmal Messerschmidts mit dem Grab Nietzsches. Es gibt Selfies statt Deklamationen. Im Kirchgarten grasen zwei Ziegen, tiefenentspannt. »Geld ist das Brecheisen der Macht«, zitiert man gegen die Zeitläufte immer noch gern aus dem *Zarathustra* und schimpft auf die tschechischen Teilhaber der Mitteldeutschen Braunkohlegesellschaft (MIBRAG). Das Zitat hing lange Zeit unübersehbar als großes Plakat an einer Hauswand in Röcken, für Nietzsche und seinen Geburtsort. Sozialistischen Denkwirtschaftlern wie kapitalistischen Marktwirtschaftlern zum Trotz.

Klaus F. Messerschmidt, Skulpturengruppe »Röckener Bacchanal« (2000)

ANHANG

Hauptabteilung XX/7 Berlin, 10. 3. 1988

BSTU
0001

A b s c h r i f t

Zur aktuellen Nietzsche-Problematik in der DDR
(Stand 1988 - Februar)

I. Friedrich Nietzsche (1844 - 1900) repräsentiert in seinem Gesamtwerk philosophischer, ästhetischer, moralischer, schließlich politischer Ansichten sowohl die bisher reaktionärste "Antwort" auf die vorangegangene humanistische Aufklärung seit dem sogenannten Mittelalter als auch die zum Teil erstaunliche (besser erschrebkliche!) Vorwegnahme/Voraussicht der extremsten Erscheinungen des Imperialismus, angefangen vom Ausmaß der kriegerischen Auseinandersetzungen bis zur Menschenverachtung/Menschenvernichtung im einzelnen. Der totale "Wille zur Macht" und das Postulat der Heraufkunft des "Übermenschen" vorzugsweise in Gestalt der "Blonden Bestie" sind Grundaussagen Nietzschescher Auffassungen zur Gegenwart seiner Zeit und zur Prognose von Kommenden, das der übrigens schon lange vor der Jahrhundertwende nerven- und geisteskranke Schriftsteller und Philosoph nicht mehr selbst zu erleben wußte.

Im wesentlichen leistete F. Nietzsche seine ihn selbst zerstörenden Denkansätze auf folgenden Hauptrichtungen:

- hinsichtlich der Rolle des Individuums und seines Platzes in der Gesellschaft, wobei N. nur der biologialen "Elite" Lebens- und Herrschaftsberechtigung zuerkannt, während die Masse zum Sklavendienst für diese bestimmt ist und nach Bedarf ohne Skrupel vernichtet werden kann;

- zur Frage des historischen Schicksals von Kultur und Zivilisation, die nach F. Nietzsches Auffassung nur durch die elitäre Diktatur des "Übermenschen" ("Elite") vor dem drohenden Verfall gerettet werden kann. In diesem Zusammenhang entwickelt N. eine auch den Kapitalismus seiner Zeit in den äußerlichen Merkmalen angreifende Kritik, weil die kapitalistische geprägte Kultur die "Dekadenz", sprich: den Verfall der gesunden, positiven Werte fördert und zu allgemeiner Schlaffheit, Genußsucht, geistiger und körperlicher Krankheit zuerst der Besitzenden führt. N. kritisiert dabei auch den sich entwickelnden kapitalistischen Kultur- und Kunstbetrieb, schließlich die spätbürgerliche Kunstszene als ganzes, vor allem die Musik (R. Wagner). Die Kultur- und Zivilisationskritik wird ausgeweitet zur umfassenden Humanismus- und Fortschrittskritik, wobei auch schon einzelne Momente der Umweltbesorgnis auftreten;

Abschrift: Zur aktuellen Nietzsche-Problematik in der DDR (Stand 1988 – Februar)

BSTU
0002

2

- in bezug auf das Verhältnis Krieg - Frieden, wobei N. den Krieg als die eigentliche, biologisch zwingend erforderliche Lebens- und Daseinsform anerkennt. Nur in ihm - dem möglichst zerstörenden, riesige Menschenopfer verursachenden Krieg - liegt die Gewähr für die Erneuerung der menschlichen Rasse, für ihre Erzüchtigung, Bewährung und Höherentwicklung. Der Krieg ist daher direkt anzustreben, bewußt herbeizuführen, und zwar in einem stets wachsenden Zeit- und Größenverhältnis, womit N. praktisch den Typ des imperialistischen Weltkrieges umreißt.

Angesichts dieser Auffassungen war N. folgerichtig ein erbitterter Feind von Arbeiterbewegung und sozialistischer Weltanschauung, dem Bismarcks Positionen bei weitem nicht ausreichten, ja, dem er sogar Kapitulation unterstellte. Es ist daher logisch, daß der faschistische deutsche Imperialismus (aber auch der italienische) sich intensiv auf N. beriefen und dessen Anschauungen mit zu einen der ideologischen ("philosophischen") Quellen faschistischer Theorie und Praxis machten. Die eigentliche Schwierigkeit für das Begreifen der ideologischen Rolle und Bedeutung N. besteht aber darin, daß im Prinzip humanistisch gesinnte Künstler (vor allem Schriftsteller deutscher Sprache) um die Jahrhundertwende aus N. Schriften bestimmte Anregungen zu den Problemen: Persönlichkeit/Triebkräfte des Individuums/ Genie, Begabung/Individual- und Gesellschaftspsychologie/Perspektive der Kultur/Beschaffenheit der Kultur im Kapitalismus/Wesen des Kunstwerkes/Kriterien für Kunst - namentlich Musik - entnahmen. Beeinflußte Künstler/Schriftsteller sind hier unter anderem: Richard Wagner, Thomas Mann, mit Abstand R. M. Rilke, Richard Strauß, Stefan George, schließlich die eindeutig faschistisch geprägten Personen mit künstlerischen Ambitionen.

Man sollte jedoch feststellen, daß es - entgegen unrichtigen Formulierungen offenbar an einer Reihe Hochschulen/ Universitäten auch in der DDR - eine relativ geschlossene, also systembildende Ästhetik Nietzsches etwa im Sinne von Immanuel Kant, G. E. Lessing, F. Schiller, G. F. W. Hegel nicht gibt, sondern lediglich sich oft dazu noch widersprechende Einzel-Sentenzen bzw. ganze Aufsätze wie den "Die Geburt der Tragödie". Ihrem Wesen nach sind dies - bei aller äußeren Eleganz der Inhaltsdarlegung - jedoch vor allem bruchstückenhafte Essays, Aphorismen, Einzelbemerkungen, die jegliche geistige Manipulation ermöglichen. Nicht unerwähnt bleiben sollte der subjektive Widerspruch, daß F. Nietzsche sich auf der Grundlage einer umfassenden humanistischen Bildung gerade zum extremsten Anti-Humanisten entwickelt hat - ein Widerspruch, den Th. Mann später in der Formel aufgelöst hat, daß der übertriebene "Ästhetizismus" den Keim der Barbarei in sich trägt.

Abschrift: Zur aktuellen Nietzsche-Problematik in der DDR (Stand 1988 – Februar)

II. Außerhalb wissenschaftlicher Forschungstätigkeit (Philosophen) haben F. Nietzsches Schriften in der DDR aus prinzipieller antifaschistischer, humanistischer Position keine öffentliche Rolle gespielt. Veröffentlicht wurden seit 1955: die Aufsätze von G. Lukacs zu Nietzsche "Die Zerstörung der Vernunft; Der Weg des Irrationalismus von Schelling zu Hitler" (Aufbau-Verlag Berlin 1955), die Mehring/Lukacs-Aufsätze "Friedrich Nietzsche" (Aufbau-Verlag Berlin 1957), Hans Günther "Der Herren eigener Geist; Ausgewählte Schriften mit einer immanenten Nietzsche-Kritik/Polemik des Autors (Aufbau-Verlag Berlin und Weimar 1981).

Was die Zugänglichkeit zu den Original-Schriften F. Nietzsches betrifft, so verfügen die seit der Jahrhundertwende einstellenden Bibliotheken bzw. Archive im heutigen Gebiet der DDR in der Regel über komplette Werksausgaben, wobei trotz hoher Verlustquote durch Kriegsfolgen und private Aussonderung immer noch ein relativ hoher Stand an persönlicher Verfügbarkeit vorhanden ist. Die Aktivierung einer Nietzsche-Diskussion im nicht eindeutig ideologischen Sinne könnte demzufolge potentiell auch eine bestimmte Aktivierung antihumanistischer, faschistischer Tendenzen in gewissen Kreisen hervorrufen.

Die 1987 von der Zeitschrift der AdK "Sinn und Form" durch Aufsätze von Pepperle und Harich ausgelöste Diskussion zu F. Nietzsche, die ihre Fortsetzung in den Stellungnahmen von Hermlin und H. Kant auf dem X. Schriftstellerkongreß der DDR gefunden hat, offenbart dabei äußerst widersprüchliche Momente, deren Beachtung durchaus in den Bereich politisch-ideologischer Aufmerksamkeit und notwendiger Wachsamkeit gegenüber schädlichen Ausuferungen führt.

Positionen:

1. Dem die Diskussion einleitenden Beitrag von Heinz Pepperle "Revision des marxistisch-leninistischen Nietzsche-Bildes" in "Sinn und Form" 5/1986 kann eine prinzipienlose Nietzsche-Belebung nicht unterstellt werden, wenngleich der Autor den Gedanken entwickelt, Nietzsches Schriften neu zu durchforschen und damit auch zu Ansätzen einer Umbewertung mancher Ideen des seiner Meinung nach bisher zu undifferenziert gewerteten reaktionären Philosophen aus der zweiten Hälfte des 19. Jahrhunderts zu kommen. Dabei wird vor allem der Bereich der Kultur- und Zivilisationskritik Nietzsches und ihr eingeschlossen dessen Persönlichkeitskonzept berührt.

Abschrift: Zur aktuellen Nietzsche-Problematik in der DDR (Stand 1988 – Februar)

BSTU
0004
4

Hierzu ist grundsätzlich festzustellen, daß der philosophischen und sonstigen Forschung diese Aufgabe nicht verwehrt werden kann, wenn dabei von den tatsächlich gesicherten weltanschaulichen Positionen von Proletariat und Arbeiterklasse (realen Sozialismus) gegenüber F. Nietzsche ausgegangen wird. Vermutlich sind aber wesentliche neue Erkenntnisse zu F. Nietzsche gar nicht mehr zu erwarten. Dagegen könnten gewisse Präzisierungen als Stärkung der eigenen wissenschaftlichen Argumentationskraft für die sich tendenziell belebende internationale Nietzsche-Diskussion von Nutzen, ja tatsächlich sogar zwingend sein. Ein maßvoller, im Gegenstand konkreter Austausch von Spezialisten-Standpunkten muß daher in Fachzeitschriften ("Deutsche Zeitschrift für Philosophie"/ "Sinn und Form") für durchaus gerechtfertigt gehalten werden.

2. Die diesbezügliche Reaktion W. Harichs in "Sinn und Form" (5/1988, S. 1018 - 1035) muß nach drei Gesichtspunkten als krass überzogen beurteilt werden:

a) es ist wissenschaftlich unzulässig, die wissenschaftliche Beschäftigung mit den Schriften F. Nietzsches generell unter den Verdacht der Legitimierung von dessen Thesen in der sozialistischen Gesellschaft zu stellen;

b) es ist kulturpolitisch ungerechtfertigt, den Eindruck zu erwecken, daß unsere verbreiterte, vertiefte Erbe-Konzeption (mit Luther, Friedrich II. von Preußen, Bismarck) auch die Integrierung F. Nietzsches irgendwie zumindest vorbereiten könnte;

c) es ist speziell literaturhistorisch unangemessen, wenn die Veröffentlichung der Aufsätze Th. Manns aus der ersten Periode des Weltkriegs 1914/18 - gemeint sind vor allem: "Friedrich und die Große Koalition"/"Gedanken im Kriege" als für die DDR "verfassungsfeindlich" erklärt wird, weil in diesen Stellungnahmen - tatsächlich - schwerwiegende chauvinistische, rassistische Momente enthalten sind. - Es braucht hier nicht ausdrücklich entwickelt zu werden, daß die nachfolgenden Positionen Th. Manns solche Auffassungen selbst überwunden haben, so daß sie heute lediglich historisches Material darstellen, das vom Leser selbst entsprechend kommentiert wird.

3. Die sich darauf im Verlauf des X. Schriftstellerkongresses der DDR (November 1987) beziehenden Antworten St. Hermlins und H. Kants waren der sachlichen Auseinandersetzung mit F. Nietzsche (über die Person Harichs und dessen Auffassungen) ebensowenig dienlich, weil sie

Abschrift: Zur aktuellen Nietzsche-Problematik in der DDR (Stand 1988 – Februar)

BStU
0005   5

a) unbegründet unterstellten, daß der ausführlich geäußerte negative Standpunkt Harichs als Einleitung zu einer Wiederzurückdrängung bereits gewonnener Positionen in der differenzierten Beurteilung komplizierter Kunstphänomene (Expressionismus) gedacht sei, womit (zwar unausgesprochen, aber in der Konsequenz) die gegenwärtige Kulturpolitik von Partei (SED) und Regierung auf der Grundlage des XI. Parteitages gemeint sein müßte;

b) Hermlin/Kant einen aggressiven Ton in der juristischen und moralischen Eigenschaft schwerwiegender Beleidigungen gegenüber Harich angeschlagen haben, der solche Einschätzungen enthält, wie "Vernichtungsdrang", "Verfolgungswahn", Pol-Potismus und andere, womit Harich seinerseits wenigstens verbal in die geistige Nähe faschistischer Haltung gebracht worden ist;

kulturpolit. Autokratismus der Wortführer

(totalitär!

c) der zunächst wissenschaftlich relativ eingegrenzten Nietzsche-Diskussion auf diese Weise eine spektakuläre Ausweitung verschafften, die geeignet ist, notwendige philosophische, ästhetische und andere ideologische Klärungen für die konkrete Phase der gesellschaftlichen Entwicklung in der DDR zu überlagern, die Proportionen auch des öffentlichen Interesses nachteilig gegen die gesellschaftlichen Interessen zu verändern.

III. Schlußfolgerungen/Empfehlungen:

- sinnvolle Begrenzung der laufenden Nietzsche-Diskussion und Verhinderung einer uferlosen, d. h. noch andere Zeitschriften/Publikationen erfassenden Erweiterung;

- Unterbindung von Tendenzen "Selbständige" Nietzsche-Interessengruppen an Hochschulen und in anderen Institutionen zu bilden, weil in solchen Fällen die sachkundige ideologische Führung nicht sichergestellt werden kann;

- zuverlässige Kontrolle eventueller neofaschistischer Gruppen wie "Skinhead"-Nachahmer auf dem Territorium der DDR und deren Aktivitäten als Nietzsche-Propagandisten;

- alle Seiten von Politik und Ideologie berücksichtigende verlegerische Entscheidungen in bezug auf die Schriften F. Nietzsches, was zu einer begründeten Zurückstellung schon laufender Vorhaben dieser Art führen kann;

Abschrift: Zur aktuellen Nietzsche-Problematik in der DDR (Stand 1988 – Februar)

BSTU
0006

6

- dementsprechende Weisungen an die öffentliche Ausleihe (Bibliotheken, Archive) ohne Erschwerung berechtigter Forschung durch die Fachwissenschaftler (Philosophen, Ästhetik-Wissenschaftler, Histoeiker, auch Schriftsteller mit nachweisbarem gesellschaftsdienlichem Auftrag).

Ergänzung zu "Nietzsche-Problematik" in der DDR

Die Stellungnahme "Zitiert und kommentiert/Das geht auch uns an" von Haufraed Müller stellt aus christlich-ideologisch wie taktisch richtige Einschätzung der Vorgänge um die F. Nietzsche-Diskussion 1987/88 dar. Sie ist in besonderem Maße geeignet, den humanistischen Bündnis-Charakter gegenüber einer prinzipienlosen Nietzsche-Rezeption (Aneignung) hervorzuheben. Der persönliche Ton gegenüber (Hermlin/Kant) im letzten Satz der Stellungnahme ist kolegial und frei von jeglicher Aggressivität; er ist eingestimmt auf produktiven Dialog und Verständigung zu Maß und Inhalt der Fragestellung "Nietzsche". Klar spricht der Text sich gegen die Öffnung Nietzsches aus, er enthält aberzzugleich keinen prononcierten Einwand gegen wissenschaftliche Arbeit zu diesem Thema.

Abschrift: Zur aktuellen Nietzsche-Problematik in der DDR (Stand 1988 – Februar)

KORRESPONDENZ ROBERTO WELZEL/ MATTHIAS STEINBACH FEBRUAR 2020

Braunschweig, 5. Feb. 2020, 14:30
Lieber Herr Welzel,

in meinen Unterlagen finde ich ein seinerzeit noch von Frau Moritz ausgehobenes Dokument:

Abschrift – Zur aktuellen Nietzsche-Problematik in der DDR (Stand 1988 – Februar); Sign.: MfS – HA XX Nr. 23841.

Es stand wohl seinerzeit im Zusammenhang mit Recherchen zu Wolfgang Harich. Mir fehlt nun der Kontext ein wenig. Könnten Sie mir zu Vorgang/Vorgeschichte/konkretem IM, der berichtet, noch ein paar Takte sagen? Der Informant jedenfalls war außerordentlich kundig, es könnte Heinz Malorny gewesen sein!?

Mit Gruß und herzlich,
Ihr St.

P. S. Das Buch erscheint im Herbst im Mitteldeutschen Verlag sehr exponiert mit Unterstützung der Stiftung Aufarbeitung! Die Mühen haben sich also gelohnt! Danke!

Prof. Dr. Matthias Steinbach
Technische Universität Braunschweig
Historisches Seminar
Abt. Geschichte und Geschichtsdidaktik
Bienroder Weg 97
38106 Braunschweig

Berlin, 6. Feb. 2020, 06:46
Sehr geehrter Herr Steinbach,

vielen Dank für Ihre Mail und dem Hinweis auf das Buch (ein Belegexemplar für unsere Bibliothek könnten Sie mir später gerne übersenden).

In Bezug auf die »Entstehung« beim BStU habe ich anhand unseres Sachaktenerschließungsprogrammes (SAE) folgende Daten zusammengetragen:

Die Information aus der Akte HA XX 23841 stammt von der Hauptabteilung XX, Abteilung 7, des MfS und wurde im Rahmen der manuellen Rekonstruktion beim BStU im Jahre 2005 zusammengesetzt (Hintergrund: Die vom MfS in der Wendezeit vor vernichteten/zerrissenen Unterlagen lagern in Säcken, die von BStU-Mitarbeitern manuell und später dann virtuell zusammengesetzt wurden). Aus dem Sack mit der Nummer 1198 wurden von unseren Archivaren insgesamt 23 verschiedene Informationen der HA XX/7 aus dem Bereich Kunst- und Kulturwesen wieder zusammengesetzt. Unter diesen Informationen befand sich auch die Ausarbeitung zu Nietzsche vom März 1988. Die anderen Informationen betreffen z. B. den Schriftstellerverband, einen Liedermacher und einige Schriftsteller.

Im Jahre 2013 wurde aus der »Nietzsche-Information« eine Akte mit der fortlaufenden Nummer 23941 gebildet und im Zentralarchiv eingeordnet. Im SAE wurde als Titel »Information über den aktuellen Stand der Nietzsche-Problematik in der DDR« eingegeben. Im Enthält-Vermerk steht ergänzend: »Enthält nur: Ausarbeitung zum Philosophen Friedrich Nietzsche (1844–1900) vom März 1988.« Im Zuge von sachthematischen Recherchen zu »Nietzsche in der DDR« wurde dann diese Akte ab 2013 angezeigt.

Die Akte habe ich sicherheitshalber nochmals angefordert, um darin eventuell noch Hinweise auf den Ursprung oder Urheber dieser Information zu entdecken. Sobald sie mir vorliegt, melde ich mich wieder bei Ihnen.

Mit freundlichen Grüßen
im Auftrag
Roberto Welzel
Sachgebietsleiter
Referat AU 5 (Forschung & Medien)
Der Bundesbeauftragte für die Unterlagen des Staatssicherheitsdienstes der ehemaligen DDR (BStU) Karl-Liebknecht-Str. 31/33,
10178 Berlin

Braunschweig, 6 Feb. 2020, 17:20
sehr instruktive info, lieber herr welzel. herzlichen dank dafür.
methodisch zeigt sich doch immer wieder, dass die stasi-problematik ein ding *sui generis* ist und ein aufgehen im bundesarchiv keine gute idee war. beste grüße, ihr st.

Berlin, 10. Feb. 2020, 15:20
Sehr geehrter Herr Steinbach,

die originale Akte liegt nun schon vor und leider ist nicht ersichtlich, wer der Urheber dieser »Abschrift« gewesen ist. Rechts oben steht mit Bleistift »Gen. Hempel«. Er war wohl mit ziemlicher

Sicherheit der Empfänger. Dahinter verbirgt sich der HA XX/7-Mitarbeiter und Offizier für Sonderaufgaben, Hauptmann Herbert Strempel, der einige Jahre zuvor diese Diplomarbeit verfasste:

Strempel, Herbert (HA XX/7; 21. HFL)
Darstellung gewonnener operativer Erkenntnisse über Versuche des Gegners zur Zusammenführung feindlich-negativer Schriftsteller und Kulturschaffender der DDR mit feindlich-klerikalen Kräften zwecks Schaffung einer einheitlichen oppositionellen Bewegung in der DDR unter dem Deckmantel einer vom Staat unabhängigen pazifistischen Friedensbewegung.
Schlußfolgerungen und Orientierungen für die politisch-operative Arbeit zur Abwehr und vorbeugenden Unterbindung dieser Feindangriffe
79 Seiten, 15.3.1983, JHS MF VVS 0001-327/83

Weitergehende Informationen zur Akte konnten nicht eruiert werden.
Mit freundlichen Grüßen
im Auftrag
Roberto Welzel

Berlin, 11. Feb. 2020, 06:48
Sehr geehrter Herr Steinbach,

es gibt wohl den Nietzsche-Ausspruch, wonach es keine verzweifelten Situationen, sondern nur verzweifelte Menschen gäbe.

Diesem Motto folgend habe ich mir nochmals die inhaltliche Übersicht der »Nietzsche-Herausgaben« angesehen und dabei noch einen möglichen »Urheber« ausfindig gemacht:

Für Kurt Hager fertigte der GMS »Rehbein« (= Manfred Buhr) im Jahre 1988 eine Nietzsche-Ausarbeitung an (Herausgabe erfolgte im Mai/Juni 2017 an Sie).

Aufgrund fehlender MfS-typischer Formulierungen, enthaltener Verweise auf die Wissenschaft und Forschung, verknüpft mit »Ratschlägen« für öffentliche Einrichtungen etc. könnte die mit »Abschrift« titulierte »aktuelle Nietzsche-Problematik in der DDR« in der Tat aus dem »Zentralinstitut für Philosophie bei der Akademie der Wissenschaften der DDR« stammen, deren Leiter Manfred Buhr war.

Mit freundlichen Grüßen
im Auftrag
Roberto Welzel

Braunschweig, 12. Feb. 2020 11:13

sie sind stark, lieber herr welzel, merci! buhr wäre meine zweite vermutung gewesen. das dossier kam unmittelbar nach dem philosophiekongress und einer nietzsche-abwehrposition im ND vom 17. januar 1988. ein kleines nietzsche-dankeschön für aufgeweckte freigeister ist unterwegs nach berlin! herzlich grüßt, ihr st.

ANMERKUNGEN

Vorbemerkung

1 Heinz Dieter Kittsteiner: Das Komma von Sans, Souci. Ein Forschungsbericht mit Fußnoten, Heidelberg 2001.

Nietzsche im Gelände – Motive einer Spurensuche

2 Hans-Ulrich Wehler: Deutsche Gesellschaftsgeschichte, Bd. 5: Bundesrepublik und DDR 1949–1990, München 2008, S. XVf.

3 Eingehend mit intellektuell autobiografischen Zügen Manfred Riedel: Nietzsche in Weimar. Ein deutsches Drama, Leipzig 2000. Zum ursprünglich deutschnational apologetischen Diskurs vgl. Bruno Bauch: Der Geist von Potsdam und der Geist von Weimar. Eine Rede bei der von der Universität Jena veranstalteten Feier des Jahrestages der Gründung des Deutschen Reiches, gehalten am 18. Januar 1926, Jena 1926.

4 Summarisch: Georg Lukács: Die Zerstörung der Vernunft, Berlin 1954.

5 Vgl. dazu u.a. Busch, Nietzsche und die DDR, in: Utopie kreativ 118 (2000), S. 762–777; Reschke: Denkumbrüche mit Nietzsche. Zur anspornenden Verachtung der Zeit, Berlin 2000; Riedel: Nietzsche in Weimar; ders.: Zeitkehre. Wege in das vergessene Land, Berlin 1991; Jürgen Große: Ernstfall Nietzsche. Debatten vor und nach 1989, Bielefeld 2010; Steffen Dietzsch: Der Eingeschlossene von Weimar. Zum Umgang mit Friedrich Nietzsche in der NFG, in: »Forschen und Bilden«. Die nationalen Forschungs- und Gedenkstätten der klassischen deutschen Literatur in Weimar 1953–1991, hrsg. von Lothar Ehrlich, Köln u.a. 2005, S. 167–179; ders.: Denkfreiheit. Über Deutsche und von Deutschem, Leipzig 2016.

6 Ernst Troeltsch in einem Gespräch mit Friedrich Meinecke während des Ersten Weltkrieges. Zit. nach Steven E. Aschheim: Nietzsche und die Deutschen. Karriere eines Kults, Stuttgart 1996, S. 137.

7 Vgl. Das Daedalus-Prinzip. Ein Diskurs zur Montage und Demontage von Ideologien. Steffen Dietzsch zum 65. Geburtstag, hrsg. von Leila Kais, Berlin 2009.

8 1859 in Prag gegründeter und in der DDR noch halblegaler Männerbund, der sich die Pflege von Kunst, Freundschaft und Humor auf seine Fahnen geschrieben hatte.

9 Friedrich Nietzsche: Gedichte, mit einem Nachwort von Kurt Hildebrandt, Leipzig 1942, S. 30.

10 Vgl. Wolfgang Wippermann: Die Bonapartismustheorie von Marx und Engels. Stuttgart 1983.

11 Noch während der NS-Zeit plädierte für eine differenzierte Beschäftigung mit Nietzscherezeptionen in »verschiedenen Gruppen des deutschen Volkes«: Franz Neumann: Behemoth. The Structure and Practice of National Socialism. New York ²1944, S. 490.

12 Manfred Riedel suchte und fand nach 1990 derlei Spuren im Gelände, war damit zugleich auf eine radikale Kulturkritik am verdämmernden und nachlebenden DDR-Sozialismus aus: Vgl. Riedel: Zeitkehre.

13 Vgl. Matthias Steinbach: Die Sache mit dem Ofen oder: Der Philosoph friert. Nachträge zu Friedrich Nietzsches südlicher Existenz, in: Ideengeber Nietzsche? Denkentwürfe für die Zukunft, hrsg. von Renate Reschke, Berlin 2014, S. 305–322.

14 Vgl. Eberhard Jäckel: Das deutsche Jahrhundert. Eine historische Bilanz, Stuttgart 1996.

15 Wolfgang Harich: Friedrich Nietzsche. Der Wegbereiter des Faschismus (Schriften aus dem Nachlass Wolfgang Harichs, Bd. 12). Mit weiteren Dokumenten und Materialien hrsg. von Andreas Heyer, Baden-Baden 2019.

Elisabeths Schatten – Weimarer Bestandsaufnahmen

16 Alfred Baeumler: Nietzsche. Der Philosoph und Politiker, Leipzig 1931. Niekisch verkehrte Ende der 1920er in Dresden mit Baeumler, verhalf ihm dort sogar zu einer Professur. Die Beziehung endete, als Baeumler 1932 NSDAP-Mitglied geworden war. Wenig später erwirkte er bei der Gestapo das Verbot der von Niekisch herausgegebenen Zeitschrift *Der Widerstand*. Vgl. Ernst Niekisch: Erinnerungen eines deutschen Revolutionärs, Bd. 1: Gewagtes Leben, Köln 1958, S. 252–254.

17 GSA 72/2627: Schreiben Möckers an das Nietzsche-Archiv, 20. Januar 1948.

18 Harry Graf Kessler: Das Tagebuch. 1880–1937, Bd. 3: 1897–1905, hrsg. von Carina Schäfer und Gabriele Biedermann, Stuttgart 2004, hier der Eintrag vom 7./8. August 1897. Vgl. auch Friedrich Nietzsche. Chronik in Bildern und Texten, hrsg. von Raymond J. Benders, München 2000, S. 799f.

19 Elisabeth Förster-Nietzsche: Der junge Nietzsche, Leipzig 1912, S. 29. Vgl.: Friedrich Nietzsche: »Ich habe nun schon manches erfahren.« Die frühen autobiographischen Schriften, hrsg. von Kai Agthe, Weimar 2003, S. 63f.

20 Vgl. Sebastian Haffners Überlegungen zu Friedrich II. und Preußen, in: ders.: Preußen ohne Legende, Hamburg 1978.

21 Zit. nach: Franz Overbeck und Friedrich Nietzsche. Eine Freundschaft nach ungedruckten Dokumenten und im Zusammenhang mit der bisherigen Forschung dargestellt, Bd. 2, hrsg. von Carl Bernoulli, Jena 1908, S. 385.

22 Kerstin Decker: Die Schwester. Das Leben der Elisabeth Förster-Nietzsche, Berlin 2016, passim.

23 Kai Agthe: »Sie fabelt ganz außerordentlich…«. Elisabeth Förster-Nietzsche (1846–1935), in: Ketzer, Käuze, Querulanten: Außenseiter im universitären Milieu, hrsg. von Matthias Steinbach, Jena 2008, S. 193. Vgl. auch Decker: Die Schwester, S. 557–562.

24 Vgl. Holger Kliche: »Wir haben doch unsere Zeit ausgelebt …«. Aus dem Leben der Anna Auerbach (1861–1933), in: An der Seite gelehrter Männer. Frauen zwischen Emanzipation und Tradition, hrsg. von Sonja Häder und Ulrich Wiegmann, Bad Heilbronn 2017, S. 58–74, hier S. 63.

25 Vgl. David Marc Hoffmann: Zur Geschichte des Nietzsche-Archivs, Berlin 1991, S. XIII.

26 Zit. nach: Agthe: »Sie fabelt ganz außerordentlich…«, S. 177.

27 Vgl. Karl Schlechta: Der Fall Nietzsche. Aufsätze und Vorträge, München, S. 11f. u. S. 75. Vgl. auch Mazzino Montinari: Nietzsche lesen, Berlin 1982, S. 104ff.

28 Friedrich Nietzsche: Also sprach Zarathustra. Ein Buch für alle und keinen, Leipzig 1927, S. XIf.

29 Kurt Tucholsky: Fräulein Nietzsche. Vom Wesen des Tragischen, in: ders., Gesammelte Werke, Bd. 10, Reinbeck bei Hamburg 1975, S. 9–15, hier: S. 14.

30 Colli hielt es überhaupt für unredlich, Nietzsche zu zitieren: ders.: Nach Nietzsche. Frankfurt a.M. 1980, S. 27.

31 Vgl. Riedel: Nietzsche in Weimar, S. 156f.

32 GSA, 150/1577: Bericht über das Nietzsche-Archiv und dessen Unterbringung im GSA (1956). Instruktiv zur Geschichte des Archivs wie des Umgangs mit Nietzsche zwischen NS- und DDR-Zeit relevant: GSA, 150/1072: Bericht Rolf Dempes über seine Tätigkeit im Archiv 1957.

33 GSA, 72/2627: Schreiben Scholz' vom 7. August 1950.

34 Herbert W. Reichert: Die gegenwärtige Lage Nietzsches: Nietzsche-Literatur

in der Nachkriegszeit, in: Monatshefte, Bd. 51.3 (1959), S. 105f. In den Anhängen der Nietzsche-Ausgaben Schlechtas finden sich nur unklare Bemerkungen, vgl. Friedrich Nietzsche: Werke in 3 Bänden, Bd. 3, hrsg. von Karl Schlechta, München 1956, S. 1431f.

35 Zuletzt mit der eher abwegigen Behauptung, Nietzsche wäre für harte Valuta vermarktet worden: Carlo Corino: Nietzsche als Devisenbringer. Vom Umgang des SED-Staats mit dem ungeliebten Philosophen, in: Nürnberger Nachrichten, 8./9. September 1990, S. 21.

36 Erich F. Podach: Nietzsches Werke des Zusammenbruchs, Heidelberg 1960, S. 394f.

37 Dietzsch: Der Eingeschlossene von Weimar.

38 Im Anhang zum dritten Band (1956) finden sich Hinweise auf Verfälschungen sowie Bemerkungen zu Zustand und Nutzung des Weimarer Nachlasses nach 1945, was in Weimar aufmerksam registriert wurde. Vgl. GSA, 150/368: Akten der Direktion 1955–1959. Hier auch ein SPIEGEL Artikel vom 29. Januar 1958 unter dem Titel »Das Lama«, in dem auch Schlechta selbst zu Wort kam.

39 Vgl. Carol Diethe: Nietzsches Schwester und der Wille zur Macht. Biografie der Elisabeth Förster-Nietzsche, Hamburg/Wien 2001, S. 11f. u. passim.

40 Vgl. Podach: Nietzsches Werke des Zusammenbruchs, S. 11 und S. 395–399.

41 Briefwechsel zu Nutzung und Verbleib der Krankenakte in: UAJ S/III. Abt. IX 184.

42 GSA 150/369: Schreiben Holtzhauers an Mende vom 18. September 1961. Vgl. auch Stefania Maffeis: Zwischen Wissenschaft und Politik. Transformationen der DDR-Philosophie 1945–1993, Frankfurt a.M. 2007, S. 156.

43 GSA 150/609: Mende an Hahn, 19. März 1963.

44 GSA 150/609: Hahn an Mende, 4. April 1963.

45 Georg Mende: Besprechung: Podach: Nietzsches Werke des Zusammenbruchs, in: DZfPh 10.2 (1962), S. 1584–1588.

46 Ludwig Marcuse: Mit geschlossenem Visier. Authentische Nietzsche-Texte – Authentische Kommentare, in: Die ZEIT 42 (1961).

47 Ebd.

48 Mende: Besprechung: Podach, S. 1588.

49 Mende gab 1958/59 Auskünfte über Bloch, besuchte ihn Anfang Februar 1959 in Leipzig. BStU, Archiv der Zentralstelle MfS HA IX/11, Nr. 76: Gesprächsprotokoll, 3. November 1958 bzw. 25. Februar 1959.

50 Vgl. Wolfgang Heise: Rezension zu: Friedrich Nietzsche: Werke in drei Bänden, hrsg. von Karl Schlechta, München 1954–56, in: DZfPh 6 (1958), S. 653–658.

51 Vgl. Georg Mende: Gespräch, in: Urania-Universum, Bd. 8 (1965), S. 389–398. Mende war auch Herausgeber von Dietzgens Schriften, erschienen von 1961 bis 1965 in drei Bänden im Akademie Verlag.

52 Mende: Gespräch, S. 394f.

53 Vgl. Georg Mende: Philosophie und Ideologie. Marxistisch-Leninistische Polemik in philosophie-historischer Bewährungsprobe, Berlin 1971, S. 81.

54 Ders.: Gespräch, S. 396.

»Vermisst, verschmäht, entfernt« – Nietzsche zwischen Potsdam und Weimar

55 Thomas Mann: Nietzsches Philosophie im Lichte unserer Erfahrung. Ein Vortrag, Berlin 1948, S. 39.

56 Hans-Georg Gadamer: Philosophische Lehrjahre. Eine Rückschau, Frankfurt a.M. 1977, S. 127f.

57 Vgl. Riedel: Zeitkehre, S. 121f.

58 Vgl. Peter-André Bloch: Wahrheit im Perspektivenwechsel. Vom Umgang mit Literatur, Wissenschaft und Menschen im Wechsel von Gesellschaftsformen oder Die Methode des Verschweigens und Vergessens in der Bewältigung der DDR-Wirklichkeit, in: Mannigfaltigkeit

der Richtungen. Analyse und Vermittlung kultureller Identität im Blickfeld germanistischer Literaturwissenschaft, hrsg. von Christa Grimm, Ilse Nagelschmidt und Ludwig Stockinger, Leipzig 2001, S. 187–222, hier: S. 206ff.

59 Gespräch mit Ralf Eichberg im Naumburger Dokumentationszentrum, 19. Mai 2014.

60 Riedel: Zeitkehre, S. 121–124.

61 Johannes Stroux: Nietzsches Professur in Basel, Jena 1925, S. 102f. Vgl. auch Curt Paul Janz, Friedrich Nietzsche. Biographie in drei Bänden, München 1978, Bd. 2, S. 21.

62 Vgl. Henning Ritter: Notizhefte, Berlin [8]2011, S. 10.

63 Exkursionsbericht, Oktober 2011. Dem Psychiaterphilosophen Scheier danke ich für viele anregende Nietzsche-Gespräche und Lektüren.

64 BStU, BV Halle, KD Naumburg, VIII 1344/79: Information zum Besuch der Gruppe vom (kirchlichen) Proseminar in Schulpforte, 30. Juni 1987.

65 Freundliche Auskunft von Prof. Peter Maser, Naumburg.

66 BStU BV Halle AOPK 2895/78, Bl. 88: Bericht ›Günther‹, 11.12.1975.

67 BStU KD Naumburg 1411/72, Bd. II/1, Bl. 133f.: Bericht ›Böhm‹, 6.4.1975.

68 Reiner Bohley, Christlichkeit einer Schule. Schulpforte zur Schulzeit Nietzsches, hrsg. und mit einem Nachwort versehen von Kai Aghte, Jena 2007.

69 Rechtschreibung beibehalten.

70 BStU BV Hle AIM 3181/80, Bd. I/1, Bl. 43: Bericht ›Förster‹, 18.8.1976.

71 Vgl. Dirk Heinecke: Transformationsprozesse im Schulsystem der Sowjetischen Besatzungszone/frühen Deutschen Demokratischen Republik 1945 bis 1958 am Beispiel der ehemaligen Fürstenschule und Nationalpolitischen Erziehungsanstalt Schulpforta, Berlin 2013, S. 115–121.

72 Riedel: Zeitkehre, S. 104–117.

73 Vgl. Susanne Meyer: Schule der Besten. Die Pforta in Sachsen-Anhalt, wo Nietzsche und Klopstock lernten, soll wieder werden, wie sie war, in: Die ZEIT 22 (1991)

74 Vgl. Michael Ploenus: »...so wichtig wie das täglich Brot«. Das Jenaer Institut für Marxismus-Leninismus 1945–1990, Köln u.a. 2007.

75 Vgl. Riedel: Zeitkehre, S. 113f.

76 Friedrich Nietzsche in Thüringen. Bilder und Stimmen zur Exkursion des Historischen und Philosophischen Seminars der TU Braunschweig (9.–12. Oktober 2011), URL: https://www.ifg-braunschweig.de/prof-dr-matthias-steinbach/exkursionsberichte/nietzsche-exkursion/ (zuletzt abgerufen am: 27. November 2018).

77 2007 neben kleineren Beiträgen Bohleys zu Nietzsche veröffentlicht: Bohley: Die Christlichkeit einer Schule. Vgl. auch ders.: Nietzsches christliche Erziehung, in: Nietzsche-Studien 16 (1987), S. 164–196 sowie Nietzsche-Studien 18 (1989), S. 377–396.

78 Markus Meckel: Der Weg Zarathustras als der Weg des Menschen. Zur Anthropologie Nietzsches im Kontext der Rede von Gott im »Zarathustra«, in: Nietzsche-Studien 9 (1980), S. 174–208.

79 Lou Andreas-Salomé: Lebensrückblick. Grundriss eigener Lebenserinnerungen. Aus dem Nachlass hrsg. von Ernst Pfeiffer, Zürich/Wiesbaden 1951, S. 80.

80 Riedel: Zeitkehre, S. 93f.

81 Für den Hinweis und die Kopie des Dokuments danke ich Gerhard Schaumann (Tautenburg). Die Rechtschreibung wurde behutsam angepasst.

82 Das autobiografische Manuskript Stöltens zitiert Gerhard Schaumann: Tautenburg bei Jena. Kulturgeschichte einer thüringischen Sommerfrische, Bucha bei Jena 1998, S. 77–86, 119.

83 Riedel: Zeitkehre, S. 93f.

84 Vgl. Schaumann, Gerhard: »Ich warf mich in den Kommunismus aus den Himmeln der Dichtung«, in: Universitätserfahrung Ost. DDR-Hochschullehrer im Gespräch, Jena 2005, hrsg. von Matthias Steinbach, S. 194–223, hier: S. 220f.

85 Zur Sache eingehend Gerhard Schaumann: Nietzsches Bänke und Ehrung in Tautenburg, in: Nietzsche-Studien 38 (2009), S. 393–395.

86 Manfred Hankowitz: Über das Krankenjournal Friedrich Nietzsches und dessen Verbleib, in: Confinia Psychiatrica 18 (1975), S. 42–47.

87 Vgl. Volker Wahl/Margit Hartleb: Nietzsches Jenaer Krankenakte auf Wanderschaft. Überlieferung, Benutzung und Verbleib, in: Weimar - Jena. Die große Stadt 4.1 (2011), S. 57–87.

88 Vgl. Pia Daniela Volz: Nietzsche im Labyrinth seiner Krankheit. Eine medizinisch-biographische Untersuchung, Würzburg 1990, S. 392–415.

89 Vgl. Podach: Der kranke Nietzsche.

90 Podach: Nietzsches Werke des Zusammenbruchs. Vgl. ders.: Nietzsches Zusammenbruch. Beiträge zu einer Biographie auf Grund unveröffentlichter Dokumente, Heidelberg 1930; ders.: Gestalten um Nietzsche. Mit unveröffentlichten Dokumenten zur Geschichte seines Lebens und seines Werks, Weimar 1931.

91 Brief an Dora Speer vom 23. September 1974, in: Franz Fühmann: Briefe 1950–1984, hrsg. von Hans-Jürgen Schmitt, Rostock 1994, S. 149.

Leipzig, Hörsaal 40 – Ernst Bloch und andere Nachkriegslesarten

92 Riedel: Nietzsche in Weimar, S. 203.

93 Vgl. Martin Heidegger: Nietzsche, 2 Bde., Pfullingen 1961.

94 In diese Richtung überaus wirkmächtig Thomas Mann: Doktor Faustus. Das Leben des deutschen Tonsetzers Adrian Leverkühn, erzählt von einem Freunde, Stockholm 1947.

95 Theodor Schieder: Bismarck und Nietzsche, Krefeld 1963.

96 Vgl. Golo Mann: Deutsche Geschichte des 19. und 20. Jahrhunderts. Frankfurt a.M. [2]1991, S. 471–480.

97 Jürgen Habermas: Nachwort, in: Friedrich Nietzsche: Erkenntnistheoretische Schriften, Frankfurt/Main 1968, S. 237–261, hier: S. 237. Zum konstruktiven Umgang von links: Hans Heinz Holz, Die abenteuerliche Rebellion. Bürgerliche Protestbewegungen in der Philosophie. Stirner, Nietzsche, Sartre, Marcuse, Neue Linke, Darmstadt 1976.

98 Vgl. Martin Walser: Nietzsche lebenslänglich. Eine Seminararbeit, Hamburg 2010, S. 16f.

99 Thomas Mann: Nietzsches Philosophie im Lichte unserer Erfahrung. Ein Vortrag, Berlin 1948.

100 Erich Sandvoss: Hitler und Nietzsche. Eine bewusstseinsgeschichtliche Studie, Göttingen 1969.

101 Wolfgang Harich: Nietzsche im Zwielicht des Jahrhunderts, in: Der Kurier. Die Berliner Abendzeitung, 9. Februar 1946. Vgl. Riedel: Nietzsche in Weimar, S. 180ff.

102 Vgl. Andreas Heyer: Studien zu Wolfgang Harich, Norderstedt [2]2016, S. 65. Harich: Nietzsche. Der Wegbereiter des Faschismus, S. 34f.

103 Wolfgang Harich: Nietzsche im Zwielicht des Jahrhunderts, in: Der Kurier. Die Berliner Abendzeitung, 9. Februar 1946.

104 GSA, 72/2627: Schreiben an die Oehler-Witwe vom 17. Juli 1946.

105 Weltbühne 2.8 (1947), S. 346–350.

106 BStU, Archiv der Zentralstelle, MfS HA IX, Nr. 24.246, 0552–0559: Harich, Dossier zu Ernst Bloch.

107 Ebd.

108 Bericht der UPL (Leipzig) vom 15. Dezember 1956, in: Hoffnung kann enttäuscht werden. Ernst Bloch in Leipzig. Dokumentiert und kommentiert von Volker Caysa u.a., Frankfurt aM. 1992, S. 119–127.

109 BStU, Archiv der Zentralstelle, MfS HA IX/11 ZUV, Nr. 76, Bd. 4, Bl. 126–128, Ulbricht an Bloch, 11. Februar 1957.

110 Kurt Hager: Der Kampf gegen bürger-

liche Ideologien und Revisionismus, in: DZfPh 4.5/6 (1956), S. 533–538, hier: S. 535.

111 Zur Leipziger Marginalisierung Blochs, der unmittelbar nach dem Mauerbau von einer Reise in die Bundesrepublik nicht zurückkehrte, eingehend: Guntolf Herzberg: Ernst Bloch in Leipzig. Der operative Vorgang »Wild«, in: ZfG 42 (1994), S. 677–693. Vgl. auch Riedel: Zeitkehre, S. 50f.

112 Ernst Bloch: Leipziger Vorlesungen zur Geschichte der Philosophie, Bd. 4.2: Deutscher Idealismus. Die Philosophie des 19. Jahrhunderts, Frankfurt a.M. 1985, Bd. 4.2, S. 413.

113 Riedel: Nietzsche in Weimar, S. 222f. Vgl. auch Maffeis: Zwischen Wissenschaft und Politik, S. 151f.

114 Bloch: Leipziger Vorlesungen, Bd. 4.2, S. 413–416.

115 Wolfgang Heise: Rezension zu: Friedrich Nietzsche. Werke in drei Bänden, hrsg. von Karl Schlechta, München 1954–56, in: DZfPh, 6.4 (1958), S. 653–658.

116 Ebd.

117 Vgl. Wolfgang Heise: Aufbruch in die Illusion. Zur Kritik der bürgerlichen Philosophie, Berlin 1964.

118 Guntolf Herzberg: Abhängigkeit und Verstrickung. Studien zur DDR-Philosophie, Berlin 1996, S. 242–244.

119 Vgl. dazu die Essaysammlung: Nietzsche aus Frankreich, hrsg. von Werner Hamacher, Berlin/Wien 2003.

120 Gerhard Zwerenz: Ernst Bloch als Nietzscheaner oder die Lust am erektiven Denken, in: UTOPIE kreativ 15 (1991), S. 79–87.

121 Monika Maron: Lebensentwürfe, Zeitenbrüche. Vom Nutzen und Nachteil dunkler Brillen. Wer es sich zu einfach macht beim Rückblick auf seine Geschichte, beraubt sich seiner Biografie, in: Süddeutsche Zeitung, 13. September 2002, S. 18.

122 Vgl. Lutz Niethammer: Posthistoire. Ist die Geschichte zu Ende? Reinbek 1989, S. 31–34.

Richard Hamann, Ernst Niekisch und der Militarismusvorwurf

123 Noch als »Deutscher Nationalpreis im Goethejahr 1949« vergeben, aber bereits von Wilhelm Pieck unterzeichnet. Vgl. Jost Hermand: Der Kunsthistoriker Richard Hamann. Eine politische Biografie (1879–1961), Weimar/Wien 2009, S. 138.

124 Ebd., S. 144–146.

125 Friedrich Nietzsche: Werke in drei Abtheilungen, Leipzig 1910ff.

126 Richard Hamann/Jost Hermand: Deutsche Kunst und Kultur von der Gründerzeit bis zum Expressionismus, Bd. 1: Gründerzeit, Berlin 1965, S. 70f.

127 Vgl. Hermand: Der Kunsthistoriker Richard Hamann, S. 160–162.

128 Ralph-Rainer Wuthenow meinte zur westdeutschen Ausgabe von 1971 bissig: »Das vorliegende Buch ist weitgehend ein Buch über Nietzsche, obschon kein sehr gutes, und es bleibt noch weit hinter der Streitschrift von Lukács zurück. Wäre es nicht anmaßend, möchte man dem noch lebenden der beiden Verfasser – Richard Hamann, von dem offenbar nur die kunsthistorischen Abschnitte stammen, ist vor einigen Jahren gestorben – den Rat geben, einmal ein paar Wochen oder Monate lang kein neues Buch zu veröffentlichen, sondern noch einmal Nietzsche zu lesen.«, FAZ, 29. Januar 1972.

129 Hamann/Hermand: Deutsche Kunst und Kultur, Bd. 1, S. 174f.

130 Vgl. Sebastian Haffner: Ernst Niekisch, in: ders./Wolfgang Venohr: Preußische Profile, Königstein/Ts. 1980, S. 243–259, hier: S. 249.

131 Niekisch: Gewagtes Leben.

132 Vgl. Peter Schäfer, »Schreiben Sie das auf, Herr Schäfer«. Erinnerungen eines Historikers an seine Universitäten Berlin und Jena, Jena 2007, S. 55f. Vgl. auch ders.: »Die Studenten gehören zu den positiven Seiten meiner Erinne-

rung«, in: Universitätserfahrung Ost, S. 161–193.

133 Zit. nach Haffner: Ernst Niekisch, S. 250.

134 Vgl. u.a. Ernst Niekisch: Europäische Bilanz, Potsdam 1951 (mit zahlreichen Nietzsche-Bezugsstellen).

135 Ernst Niekisch: Im Vorraum des Faschismus, in: Der Aufbau 2 (1946), S. 122–137, hier: S. 128.

136 Ders.: Gewagtes Leben, S. 21.

137 Ebd., S. 25.

138 Niekisch: Europäische Bilanz, S. 247f. Vgl. auch ders.: Im Vorraum des Faschismus, S. 131.

139 Ebd., S. 129f.

140 Niekisch: Europäische Bilanz, S. 252.

141 Vgl. Ralph-Rainer Wuthenow: Nietzsche als Leser. Drei Essays. Hamburg 1994.

142 Lukács: Zerstörung der Vernunft, S. 257. Zit. nach Elisabeth Förster-Nietzsche: Das Leben Friedrich Nietzsches, Bd. 2: Der einsame Nietzsche, Leipzig 1914, S. 433f.

143 Missverständlich etwa Friederike Felicitas Günther: Rhythmus beim frühen Nietzsche, Berlin 2008, S. 96. Völlig aus dem Kontext gerissen bei Erich Sandvoss: Sokrates und Nietzsche, Leiden 1966, S. 41; Yong-Soo Kang: Nietzsches Kulturphilosophie, Würzburg 2003, S. 61.

144 Vgl. Matthias Steinbach: Eineinhalbjährig-unfreiwillig. Ein Soldatentagebuch 1986–88, Jena 2001.

145 Friedrich Nietzsche: Sämtliche Briefe, Bd. 3: April 1869 – Mai 1872, hrsg. von Giorgio Colli, München 1986, S. 155.

146 Steinbach: Eineinhalbjährig-unfreiwillig, S. 15f.

147 Inwiefern es in Europa immer ›künstlerischer‹ zugehen wird. Aphorismus 365 aus »Die fröhliche Wissenschaft« [KSA, 3, S. 595–597].

148 Niekisch: Europäische Bilanz, S. 253f.

149 Vgl. Riedel: Nietzsche in Weimar, S. 177f.

150 Niekisch: Europäische Bilanz, S. 260.

151 Vgl. Hermand: Der Kunsthistoriker Richard Hamann, Kap.: Grenzgänger zwischen Ost und West (1949–1961).

»Geistiger Brandstifter« – Nietzsche als Nazi und NATO-Ideologe

152 Johannes R. Becher: Deutsches Bekenntnis. Drei Reden zu Deutschlands Erneuerung, Berlin 1945.

153 Ders.: Deutsche Lehre, in: ders.: Gesammelte Werke, Bd. 16: Publizistik II. 1939 – 1945, Berlin/Weimar 1978, S. 240–294, hier: S. 250f.

154 Vgl. Jens-Fietje Dwars: Johannes R. Becher. Triumph und Verfall. Eine Biographie, Berlin 2003, S. 18–24.

155 Becher: Berichte aus Deutschland, in: ders.: Gesammelte Werke, Bd. 16, S. 370f.

156 Grotewohls Bildungsgang führte über Volksschule und Arbeiterbildungsvereine, in denen die Nietzsche-Positionen Franz Mehrings verhandelt wurden. Er zählte zu den gebildetsten Sozialdemokraten seiner Zeit. Vgl. Markus Jodl: Amboss oder Hammer? Otto Grotewohl. Eine politische Biographie, Berlin 1997, S. 18f.

157 Otto Grotewohl: Die geistige Situation der Gegenwart und der Marxismus, in: Um die Erneuerung der Kultur, Dokumente 1945–1949, hrsg. von Gerd Dietrich, Berlin 1983, S. 222–224. Vgl. auch Busch: Nietzsche und die DDR. Hier heißt es, dass Grotewohl die »SS-Schergen ›Kinder Zarathustras‹ und Mitglieder von Himmlers Totenkopf-Orden ›Söhne Nietzsches‹ nannte.« (S. 765). Vgl. auch Riedel: Zeitkehre, S. 47f.

158 Stefan Zweig: Der Kampf mit dem Dämon. Hölderlin, Kleist, Nietzsche, Leipzig 1925. In der DDR 1988 bei Kiepenheuer in Lizenzauflage von S. Fischer erschienen.

159 Georges Bataille: Sur Nietzsche, volonté de chance, Paris 1945.
160 Spielt mit dem bekannten Wort Goethes zu Schiller. Vgl. Johannes R. Becher: Denn er ist unser. Friedrich Schiller, der Dichter der Freiheit. Rede im Weimarer Nationaltheater, 9. Mai 1955, Berlin 1955.
161 Johannes R. Becher: Zur Frage der politisch-moralischen Vernichtung des Faschismus (1945), in: ders.: Gesammelte Werke, Bd. 16, S. 403–436, hier: S. 428f.
162 Niekisch: Europäische Bilanz, S. 248f.
163 Wilhelm Pieck: Um die Erneuerung der deutschen Kultur. in: Um die Erneuerung der Kultur, Dokumente 1945–1949, hrsg. von Gerd Dietrich, Berlin 1983, S. 101–121, hier: S. 109. Vgl. auch Maffeis: Zwischen Wissenschaft und Politik, S. 147.
164 Alexander Abusch: Der Irrweg einer Nation. Ein Beitrag zum Verständnis der deutschen Geschichte, Berlin 1946, S. 246f.
165 Thomas Nipperdey: Deutsche Geschichte 1866–1918, Bd. 1: Arbeitswelt und Bürgergeist, München 1990, S. 821 u. S. 828.
166 Nietzsche ist hier vor allem Kritiker des Kaiserreichs und der wilhelminischen Kultur. Vgl. Ernst Engelberg: Bismarck, Bd. 2: Das Reich in der Mitte Europas, München 1993, S. 149–151.
167 Matthias Steinbach/Andreas Heyer: »Ins Nichts mit ihm!« – Ins Nichts mit ihm? Zur Rezeption Friedrich Nietzsches in der DDR, Berlin 2016.
168 Curt von Westernhagen: Nietzsche, Juden, Antijuden, Weimar 1936.
169 Steinbach/Heyer: »Ins Nichts mit ihm!«, S. 41f.
170 Harich: Nietzsche. Wegbereiter des Faschismus, passim.
171 Wolfgang Harich: Rezension zu: Georg Lukács: Die Zerstörung der Vernunft, in: DZfPh 3.1 (1955), S. 133–145, hier: S. 136.
172 Zit. nach: Franz Mehring/Georg Lukács: Friedrich Nietzsche, Berlin 1957, S. 85f.
173 Vgl. Bernhard Kaufhold: Was hat uns Nietzsche heute noch zu sagen. Kein Platz für Übermenschen, in: SONNTAG 17.10 (1962), S. 15.
174 Kaufhold: Zur Nietzsche-Rezeption in der westdeutschen Philosophie, in: Beiträge zur Kritik der gegenwärtigen bürgerlichen Geschichtsphilosophie, hrsg. von Robert Schulz, Berlin 1958, S. 279–409, hier: S. 377.
175 Martin Heidegger: Einführung in die Metaphysik, Tübingen 1953, S. 28f.
176 Kaufhold: Zur Nietzsche-Rezeption, S. 378.
177 Ebd., S. 405.
178 Vgl. Schlechta: Der Fall Nietzsche, S. 100.
179 Wolfgang Heise: Rezension zu: Schlechta: Der Fall Nietzsche, in: DZfPh 6.5 (1958), S. 821f.
180 Gerhard Kluge: Der »NATO-Professor« Walter Brödel: Dokumentation, Erfurt 1999.
181 Lukács: Die Zerstörung der Vernunft. Differenzierter, aber ähnlich in der Grundtendenz: Aschheim: Nietzsche und die Deutschen.
182 Vgl. Riedel: Nietzsche in Weimar, S. 266f.
183 Hier Augsteins Artikel zur Nietzsche-Renaissance, S. 156–184: »Ein Nietzsche für Grüne und Alternative«.
184 Schäfer: »Schreiben Sie das auf, Herr Schäfer«, S. 50.
185 Stepan Fedorovič Oduev: Auf den Spuren Zarathustras. Der Einfluß Nietzsches auf die bürgerliche deutsche Philosophie. Aus dem Russischen übertragen von Günter Rieske, mit einem Vorwort von Hans-Martin Gerlach und Günter Rieske, Berlin 1977.
186 Malorny: Zur Philosophie Friedrich Nietzsches. Akademie Verlag, Berlin 1989.
187 Oduev: Auf den Spuren Zarathustras, S. 39.
188 I. Leshnew: Also sprach Nietzsche, in: Tägliche Rundschau, Bd. 2.2/3 (1947), S. 68–81; S. 87–105.

189 Vgl. Hans-Martin Gerlach: Spätbürgerliche Philosophie und Konservativismus, in: DZfPh, 24.5 (1976), S. 603–617.

190 Oduev: Auf den Spuren Zarathustras, S. 7–9.

191 So verweist die Rezensentin der russischen Originalausgabe TROPAMY ZARATUSTRY (Moskau 1971) auf eine Belgrader Tagung, die die bisherige marxistische Nietzschekritik in diesem Sinne zurückwies – Ileana Bauer: Rezension zu: Oduev: Tropamy Zaratustry, in: DZfPh 21.3 (1973), S. 391–396.

192 Vgl. Helmut Kaiser: Mythos, Rausch und Reaktion. Der Weg Gottfried Benns und Ernst Jüngers, Berlin 1962, S. 333f.

193 Hans-Martin Gerlach: Nietzsche – ein Philosoph für alle und keinen?, in: DZfPh 36.9 (1988), S. 777–786.

194 Für den Abdruck danke ich Harald Kretzschmar. Vgl. Reschke: Denkumbrüche mit Nietzsche, S. 310–312.

195 Zit. nach ebd., S. 781.

196 Vgl: Falsche Propheten. Studien zum konservativ-antidemokratischen Denken im 19. und 20. Jahrhundert, hrsg. von Ludwig Elm, Berlin 1984.

Gegen den Mistral – Wolfgang Harich als Netzwerker der Nietzsche-Abwehr

197 Deutsches Lesebuch, erschienen in mehreren Auflagen und Lizenzauflagen bei Hanser und im Dt. Taschenbuchverlag München bis 1990.

198 Ebd., S. 504f.

199 Roland Weber: Peter Hacks, Heiner Müller und das antagonistische Drama des Sozialismus, Berlin 2015, S. 548f.

200 Reich-Ranicki lobte »Hermlins allseitige und reiche, liberale und humanistische Auswahl«, die »ebenso gut in die Bundesrepublik wie in die DDR« passe. FAZ, 11. Dezember 1976.

201 Golo Mann: Ein wahrhaft deutsches Lesebuch. Stefan Hermlins Sammlung, in: FAZ, Jg. 27, Nr. 280 (11. Dezember 1976).

202 Friedrich Dieckmann: Der Irrtum des Verschwindens. Zeit- und Ortsbestimmungen, Leipzig 1996, S. 77.

203 Vgl. Manfred Riedel/Gunnar Decker: Weltenwechsel, in: NdL 44.2 (1996), S. 126–132, S. 132.

204 Wolfgang Harich: Herder und die bürgerliche Geschichtswissenschaft. Phil. Diss., Berlin (Humboldt-Univ.) 1951.

205 Autobiografische Zeugnisse zum Prozess: Walter Janka: Schwierigkeiten mit der Wahrheit, Reinbeck 1990; Wolfgang Harich: Keine Schwierigkeiten mit der Wahrheit: zur nationalkommunistischen Opposition 1956 in der DDR, Berlin 1993. Vgl. auch Große: Ernstfall Nietzsche, S. 67.

206 Von 1979 bis 1981 hatte Harich mit Unterstützung der DDR-Führung versucht, in Österreich oder der Bundesrepublik in der Friedens- und Öko-Bewegung Fuß zu fassen. Breit diskutiert wurde sein Buch: Kommunismus ohne Wachstum? Babeuf und der »Club of Rome«. Sechs Interviews mit Freimut Duve und Briefe an ihn, Reinbek 1975. Zu Harichs Rolle vgl. auch Große, Ernstfall Nietzsche.

207 BArch, DY30/8782–8784: 3. Bde. (u.a. Wolfgang Harich, Eingaben/Streitfälle).

208 BStU, Archiv der Zentralstelle, MfS HA XX/9, Nr. 1579: Bericht über ein Gespräch mit Harich am 16. Oktober 1980. Abschrift Tonbandmitschnitt, Oberstleutnant Müller; Stellungnahme Hauptabteilung XX zum Antrag auf Übersiedlung Harichs nach Österreich vom 15. März 1979. Vgl. auch Fritz J. Raddatz: Unruhestifter. Erinnerungen. Verlag Heyne-List München 2005, Abschnitt »Auftritt der Verräter«, S. 94–108.

209 Vgl. Riedel/Decker: Weltenwechsel, S. 127.

210 Harichs Nietzsche gehörte so neben *Bautzen*, den *Trabant* und das *West-*

paket. Vgl. Erinnerungsorte der DDR, hrsg. von Martin Sabrow, München 2009.

211 Manfred Riedel betonte die Notwendigkeit einer Veröffentlichung dieser Dokumente, um unübersichtliche Grenzlinienverläufe des ostdeutschen Nietzsche-Streits aufzuklären. Ders.: Nietzsche in Weimar, S. 277f., S. 355. Zusammenstellung aus dem Harich-Nachlass vermischt mit bereits gedruckten Texten: Harich: Nietzsche, Wegbereiter des Faschismus.

212 BArch, Abt. Wiss. im ZK der SED, DY 0/IV2/904/162: Unterlagen zum Harichprozess.

213 BStU, Archiv der Zentralstelle, MfS AIM 15396/89 II/6, Bl. 86–91.

214 Dietzsch, Der Eingeschlossene von Weimar, S. 178. Vgl. auch Riedel: Nietzsche in Weimar, S. 252–256 u. S. 282–286.

215 Begriff zuerst bei Kaufhold: Zur Nietzsche-Rezeption, S. 279ff. Vgl. auch Busch: Nietzsche und die DDR, S. 766f.

216 BArch, Büro Kurt Hager im ZK der SED, DY30/27449: Brief Harich an Hermlin, 28. Januar 1986.

217 Die SED und das kulturelle Erbe: Orientierungen, Errungenschaften, Probleme, hrsg. von Horst Haase u.a., Berlin 1986.

218 BArch, Büro Kurt Hager im ZK der SED, DY30/27449: Brief Harich an Hager, 4. Juni 1986.

219 Vgl. Renate Reschke: Im Interview zu Friedrich Nietzsches 100. Todestag entsteht ein schiefes Bild. Leserbrief an die Leipziger Volkszeitung, 12. Oktober 2000.

220 Hermlins Referat ist abgedruckt in: X. Schriftstellerkongreß, hier: S. 73–75. Vgl. auch Stefan Hermlin: Von älteren Tönen, in: Sinn und Form 40.1: Meinungen zu einem Streit (1988), S. 177–220, hier: S. 179–183.

221 Franz Fühmann: Kameraden, Rostock 1985, S. 54f.

222 Zit. nach Kai Agthe: »Ihrer sind nicht viele, aber man muss sie kennenlernen«. Zu Franz Fühmanns Nietzsche-Rezeption, in: »Dichter sein heißt aufs Ganze aus sein«. Zugänge zu Poetologie und Werk Franz Fühmanns, hrsg. von Brigitte Krüger, Frankfurt/M., S. 187–200, hier S. 189f.

223 Franz Fühmann: Briefe 1950–1984. Eine Auswahl, hrsg. von Hans-Jürgen Schmitt, Rostock 1994, S. 283.

224 Ders.: Vor Feuerschlünden. Erfahrung mit Georg Trakls Gedicht, Rostock 1982. Lizenzausgabe bei Hoffmann und Campe unter dem Titel: Der Sturz des Engels.

225 Gegenüber Herman-Josef Sauter. Zitiert nach Agthe: »Ihrer sind nicht viele«, S. 189.

226 Vgl. Fühmann: Sturz des Engels, S. 148.

227 Ebd., S. 36. Vgl. auch Agthe: »Ihrer sind nicht viele«, S. 196f.

228 Matthias Steinbach: Breschnews Tod – oder »Die Kremlmauer als Tor zur Hölle«, in: Wie der gordische Knoten gelöst wurde. Anekdoten der Weltgeschichte historisch erklärt, hrsg. von dems., Stuttgart 2011, S. 226–234.

229 Zit. nach Agthe: »Ihrer sind nicht viele«, S. 199.

230 Gemeint ist Alfred Rosenberg: Der Mythus des 20. Jahrhunderts. Eine Wertung der seelisch-geistigen Gestaltenkämpfe unserer Zeit, München 1930.

231 BArch DY/30 26433: Referat Kurt Hagers zum X. Schriftstellerkongress auf der Beratung mit Sekretären der Bezirksleitungen, 4. Januar 1988.

232 BStU, Archiv der Zentralstelle, MfS ZAIG/Tb/70, 13559/11Z.

233 Ebd.

234 Vgl. Rolf Michaelis: Tür auf? Tür zu!, in: Die ZEIT 46 (1987)

235 Schirmer greift die für die Spitze äußerst schwierige Debatte in seinen Erinnerungen auf. Vgl. Gregor Schirmer: »Ja, ich bin dazu bereit«. Eine Rückblende, Berlin 2014, S. 366–371.

236 BArch, DY30/7711: Aktennotiz über ein Gespräch Harichs mit Schirmer, Berlin, 8. April 1988.

237 BStU, Archiv der Zentralstelle MfS HA XX/9, Nr. 1298–00071: Schreiben Harichs an Roland Opitz, 26. Januar 1988.

238 Vgl. Riedel: Nietzsche in Weimar, passim, besonders Kap. IV u. V. Große: Ernstfall Nietzsche, S. 13f.

239 BA, DY30/7711: Harich an Honecker, 18. Mai 1988.

240 Ebd. Vgl. auch Riedel: Nietzsche in Weimar, S. 285.

241 Erich Honecker: Aus meinem Leben, Berlin 1980. Honecker rühmte das Buch zuerst in einem Interview, das er dem britischen Verleger Robert Maxwell gab. Vgl. Das neue Deutschland, 26. August 1980.

242 BArch, DY30/7711: Harich an Honecker, 18. Mai 1988.

243 Von permanenten Geldnöten berichtet Anne Harich: »Wenn ich das gewußt hätte«. Erinnerungen an Wolfgang Harich, Berlin 2007, u.a. S. 240 u. S. 369.

244 Über die Grundorganisation der Akademie der Wissenschaften von Harich immer wieder versucht. Vgl. BArch, DY/30/7711: Verschiedene Schreiben, u.a.: Harich an Honecker, 18. Mai 1988; Schirmer an Hager, 31. Mai 1988. Vgl. auch Anne Harich: »Wenn ich das gewußt hätte«, S. 268ff.

245 BArch, DY30/8784: Schreiben Harichs an John Erpenbeck, 16. Februar 1982.

246 BArch, DY30/8784: Schreiben Harichs an Hermann Turley, 27. Juli 1982.

247 Malorny: Friedrich Nietzsche, in: Philosophenlexikon der DDR, hrsg. von Erhard Lange und Dietrich Alexander, Berlin 1982, S. 693–698. Vgl. auch dessen Beitrag »Vorahnung des Imperialismus – Friedrich Nietzsche«, in: Elm: Falsche Propheten, S. 74–110.

248 Ders.: Zur Philosophie Friedrich Nietzsches.

249 BArch, DY/30 27450: Gutachten Harich zu Malornys Nietzschemanuskript, 19. Juni 1987.

250 Vgl. Oduev: Auf den Spuren Zarathustras.

251 BA, DY30/8784: Gesprächsnotiz von einem Treffen Mai 1982 bei Klaus Höpcke.

252 BA, DY30/8784: Schreiben Harichs an Turley, 26. Juli 1982.

253 Vgl. Wolfgang Harich: Nietzsche und seine Brüder. Eine Streitschrift in sieben Dialogen, Berlin 1994, S. 172.

254 BArch, DY30/8784: Schreiben Harichs an Turley, 27. Juli 1982.

255 Ebd.

256 Der »gute Europäer«, im Spätwerk häufig gegen den nationalistischen Geist des neuen Reiches herangezogen, ist ein mögliches Interpretament der Philosophie Nietzsches, das der Faschismusvordenkerlinie und dem Missverständnis zuwiderläuft, in Nietzsche den Anwalt des Deutschtums und eines integralen Nationalismus zu sehen. Vgl. Almos Csongár: Der gute Europäer aus der Sicht von Friedrich Nietzsche, Cuxhaven u.a. 2003.

257 BA, DY30/8784: Schreiben Harichs an Turley, 27. Juli 1982.

258 Bezieht sich auf Harichs Verriss einer Macbeth-Inszenierung Heiner Müllers am Deutschen Theater »Der entlaufende Dingo – das vergessene Floß«, in: Sinn und Form 1 (1973), S. 189–218.

259 Mehring/Lukács: Nietzsche. Ähnlich motivierte Sammlung, wozu Harich eine Mitarbeit ablehnte: Bruder Nietzsche? Wie muss ein marxistisches Nietzsche-Bild heute aussehen?, hrsg. von der Marx-Engels-Stiftung e.V., Wuppertal 1988.

260 BArch, DY30/8784: Schreiben Harichs an Turley, 27. Juli 1982.

Mit Markus Wolf für Friedrich Nietzsche – Akademische Arabesken

261 Exemplarisch für eine partiell offenere offizielle Sicht: Malorny: Friedrich Nietzsche, S. 693–698.

262 Vgl. Riedel: Nietzsche in Weimar, S. 258–260.
263 Eike Middell:: Totalität und Dekadenz. Zur Auseinandersetzung von Georg Lukács mit Friedrich Nietzsche, in: Weimarer Beiträge 31.4 (1985), S. 558–572.
264 BArch, DY30/7711: Information über die Fortsetzung der Diskussion zu »Nietzsche und die Folgen«, 23. September 1988.
265 Reschke: Die anspornende Verachtung der Zeit. Studien zur Kulturkritik und Ästhetik Friedrich Nietzsches, Promotion B, Berlin 1983.
266 Chrestomathie zur Geschichte der neuesten bürgerlichen Philosophie, Bd. 1: Schopenhauer, Kierkegaard, Nietzsche, Dilthey, Windelband, Husserl, hrsg. von Hans-Martin Gerlach, Halle 1980, S. 134–180.
267 Lutz Seiler: Kruso, Berlin 2014, S. 15ff.
268 Rüdiger Ziemann; Poetische Gestalt: Studien zum lyrischen Spätwerk Johannes R. Becher, gedruckt 1992 bei Peter Lang. Das selbstkritische Nachwort von 1991 ist bemerkenswert. Ziemann sieht in Becher (wie in Nietzsche) die zerrissene Dichterpersönlichkeit als »Spiegel und Chronik des Zeitalters«.
269 Gespräch in Naumburg, 14. Juni 2019.
270 Ernst Bertram: Nietzsche. Versuch einer Mythologie, Berlin 1919.
271 Becher: Deutsche Lehre, S. 252.
272 Ziemann: Poetische Gestalt, S. 50.
273 Vgl. neben Middell hierin auch Reschke: Kritische Aneignung und notwendige Auseinandersetzung. Zu einigen Tendenzen moderner bürgerlicher Nietzsche-Rezeption, in: Weimarer Beiträge 29.7 (1983), S. 1190–1215.
274 Stefan Zweig:: Der Kampf mit dem Dämon; Theodor Lessing: Wortmeldungen eines Unerschrockenen. Publizistik aus drei Jahrzehnten, hrsg. u.m. einer Einl. vers. von Hans Stern, Leipzig 1987.
275 Gespräch mit Tomberg, 17. März 2015.
276 Friedrich Tomberg: Über mich – aus gegebenem Anlass. An die Autoren einer Festschrift zu Tombergs 60. Geburtstag, Berlin 1992, S. 3.
277 Ebd., S. 7.
278 Friedrich Tomberg: Korrektur einer Legende, URL: http://friedrich-tomberg.npage.de/vita.html (zuletzt abgerufen am 24. November 2018).
279 1958 hatte Tomberg sich mit einem ausführlichen Beitrag an einem Preisausschreiben der WELT beteiligt: »Kann die Wiedervereinigung überhaupt ein nationales Anliegen der Deutschen sein?« Text beim Verfasser.
280 Werner Stiller: Der Agent. Mein Leben in drei Geheimdiensten, Berlin 2010, S. 162.
281 Tomberg: Über mich, S. 2.
282 Schreiben Tombergs an den Verfasser, 17. Oktober 2017.
283 Für die Zusammenstellung danke ich dem Sachgebietsleiter Forschung & Medien der BStU, Roberto Welzel.
284 BStU, MfS AIM 11649/77, Bd. 1: Unterlagen zu »Rehbein«.
285 BStU, MFS Liegenschaften, Nr. 5, S. 144–147.
286 Friedrich Tomberg: Korrektur einer Legende, URL: http://friedrich-tomberg.npage.de/vita.html (zuletzt abgerufen am 24. November 2018).
287 Ders.: Über mich, S. 15.
288 Vgl. Ploenus: »...so wichtig wie das täglich Brot«.
289 Friedrich Tomberg: Polis und Nationalstaat: eine vergleichende Überbauanalyse im Anschluß an Aristoteles, Darmstadt 1973.
290 Gespräch, 17. März 2015.
291 BV Gera X/566/78, Bd. 1: Berichte IMS »Kruja«.
292 Gemeint ist die Kröner-Ausgabe von 1905ff.
293 Zukunft aus Vergangenheit. Prolegomena zu einer zeitgemäßen Lektüre der »Unzeitgemäßen Betrachtungen« von Friedrich Nietzsche, vorgesehen als Nachwort für eine im Druck nicht zugelassene Textveröffentlichung im

Reclam Verlag Leipzig (1983). Mit Dank an Friedrich Tomberg, entnommen aus der Zusammenstellung eigener Texte unter dem Titel: Nietzsche von links. Anläufe zu einer Annährung (Manuskript von 2016).

294 Ebd.

295 Typoskript: Zur Frage des Humanismus in meinem Nietzsche-Nachwort (1984/85).

296 Vgl. auch Tomberg: Der Streit Nietzsche contra Wagner im historischen Vorfeld des Faschismus, in: Beiträge zur Kritik der bürgerlichen Philosophie und Gesellschaftstheorie. Wiss. Beiträge der Universität Halle-Wittenberg 7/8 (1987), S. 187–197.

297 Vgl. ders.: Die DDR in Licht und Schatten der Philosophie Nietzsches. Vortrag auf einer Weimarer Tagung »Nietzsche im Marxismus«, 20.–22. Juni 1997 (Typoskript beim Verfasser).

298 Die fröhliche Wissenschaft (La gaya scienza).

299 Tomberg: Die DDR in Licht und Schatten.

300 Ders.: Nietzsche und Heidegger.

301 Holz: Die abenteuerliche Rebellion.

302 Vgl. Norbert Kapferer: Nietzsche und Heidegger in der gegenwärtigen DDR-Philosophie, in: Ideologie und gesellschaftliche Entwicklung in der DDR. Achtzehnte Tagung zum Stand der DDR-Forschung in der Bundesrepublik Deutschland 28. bis 31. Mai 1985, hrsg. von Ilse Spittmann-Rühle und Gisela Helwig, Köln 1985, S. 77–96, S. 83.

303 BArch, DY/3027449: Brief Harich an Höpcke, 12. Oktober 1985.

304 Vgl. Nietzsche, Die fröhliche Wissenschaft, Aphorismus 283: »Vorbereitende Menschen«. Zitat aus dem Zusammenhang gerissen: »[...] Denn, glaubt es mir! – das Geheimnis, um die größte Fruchtbarkeit und den größten Genuss vom Dasein einzuernten, heißt: *gefährlich leben*! Baut eure Städte an den Vesuv! Schickt eure Schiffe in unerforschte Meere! Lebt im Kriege mit Euresgleichen und mit euch selber! Seid Räuber und Eroberer, so lange ihr nicht Herrscher und Besitzer sein könnt, ihr Erkennenden! [...]«.

305 BArch, DY/30 27449: Brief Harich an Höpcke, 12. Oktober 1985.

306 BArch DY 30 27449: Schreiben an Hager, 30. Januar 1986.

307 Gespräch mit Tomberg, 17. März 2015.

308 Friedrich Tomberg: Basis und Überbau. Sozialphilosophische Studien. Soziologische Essays, Neuwied 1969.

309 Erhard Naake: Zur Rolle Peter Gasts im Leben und Schaffen Friedrich Nietzsches, in: Schriftenreihe der Hochschule für Musik »Franz Liszt« 2 (1983), S. 30–50. Ders.: Das Verhältnis Franz Liszts zu Richard Wagner im Urteil Friedrich Nietzsches, in: Bericht über die Wissenschaftliche Konferenz »Das Weimarer Schaffen Franz Liszts und seine Ausstrahlung auf die Weltmusikkultur«, Weimar 1987, S. 123–132.

310 UAJ, Best. M/1, Nr. 2/136, Bl. 12–19: Gutachten Tomberg; Naake.

311 Wolfgang Müller-Lauter: Ständige Herausforderung. Über Mazzino Montinaris Verhältnis zu Nietzsche, in: Nietzsche-Studien 18 (1989), S. 32–62, hier: S. 81f. Vgl. auch Reschke: Denkumbrüche mit Nietzsche, S. 372f.

312 Gespräch mit Erhard Naake in Weimar, 5. März 2014.

Zwei Italiener im »Dissidentennest«

313 Vgl. Giuliano Campioni: Leggere Nietzsche. Alle origini dell'edizione Colli-Montinari. Con lettere e testi inediti, Pisa 1992. Für die Übersetzungen danke ich Dr. Arne Homann (Braunschweig).

314 Vgl. Schriftwechsel der Direktion mit ausländischen Interessenten in: GSA 150/574; 150/609; 150/610. Originale

und Faksimiles verwendet z.B. bei Richard Weiss: The secret of individuality: reflected in a hundred historical lives, Sydney 1957. Oder der gesamte Bildteil in Friedrich Würzbach: Nietzsche. Sein Leben in Bildzeugnissen, Briefen und Berichten, München 1966.

315 BA, DY30/27449: Papier der SED-Parteiorganisation »Zum Umgang mit der Hinterlassenschaft F. Nietzsches in den NFG in Weimar«, 9. April 1986.

316 So fälschlich behauptet von Aschheim: Nietzsche und die Deutschen, S. 324. Instruktiv zur Zweiklassennutzungspraxis: Dietzsch: Der Eingeschlossene von Weimar, S. 170–174.

317 GSA 150/369: Brief Holtzhauer an Mende, 18. September 1961.

318 Vgl. Kaufhold: Was hat uns Nietzsche heute noch zu sagen.

319 GSA 150/369: Helmuth Braun an die NFG, 1. April 1962. Vgl. auch Dietzsch: Der Eingeschlossene von Weimar, S. 173.

320 GSA 150/2610 (Benutzeranträge 1973–81) Keßler publizierte dann aber noch: Tolstoj-Studien des späten Nietzsche, in: Zeitschrift für Slawistik, Bd. 23 (1978), S. 17–26.

321 Riedel: Nietzsche in Weimar, S. 16.

322 Korrespondenzen dazu in: GSA, 150/574.

323 Zit. nach Giuliano Campioni: Mazzino Montinari in den Jahren von 1943–1963, in: Nietzsche-Studien 17 (1988), S. XV–LX, hier: S. XVII. Weitere biografische Einblicke bei dems., »Die Kunst zu lesen«. Mazzino Montinari und das Handwerk des Philologen, in: Nietzsche-Studien 18 (1988), S. XV–LXXIV.

324 Campioni: Mazzino Montinari.

325 GSA 150/609: Bericht über Nietzsches Werke, hrsg. von G. Colli und M. Montinari (Florenz, Januar 1964).

326 Vgl. Gustav Seibt: Literatur, gründlich desinfiziert, in: DIE ZEIT 43 (2000). Vgl. zur Relevanz des Textes auch Ralph-Rainer Wuthenows Nachwort zur Inselausgabe von 1992.

327 Als IM »Keller« von 1971–1987 für die Bezirksverwaltung Erfurt. Vgl. BStU, Abt XX/7.

328 BStU, BV Eft AIM 542/78, Akte »IMS Gieshübler«, Bl. 50–53. Rechtschreibung beibehalten.

329 Ebd.

330 Brief an Colli, 3. Mai 1964, in: Campioni: Leggere Nietzsche, S. 311.

331 Bei Drillingen in der DDR die Regel. Vgl. Cesare Cases: Der Großherzog von Weimar. Erinnerung an Mazzino Montinari, in: Nietzsche-Studien 18 (1989), S. 20–26, S. 23f.

332 Vgl. Riedel: Nietzsche in Weimar, S. 287.

333 Karl-Heinz Hahn: Professor Mazzino Montinari, in: Goethe-Jahrbuch 101 (1987), S. 388–390.

334 Cases: Der Großherzog von Weimar, S. 24.

335 Hahn: Professor Mazzino Montinari.

336 Campioni: Leggere Nietzsche, S. 255.

337 Vgl. Cases: Der Großherzog von Weimar, S. 21.

338 Colli: Nach Nietzsche, S. 212.

339 GSA 150/574: Colli an Hahn, 3. Oktober 1963.

340 Vgl. die eine mangelnde DDR-Forschung mutig kritisierende Abhandlung: Hahn: Das Nietzsche-Archiv, S. 18f.

341 Ebd. Vgl. auch Werner Schubert: Friedrich Nietzsche und seine Nachwelt in Weimar, Leipzig 1997, S. 69–74.

342 Cases: Der Großherzog von Weimar, S. 24.

343 Auskunft Sigrid Montinaris während eines Treffens mit dem Verf. in Weimar, 8. September 2011.

344 Vgl. Campioni: Leggere Nietzsche, S. 271–274.

345 Ebd., S. 279f.

346 Montinari an Cantimori, 12. August 1962, in: Campioni: »Der Karren unserer Arbeit...«. Sechzehn Briefe von Mazzino Montinari an Delio Cantimori, in: Nietzsche-Studien 36 (2007), S. 61–92, hier: S. 63f.

347 Ludwig Marcuse: Mit geschlossenem Visier. Authentische Nietzsche-Texte – Authentische Kommentare, in: Die ZEIT 42 (1961).

348 Vgl. Briefe Montinaris an Colli, 1. August und 24. September 1966, in: Campioni: Leggere Nietzsche, S. 387–389.

349 Gero von Wilpert, von 1955–1972 Cheflektor bei Kröner.

350 Montinari an Colli aus Weimar, 10. März 1964, in: Campioni: Leggere Nietzsche, S. 293f.

351 Ebd., S. 301f.: Montinari an Colli aus Weimar, 6. April 1964.

352 Janz: Nietzsche.

353 GSA 150/574: Brief Janz an Hahn, 9. Januar 1963.

354 Nietzsche-Verleger in Holland, Frankreich und Italien.

355 Rudolf Boehm: Le Problème du »Wille zur Macht«, Œuvre Posthume de Nietzsche. À Propos d'Une Nouvelle Édition. in: Revue Philosophique De Louvain 61 (71/1963), S. 402–434.

356 Ital. Verleger und Nietzscheherausgeber.

357 Schreiben vom 1. November 1964, in: Campioni: Leggere Nietzsche, S. 324f.

358 DER SPIEGEL 34 (1967), S. 97f.

359 GSA 150/574: Brief Hahn an Janz, 3. Januar 1963.

360 DER SPIEGEL 34 (1967), S. 97f.

361 »Denn dies unterscheidet die harte Schule als gute Schule von jeder anderen: dass viel verlangt wird; dass streng verlangt wird; dass das Gute, das Ausgezeichnete selbst, als normal verlangt wird; dass das Lob selten ist, dass die Indulgenz fehlt; dass der Tadel scharf, sachlich, ohne Rücksicht auf Talent und Herkunft laut wird.« Friedrich Nietzsche: Der Wille zur Macht [Aphorismus 912], S. 630f.

362 Vgl. Steinbach: Die Sache mit dem Ofen.

363 Campioni: Leggere Nietzsche, S. 359.

364 Ebd., S. 427f.: Brief Montinaris, 15. August 1967.

365 Harich: Nietzsche und seine Brüder, S. 161.

366 BArch, DY30/27449: Brief Harich an Höpcke, 5. Oktober 1985.

367 Tucholsky: Fräulein Nietzsche, S. 14.

Nietzsches Sterbezimmer und ein Ecce homo für »schmutziges Geld«

368 Vgl. Hermann Lübbe: Der Fortschritt und das Museum, in: Dilthey-Jahrbuch für Philosophie und Geschichte der Geisteswissenschaften 1 (1983), S. 39–57.

369 Nietzsche aujourd'hui, Paris 1973. Vgl. auch: Hamacher: Nietzsche aus Frankreich.

370 Manfred Riedel erinnert an Teller in: Zeitkehre, S. 172–184.

371 Riedel: Nietzsche in Weimar, 287f.

372 Jürgen Teller: Briefe an Freunde. 1942–1999, hrsg. von Hubert Witt und Johanna Teller, Frankfurt a.M. 2007, S. 498.

373 BArch, DY 30/27110: Schreiben an Hoffmann, 29. Juli 1983. Von Hoffmann erging dann der positive Bescheid an das GSA. GSA 150/3548: Schreiben Hoffmann an Werner Schubert vom 19. August 1983.

374 Bei Ernst Bloch wiederholt auftretender Begriff, wonach bei ihm die soziale und ideologische Zuordnung des Sprechers gemeint ist.

375 GSA 150/3548: Positionspapier Teller (für Werner Schubert), 16. August 1982.

376 Ebd. Bernd Leistner, der diese Aussage in sein Goethe-Buch einschmuggelt hatte, war damals ebenfalls Mitarbeiter der NFG Weimars.

377 GSA 150/3548: Schreiben und Anlage Buhrs an Schubert, 28. Januar 1986.

378 Ferdinand Tönnies: Der Nietzsche-Kultus. Eine Kritik, Leipzig 1897. Eine Neuauflage erschien tatsächlich noch im

letzten Jahr der DDR im Berliner Akademie Verlag, bearbeitet von Rudolph Günther, einem Leipziger Ökonomen und Soziologen, der sich als einer der ganz wenigen Forscher Tönnies zugewandt hatte.

379 GSA 150/3548: Heise an Schubert, Januar 1986 (genaues Datum unleserlich).

380 BArch, DY 30/27449: Papier der SED-Parteiorganisation »Zum Umgang mit der Hinterlassenschaft F. Nietzsches in den Nationalen Forschungs- und Gedenkstätten der klassischen deutschen Literatur in Weimar, 09. April 1986.

381 Vgl. auch Riedel: Nietzsche in Weimar, S. 291f.

382 BArch, DY30/27449: Brief Harichs an Hoffmann, 8. Oktober 1985.

383 Ebd.

384 Ebd., Eingabe an Willi Stoph vom 22. Dezember 1985. »Die menschenfeindlichste Erscheinung«. Entdeckungen zum 150. Geburtstag: So verfolgte die DDR Friedrich Nietzsche – Ein Brief Harichs an Stoph, in: Der Tagesspiegel, 15. Oktober 1994, S. 19.

385 BArch, DY30/27449: Schreiben Hoffmanns an Harich, 1. November 1985.

386 Vgl. Riedel: Zeitkehre, S. 147.

387 Becher: Denn er ist unser.

388 Nietzsche Archiv, Geschichte, URL: www.klassik-stiftung.de/nietzsche-archiv (zuletzt abgerufen am 31. März 2020).

389 BArch, DR 1/2887, Bl. 317f.: Gutachten Dietzsch.

390 Vgl. Maffeis: Zwischen Wissenschaft und Politik, S. 185.

391 BArch, DR 1/2887, Bl. 315f.: Gutachten Pezold.

392 Friedrich Nietzsche: Ecce homo. Faksimileausgabe der Handschrift, Transkription Anneliese Claus, komm. von Karl-Heinz Hahn und Mazzino Montinari, hrsg. von Karl-Heinz Hahn, Leipzig 1985.

393 BA, DY30/27449: Brief Harichs an Hager, 4. Juni 1986.

394 Ebd.: Hausmitteilung Höpckes an Kulturminister Hoffmann. 16. Januar 1986.

395 BA, DY30/27449: Hausmitteilung Höpckes an Hoffmann, 16. Januar 1986.

396 In der normalerweise zitierten Ausgabe von 1908 fehlend und auch in der Studienausgabe Montinaris nicht bei der Autobiografie, sondern unter den Nachlassfragmenten eingeordnet.

397 Mit den hochgelobten Biografien Friedrichs des Großen (Ingrid Mittenzwei) und Bismarcks (Ernst Engelberg) sowie der Wiederaufstellung des Rauchschen Denkmals unter den Linden. Vgl. Erbe und Tradition in der DDR. Die Diskussion der Historiker, hrsg. von Helmut Meier u.a., Köln 1988.

398 Nietzsche: Ecce homo. Faksimileausgabe, Kommentar, S. 78f.

399 Vgl. Engelberg: Bismarck.

400 Nietzsche: Ecce homo. Faksimileausgabe, Kommentar, S. 79ff.

401 Vgl. ebd., Vorwort zum Kommentar.

402 GSA 150/2722: Brief Höpckes an Schubert, 22. April 1986.

403 BArch, DY 30/27450: Harich an die Leitung des Kulturbundes und an Hager, 16. Oktober 1987.

404 Bericht Gisela Harich-Hamburger. Zit. nach: Siegfried Prokop: Ich bin zu früh geboren. Auf den Spuren Wolfgang Harichs, Berlin 1997, S. 157f.

405 Vgl. Anne Harich: Wenn ich das gewußt hätte, passim; Prokop: Ich bin zu früh geboren.

Gespräche im Gästehaus und ein Manuskript

406 Anne Harich: Wenn ich das gewußt hätte, S. 218–225.

407 Wolfgang Harich: Revision des marxistischen Nietzschebildes?, in: Sinn und Form 39 (1987), S. 1018–1053.

408 Vgl. Joachim Walther: Sicherungsbereich Literatur. Schriftsteller und Staatssicherheit in der Deutschen De-

mokratischen Republik, Berlin 1996, S. 817.
409 Vgl. Heinz Pepperle: Revision des marxistischen Nietzsche-Bildes? In: Sinn und Form 38.5 (1986), S. 934–969.
410 Vgl. Große: Ernstfall Nietzsche, S. 15ff.
411 Harich: Revision, S. 1036.
412 Ebd., S. 1053.
413 Vgl. Anne Harich: Wenn ich das gewußt hätte, S. 220ff.
414 BArch, DY30/8784: Schreiben Harichs an Hermann Turley, 27. Juli 1982.
415 Anne Harich: Wenn ich das gewußt hätte, S. 222.
416 Sandvoss: Hitler und Nietzsche.
417 So Harich wörtlich in einem späteren Grundsatzreferat »F. N. als Schöpfer der faschistischen Ideologie« zur 4. Veranstaltung »Nietzsche und die Folgen« im Zentralinstitut für Philosophie der AdW der DDR am 16. Dezember 1988, in: BA, DY/30 27450.
418 Vgl. Anne Harich: Wenn ich das gewußt hätte, S. 223.
419 Ebd., S. 224f.
420 Gespräch mit Ralf Eichberg, Naumburg, 19. Mai 2014.
421 Schriftliche Auskunft Friedrich Tomberg an den Verfasser, 2. September 2013.
422 Manfred Buhr: Es geht um das Phänomen Nietzsche! Unsystematische Bemerkungen anlässlich unproduktiver Polemik und halbierter Empörung, in: Sinn und Form 40 (1988), S. 200–210.
423 Ebd., S. 202.
424 BStU/MfS – HA XX, Nr. 23841. Gesamtes Dokument nebst Korrespondenz mit der BStU auf S. 239–248 in diesem Buch.
425 Vgl. Harry Waibel: Rechtsextremismus in der DDR bis 1989, Köln 1996, S. 56. Annette Leo: Umgestoßen. Provokation auf dem jüdischen Friedhof in Berlin, Prenzlauer Berg 1988, Berlin 2005.
426 BArch, DY/30 27450: Brief Malornys an Hager, 10. Juli 1988.
427 BArch, DY30 7710: Schreiben Harichs an Hager, 27. August 1987.
428 BArch, DY30 7710: Schreiben Harichs an Hager, 27. August 1987.
429 Ebd.
430 BAarch, DY/30 7710: Gutachten Harichs zu Malorny an Berthold, 19. Juni 1987.
431 Ebd.
432 Nietzsche bezog nach Rückzug aus seiner Professur eine bescheidene Pension. Vgl. Stroux: Nietzsches Professur in Basel.
433 Förster-Nietzsche: Der junge Nietzsche.
434 Lou Andreas-Salomé: Friedrich Nietzsche in seinen Werken, hrsg. von Ernst Pfeiffer, Zürich 1951, S. 37–40.
435 Vgl. Malwida von Meysenbug: Memoiren einer Idealistin und ihr Nachtrag: Der Lebensabend einer Idealistin, Bd. 2, Berlin 1917, S. 239–252; Resa von Schirnhofer: Vom Menschen Nietzsche, in: Zeitschrift für Philosophische Forschung 22.2/3 (1968), S. 250–260 u. S. 441–458.
436 BArch, DY/30 7710: Gutachten Harichs zu Malorny an Berthold, 19. Juni 1987.
437 Meinungen zu einem Streit, in: Sinn und Form 40.1 (1988), S. 177–220.
438 Buhr: Es geht um das Phänomen Nietzsche!, S. 202.
439 Ebd., S. 203.
440 BArch, DY/30 7711: Schreiben Harichs an Lothar Berthold, 26. April 1988.
441 Vgl. Buhr: Es geht um das Phänomen Nietzsche!, S. 206.
442 BArch, DY/30 7711: Schreiben Harichs an Lothar Berthold, 26. April 1988.
443 Ebd.
444 Ebd.
445 Allesamt Stellen aus *Also sprach Zarathustra*.
446 BA, DY/30 7711: Schreiben Harichs an Lothar Berthold, 26. April 1988.
447 Vgl. Wolfgang Harich: Ahnenpass. Versuch einer Autobiographie, hrsg. von Thomas Grimm, Berlin 1999, S. 70–96.
448 BA, DY/30 27450: Brief Malornys an Hager, 10. Juli 1988.
449 Vgl. Harich: Ahnenpass, S. 70ff.

450 Mit einem sich anschließenden öffentlichkeitswirksamen Prozess und hohen Haftstrafen für die Täter. Vgl. Annette Leo: Umgestoßen. Provokation auf dem jüdischen Friedhof in Berlin, Prenzlauer Berg 1988, Berlin 2005. Dies., Umgeworfene Steine, in Horch & Guck 44 (2003), S. 32–38.

451 Vgl. Hugo Fischer: Der Realismus und das Europäertum, hrsg. und kommentiert von Steffen Dietzsch und Milos Havelka, Berlin 2019.

452 Heyer übernimmt und teilt diese Position. Vgl. Harich: Nietzsche. Der Wegbereiter des Faschismus, S. 440.

453 Die »*Ichphilosophie*« habe, so Duncker 1897, in Friedrich Nietzsche ihren jüngsten und blendendsten Vertreter« gefunden. Ihre »Voraussetzungslosigkeit« und die »Beschränkung auf die eigenste Selbsterkenntnis macht gerade diese Philosophie für den Arbeiter besonders geeignet.« Hermann Duncker: Eine Philosophie für das Proletariat, in: Sozialistische Monatshefte 1.7 (1897), S. 405–407.

454 Verfasst als Gegenpublikation zum Wuppertaler Kolloquium »Bruder Nietzsche« der Marx-Engels-Stiftung von 1988, wozu man Harich nicht eingeladen hatte. Das Manuskript fand 1989 keinen Verlag und erschien erst 1994.

455 Ebd., S. 129.

456 Ebd., S. 159f.

457 »Erst von mir an giebt es auf Erden g r o s s e P o l i t i k.« findet sich in: Ecce homo, KSA, Bd. 6, S. 366.

458 Harich: Nietzsche und seine Brüder, S. 142.

459 Ebd., S. 155.

460 Ebd., S. 162.

461 Vgl. Riedel: Nietzsche in Weimar, S. 299.

462 Für F. N.: Nietzsche in der bildenden Kunst der letzten dreißig Jahre. Ausstellung der Stiftung Weimarer Klassik in Schloss Belvedere, Weimar 31. Juli – 25. September 1994.

Hauptmann Stürmer macht Fortschritte – Nietzsche »unter Röcken«

463 Theodor Lessing: Wortmeldungen eines Unerschrockenen, S. 174f.

464 Kritischer Kommentar bei Wuthenow, in: Friedrich Nietzsche: Der Wille zur Macht.

465 Vgl. Diethe: Nietzsches Schwester, S. 209ff.

466 Vgl. Ansprachen zum Gedächtnis der Frau Dr. phil. h.c. Elisabeth Förster-Nietzsche bei den Trauerfeierlichkeiten in Weimar und Röcken am 11. und 12. November 1935, S. 8.

467 Vgl. Riedel: Zeitkehre, S. 129ff.

468 750 Jahre Röcken. 1232–1982. Festprogramm, 25. – 29. August 1982, S. 9.

469 Zit. nach Urs Marti: »Der große Pöbel- und Sklavenaufstand«. Nietzsches Auseinandersetzung mit Revolution und Demokratie, Stuttgart 1993, S. 144. Zu Nietzsches Verhältnis zur Kommune: Marc Sautet: Nietzsche et la Commune, Paris 1981. Vgl. auch Alexander Demandt: Vandalismus. Gewalt gegen Kultur, Berlin 1997, S. 162–165.

470 Gespräch mit Heidemarie Thamm in Röcken, 29. Juli 2014.

471 Vgl. Riedel: Zeitkehre, S. 131f.

472 Harich: Revision, S. 1052f.

473 BStU, BV Gera AOPK 1125/84 »Händler«, Bericht über die Aussprache, 27. Oktober 1983.

474 Ebd., Schreiben an das MfS Gera, 15. Januar 1984.

475 Ebd., Brief an Franz Joseph Strauß, 22. November 1983.

476 Ebd., Schreiben an Honecker, 20. Januar 1984.

477 Dietmar Remy: Opposition und Verweigerung in Nordthüringen (1976–1989), Duderstadt 1999, S. 296f.

478 Rolf Schilling: Scharlach und Schwan. Frühe Gedichte und Dramen (Gesammelte Werke 1), München 1990, S. 11.

479 Schilling: Zum Nietzsche – Tag. Rede,

gehalten auf dem Kirchhof zu Röcken am 25. 8. 1976, in: ders.: Kreis der Gestalten. Zwölf Huldigungen (Gesammelte Werke 2), München 1990, S. 67–81, S. 69.

480 Ebd., S. 78f.

481 Vgl. auch Remy: Opposition und Verweigerung, S. 297–205.

482 BStU BV Eft AOP 1835/87: OV »Poet«, Tonbandabschrift IMB Asker vom 1. Mai 1984.

483 Ich danke den BStU-Mitarbeitern Petra Moritz und Roberto Welzel. Sie nahmen sich meiner Nachfragen mit Interesse und Enthusiasmus an, den die Geschichte zuweilen mit sich bringen und für den Suchenden zum Abenteuer machen kann.

484 Vgl. Remy: Opposition und Verweigerung, S. 295–307.

485 Ebd., S. 299f.

486 Schilling: Zum Nietzsche-Tag, S. 69.

487 Vgl. Winkler-Wegweiser zur Weltliteratur: rund 300 Bände Weltliteratur – das größte Programm abendländischer Dichtung, München 1983.

488 BStU BV Eft AOP 1835/87: OV »Poet«, Tonbandabschrift IMB Asker, 1. Mai 1984.

489 Rolf Schilling: Nietzsche Ring der Ringe, in: ders.: Kreis der Gestalten. Zwölf Huldigungen (Gesammelte Werke 2), München 1990, S. 199–223, S. 199f.

490 Vgl. Remy: Opposition und Verweigerung, S. 296.

491 GSA 150/3665: Brief des NFG-Direktors Holtzhauer an Museumsleiter Bach, 19. Juni 1970.

492 Vgl. Riedel: Nietzsche in Weimar, S. 248–256.

493 GSA 150/3548: Positionspapier Jürgen Teller für eine Weimarer Nietzsche-Dokumentation, 16. August 1982.

494 Dietzsch: Der Eingeschlossene von Weimar, S. 178.

495 BStU, BV Hle AOP 2132/89: Stasiakte Curt Stauss.

496 Ebd., Aktenvermerk, 24. April 1980.

497 Dietzsch: Der Eingeschlossene von Weimar, S. 177.

498 Briefliche Auskunft des Landesamtes für Denkmalpflege des Landes Sachsen-Anhalt (Ref. Andreas Stahl), 20. August 2014.

499 Privatarchiv Creutzburg: Brief Creutzburg an Pernet, 24. März 1990.

500 Reinhard Creutzburg: In der Kirche – gegen die Kirche – für die Kirche: die religiös-sozialistische Bewegung in Thüringen 1918–1926; ein Beitrag zur Geschichte des religiösen Sozialismus in Deutschland und der evangelischen Kirche in Thüringen, Halle 1989.

501 Gespräch in Stendal, 10. September 2013.

502 Privatarchiv Creutzburg: Brief Heinz Friedrich an Reinhard Creutzburg, 11. Dezember 1987.

503 Privatarchiv Creutzburg: Brief Reinhard Creutzburg an Heinz Friedrich, 12. Januar 1988.

504 Gespräch Thamm, 29. Juli 2014 in Röcken.

505 Vgl. Wilhelm Hennis: Die Spuren Nietzsches im Werk Max Webers, in: Nietzsche-Studien 16 (1987), S. 382–404.

506 Privatarchiv Creutzburg: Brief Wilhelm Hennis an Creutzburg, 31. August 1987

507 Martin Pernet: Das Christentum im Leben des jungen Friedrich Nietzsche, Opladen 1989.

508 Privatarchiv Creutzburg: Brief Pernet an Creutzburg, 18. Februar 1990.

509 Wulf Kirsten, Stimmenschotter. Gedichte, Zürich 1993, S. 39.

510 Privatarchiv Creutzburg: Brief Pernet an Creutzburg, 31. Juli 1990.

511 Rolf Schilling, Lebens Mittag. Erstes Buch: Notizen und Träume (Gesammelte Werke 4,4), München 1995, S. 185–189.

512 Ders.: Auf weitestem Feld, München 2019, S. 261.

ABKÜRZUNGSVERZEICHNIS

ABM	Arbeitsbeschaffungsmaßnahme
AdW	Akademie der Wissenschaften
CD	Corps diplomatique
DZfPh	Deutsche Zeitschrift für Philosophie
EOS	Erweiterte Oberschule
FDJ	Freie deutsche Jugend
GSA	Goethe- und Schiller-Archiv Weimar
HVA	Hauptverwaltung Aufklärung
IM	Inoffizieller Mitarbeiter im MfS
IMB	Inoffizieller Mitarbeiter der Abwehr mit Feindverbindung oder zur unmittelbaren Bearbeitung im Verdacht der Feindtätigkeit stehender Personen
IMS	Inoffizieller Mitarbeiter zur politisch-operativen Durchdringung und Sicherung des Verantwortungsbereiches
KSA	Sämtliche Werke, Kritische Studienausgabe in 15 Bänden, hrsg. von Giorgio Colli und Mazzino Montinari, 2. Aufl. München 1988
KSB	Sämtliche Briefe. Kritische Studienausgabe in 8 Bänden, hrsg. von Giorgio Colli und Mazzino Montinari, München 1986
MfS	Ministerium für Staatssicherheit
MIBRAG	Mitteldeutsche Braunkohlegesellschaft
NAPOLA	Nationalpolitische Erziehungsanstalt
NDPD	National-Demokratische Partei Deutschland
NF	Nachgelassene Fragmente
NFG	Nationale Forschungs- und Gedenkstätten der Klassischen deutschen Literatur in Weimar
NSW	Nicht-sozialistisches Wirtschaftsgebiet
SMAD	Sowjetische Militäradministration in Deutschland
UPL	Universitätsparteileitung

ABBILDUNGSNACHWEIS

bpk: S. 25
bpk – Bayerische Staatsbibliothek – Archiv Heinrich Hoffmann: S. 96
DER SPIEGEL 24/1981: S. 106
Geeske Janßen, 2019, VG Bildkunst: S. 235
Gemeinfrei: S. 85
Jens Hauspurg: S. 179
Mirko Seidel – architektur-blicklicht: S. 216, 231
Privatarchiv Matthias Steinbach: S. 44, 59, 225
Privatarchiv Harald Kretzschmar: S. 110

VERZEICHNIS DER ARCHIVE UND SAMMLUNGEN

BArch – Bundesarchiv, hier der Standort Berlin-Lichterfelde
BStU – Die Behörde des Bundesbeauftragten für die Unterlagen des Staatssicherheitsdienstes der ehemaligen Deutschen Demokratischen Republik
BV – Bezirksverwaltung
Hle – Halle
Eft – Erfurt
GSA – Goethe- und Schiller-Archiv
Privatarchiv Creutzburg, Stendal
UAJ – Universitätsarchiv der Friedrich-Schiller-Universität Jena

GESPRÄCHSPARTNER

Dorothee Berthold (Röcken)
Dr. Reinhard Creutzburg (Stendal)
Prof. Dr. Steffen Dietzsch (Berlin)
Dr. Ralf Eichberg (Naumburg)
Stefanie Jung (Röcken/Leipzig)
Prof. Dr. Reinhard Mocek (Halle)
Sigrid Montinari (Weimar/Florenz)
Dr. Erhard Naake (Weimar)
Prof. Dr. Manfred Neuhaus (Leipzig)
Prof. Dr. Renate Reschke (Berlin)
Prof. Dr. Gerhard Schaumann (Tautenburg)
Rolf Schilling (Udestedt)
Prof. Dr. Alexander Schwarz (Bad Harzburg)
Curt Stauss (Wittenberg)
Dr. Martin Steinbach (Jena)
Heidemarie Thamm (Röcken)
Prof. Dr. Friedrich Tomberg (Oberkrämer)

LITERATURVERZEICHNIS

Abusch, Alexander: Der Irrweg einer Nation. Ein Beitrag zum Verständnis der deutschen Geschichte, Berlin 1946.

Agthe, Kai: »Ihrer sind nicht viele, aber man muss sie kennenlernen«. Zu Franz Fühmanns Nietzsche-Rezeption, in: »Dichter sein heißt aufs Ganze aus sein«. Zugänge zu Poetologie und Werk Franz Fühmanns, hrsg. von Brigitte Krüger, Frankfurt a.M. 2003, S. 187–200.

Agthe, Kai (Hrsg.): Friedrich Nietzsche: »Ich habe nun schon manches erfahren.« Die frühen autobiographischen Schriften, Weimar 2003.

Agthe, Kai: »Sie fabelt ganz außerordentlich ...«. Elisabeth Förster-Nietzsche (1846–1935), in: Ketzer, Käuze, Querulanten: Außenseiter im universitären Milieu, hrsg. von Matthias Steinbach, Jena 2008, S. 177–197.

Andreas-Salomé, Lou: Lebensrückblick. Grundriss eigener Lebenserinnerungen. Aus dem Nachlass hrsg. von Ernst Pfeiffer, Zürich/Wiesbaden 1951.

Andreas-Salomé, Lou: Friedrich Nietzsche in seinen Werken, hrsg. von Ernst Pfeiffer, Zürich 1951.

Aschheim, Steven E.: Nietzsche und die Deutschen. Karriere eines Kults, Stuttgart 1996.

Baeumler, Alfred: Nietzsche. Der Philosoph und Politiker, Leipzig 1931.

Bataille, Georges: Sur Nietzsche, volonté de chance, Paris 1945.

Bauch, Bruno: Der Geist von Potsdam und der Geist von Weimar. Eine Rede bei der von der Universität Jena veranstalteten Feier des Jahrestages der Gründung des Deutschen Reiches, gehalten am 18. Januar 1926, Jena 1926.

Bauer, Ileana: Rezension zu: Oduev: Tropamy Zaratustry, in: DZfPh 21.3 (1973), S. 391–396.

Becher, Johannes R.: Deutsches Bekenntnis. Drei Reden zu Deutschlands Erneuerung, Berlin 1945.

Becher, Johannes R.: Denn er ist unser. Friedrich Schiller, der Dichter der Freiheit. Rede im Weimarer Nationaltheater, 9. Mai 1955, Berlin 1955.

Becher, Johannes R.: Deutsche Lehre, in: Ders.: Gesammelte Werke, Bd. 16: Publizistik II. 1939–1945, Berlin/Weimar 1978, S. 240–294.

Benders, Raymond J. (Hrsg.): Friedrich Nietzsche. Chronik in Bildern und Texten, München 2000.

Bernoulli, Carl (Hrsg.): Franz Overbeck und Friedrich Nietzsche. Eine Freundschaft nach ungedruckten Dokumenten und im Zusammenhang mit der bisherigen Forschung dargestellt, Bd. 2, Jena 1908.

Bertram, Ernst: Nietzsche. Versuch einer Mythologie, Berlin 1919.

Bloch, Ernst: Leipziger Vorlesungen zur Geschichte der Philosophie, Bd. 4.2: Deutscher Idealismus. Die Philosophie des 19. Jahrhunderts, Frankfurt a.M. 1985.

Bloch, Peter André: Wahrheit im Perspektivenwechsel. Vom Umgang mit Literatur, Wissenschaft und Menschen im Wechsel von Gesellschaftsformen oder Die Methode des Verschweigens und Vergessens in der Bewältigung der DDR-Wirklichkeit, in: Christa Grimm/Ilse Nagelschmidt/Ludwig Stockinger (Hrsg.): Mannigfaltigkeit der Richtungen. Analyse und Vermittlung kultureller Identität im Blickfeld germanistischer Literaturwissenschaft, Leipzig 2001, S. 187–222.

Boehm, Rudolf: Le Problème du »Wille Zur Macht«, Œuvre Posthume de Nietzsche. À Propos d'Une Nouvelle Édition. in: Revue Philosophique De Louvain 61 (71/1963), S. 402–434.

Bohley, Reiner: Nietzsches christliche Erziehung, in: Nietzsche-Studien 16 (1987), S. 164–196.

Bohley, Reiner: Die Christlichkeit einer Schule. Schulpforte zur Schulzeit Nietzsches, hrsg. und mit einem Nachwort versehen von Kai Aghte, Jena 2007.

Bruder Nietzsche? Wie muss ein marxistisches Nietzsche-Bild heute aussehen?, hrsg. von der Marx-Engels.-Stiftung e.V., Wuppertal 1988.

Buhr, Manfred: Es geht um das Phänomen Nietzsche! Unsystematische Bemerkungen anlässlich unproduktiver Polemik und halbierter Empörung, in: Sinn und Form 40 (1988), S. 200–210.

Busch, Ulrich: Nietzsche und die DDR, in: Utopie kreativ 118 (2000), S. 762–777.

Campioni, Giuliano: Mazzino Montinari in den Jahren von 1943–1963, in: Nietzsche-Studien 17 (1988), S. XV–LX, hier: S. XVII.

Campioni, Giuliano: »Die Kunst zu lesen«. Mazzino Montinari und das Handwerk des Philologen, in: Nietzsche-Studien 18 (1988), S. XV–LXXIV.

Campioni, Giuliano: Leggere Nietzsche. Alle origini dell'edizione Colli-Montinari. Con lettere e testi inediti, Pisa 1992.

Campioni, Giuliano: »Der Karren unserer Arbeit…«. Sechzehn Briefe von Mazzino Montinari an Delio Cantimori, in: Nietzsche-Studien 36 (2007), S. 61–92.

Cases, Cesare: Der Großherzog von Weimar. Erinnerung an Mazzino Montinari, in: Nietzsche-Studien 18 (1989), S. 20–26.

Caysa, Volker u.a. (Hrsg.): Hoffnung kann enttäuscht werden. Ernst Bloch in Leipzig, Frankfurt a.M. 1992.

Colli, Giorgio: Nach Nietzsche, Frankfurt a.M. 1980.

Corino, Carlo: Nietzsche als Devisenbringer. Vom Umgang des SED-Staats mit dem ungeliebten Philosophen, in: Nürnberger Nachrichten, 8./9. September 1990, S. 21.

Creutzburg, Reinhard: In der Kirche – gegen die Kirche – für die Kirche: die religiös-sozialistische Bewegung in Thüringen 1918–1926; ein Beitrag zur Geschichte des religiösen Sozialismus in Deutschland und der evangelischen Kirche in Thüringen, Halle 1989.

Csongár, Almos: Der gute Europäer aus der Sicht von Friedrich Nietzsche, Cuxhaven u.a. 2003.

Decker, Kerstin: Die Schwester. Das Leben der Elisabeth Förster-Nietzsche, Berlin 2016.

Demandt, Alexander: Vandalismus. Gewalt gegen Kultur, Berlin 1997.

Dieckmann, Friedrich: Der Irrtum des Verschwindens. Zeit- und Ortsbestimmungen, Leipzig 1996.

Diethe, Carol: Nietzsches Schwester und der Wille zur Macht. Biografie der Elisabeth Förster-Nietzsche, Hamburg/Wien 2001.

Dietzsch, Steffen: Der Eingeschlossene von Weimar. Zum Umgang mit Friedrich Nietzsche in der NFG, in: »Forschen und Bilden«. Die nationalen Forschungs- und Gedenkstätten der klassischen deutschen Literatur in Weimar 1953–1991, hrsg. von Lothar Ehrlich, Köln u.a. 2005, S. 167–179.

Dietzsch, Steffen: Denkfreiheit. Über Deutsche und von Deutschem, Leipzig 2016.

Duncker, Hermann: Eine Philosophie für das Proletariat, in: Sozialistische Monatshefte 1.7 (1897), S. 405–407.

Dwars, Jens-Fietje: Johannes R. Becher. Triumph und Verfall. Eine Biographie, Berlin 2003.

Elm, Ludwig (Hrsg.): Falsche Propheten. Studien zum konservativ-antidemokratischen Denken im 19. und 20. Jahrhundert, Berlin 1984.

Engelberg, Ernst: Bismarck, 2 Bde., Berlin 1985–1993.

Fischer, Hugo: Der Realismus und das Europäertum, hrsg. und kommentiert von Steffen Dietzsch und Milos Havelka, Berlin 2019.

Förster-Nietzsche, Elisabeth: Der junge Nietzsche, Leipzig 1912.

Förster-Nietzsche, Elisabeth: Das Leben Friedrich Nietzsches, Bd. 2: Der einsame Nietzsche, Leipzig 1914.

Fühmann, Franz: Der Sturz des Engels. Erfahrungen mit Dichtung, Hamburg 1982.

Fühmann, Franz: Kameraden, Rostock 1985.

Fühmann, Franz: Briefe 1950–1984, hrsg. von Hans-Jürgen Schmitt, Rostock 1994.

Gadamer, Hans-Georg: Philosophische Lehrjahre. Eine Rückschau, Frankfurt a.M. 1977.

Gerlach, Hans-Martin: Spätbürgerliche Philosophie und Konservativismus, in: DZfPh, 24.5 (1976), S. 603–617.
Gerlach, Hans-Martin (Hrsg.): Chrestomathie zur Geschichte der neuesten bürgerlichen Philosophie, Bd. 1: Schopenhauer, Kierkegaard, Nietzsche, Dilthey, Windelband, Husserl, Halle 1980.
Gerlach, Hans-Martin: Nietzsche – ein Philosoph für alle und keinen?, in: DZfPh 36.9 (1988), S. 777–786.
Große, Jürgen: Ernstfall Nietzsche. Debatten vor und nach 1989, Bielefeld 2010.
Grotewohl, Otto: Die geistige Situation der Gegenwart, und der Marxismus, in: Um die Erneuerung der Kultur, Dokumente 1945–1949, hrsg. von Gerd Dietrich, Berlin 1983, S. 222–224.
Günther, Friederike Felicitas: Rhythmus beim frühen Nietzsche, Berlin 2008, S. 96.
Haase, Horst (Hrsg.): Orientierungen, Errungenschaften, Probleme, Berlin 1986.
Habermas, Jürgen: Nachwort, in: Friedrich Nietzsche: Erkenntnistheoretische Schriften, Frankfurt/Main 1968, S. 237–261.
Haffner, Sebastian: Überlegungen zu Friedrich II. und Preußen, in: Ders.: Preußen ohne Legende, Hamburg 1978.
Haffner, Sebastian: Ernst Niekisch, in: Ders./ Wolfgang Venohr: Preußische Profile, Königstein/Ts. 1980, S. 243–259.
Hager, Kurt: Der Kampf gegen bürgerliche Ideologien und Revisionismus, in: DZfPh 4.5/6 (1956), S. 533–538.
Hahn, Karl-Heinz: Professor Mazzino Montinari, in: Goethe-Jahrbuch 101(1987), S. 388–390.
Hahn, Karl-Heinz: Das Nietzsche-Archiv, in: Nietzsche-Studien 18 (1989), S. 1–19.
Hamacher, Werner (Hrsg.): Nietzsche aus Frankreich, Berlin/Wien 2003.
Hamann, Richard/Hermand, Jost: Deutsche Kunst und Kultur von der Gründerzeit bis zum Expressionismus, Bd. 1: Gründerzeit, Berlin 1965.
Hankowitz, Manfred: Über das Krankenjournal Friedrich Nietzsches und dessen Verbleib, in: Confinia Psychiatrica 18 (1975), S. 42–47.
Harich, Anne: »Wenn ich das gewußt hätte«. Erinnerungen an Wolfgang Harich, Berlin 2007.
Harich, Wolfgang: Nietzsche im Zwielicht des Jahrhunderts, in: Der Kurier. Die Berliner Abendzeitung, 09. Februar 1946.
Harich, Wolfgang: Rezension zu: Georg Lukács: Die Zerstörung der Vernunft, Berlin 1954, in: DZfPh 3.1 (1955), S. 133–145.
Harich, Wolfgang: Revision des marxistischen Nietzschebildes?, in: Sinn und Form 39 (1987), S. 1018–1053.
Harich, Wolfgang: Keine Schwierigkeiten mit der Wahrheit: Zur nationalkommunistischen Opposition 1956 in der DDR, Berlin 1993.
Harich, Wolfgang: Nietzsche und seine Brüder. Eine Streitschrift in sieben Dialogen, Berlin 1994.
Harich, Wolfgang: Ahnenpass. Versuch einer Autobiographie, hrsg. von Thomas Grimm, Berlin 1999.
Harich, Wolfgang: Friedrich Nietzsche. Der Wegbereiter des Faschismus (Schriften aus dem Nachlass Wolfgang Harichs, Bd. 12). Mit weiteren Dokumenten und Materialien herausgegeben von Andreas Heyer, Baden-Baden 2019.
Hartleb, Margit/Wahl, Volker: Nietzsches Jenaer Krankenakte auf Wanderschaft. Überlieferung, Benutzung und Verbleib, in: Weimar – Jena. Die große Stadt 4.1 (2011), S. 57–87.
Heidegger, Martin: Einführung in die Metaphysik, Tübingen 1953.
Heidegger, Martin: Nietzsche, 2 Bde., Pfullingen 1961.
Heinecke, Dirk: Transformationsprozesse im Schulsystem der Sowjetischen Besatzungszone/frühen Deutschen Demokratischen Republik 1945 bis 1958 am Beispiel der ehemaligen Fürstenschule und Nationalpolitischen Erziehungsanstalt Schulpforta, Berlin 2013.
Heise, Wolfgang: Rezension zu: Karl Schlechta: Der Fall Nietzsche, in: DZfPh 6.5 (1958), S. 821f.
Heise, Wolfgang: Rezension zu: Friedrich

Nietzsche. Werke in drei Bänden. Hrsg. von Karl Schlechta, München 1954–56, in: DZfPh, 6.4 (1958), S. 653–658.

Heise, Wolfgang: Aufbruch in die Illusion. Zur Kritik der bürgerlichen Philosophie, Berlin 1964.

Hennis, Wilhelm: Die Spuren Nietzsches im Werk Max Webers, in: Nietzsche-Studien 16 (1987), S. 382–404.

Hermand, Jost: Der Kunsthistoriker Richard Hamann. Eine politische Biografie (1879–1961), Weimar/Wien 2009.

Hermlin, Stefan (Hrsg.): Deutsches Lesebuch. Von Luther bis Liebknecht, Leipzig 1976.

Hermlin, Stefan: Von älteren Tönen, in: Sinn und Form 40.1: Meinungen zu einem Streit (1988), S. 177–220.

Herzberg, Guntolf: Ernst Bloch in Leipzig. Der operative Vorgang »Wild«, in: ZfG 42 (1994), S. 677–693.

Herzberg, Guntolf: Abhängigkeit und Verstrickung. Studien zur DDR-Philosophie, Berlin 1996, S. 242–244.

Heyer, Andreas: Studien zu Wolfgang Harich, Norderstedt [2]2016.

Hoffmann, David Marc: Zur Geschichte des Nietzsche-Archivs, Berlin 1991.

Holz, Hans Heinz: Die abenteuerliche Rebellion. Bürgerliche Protestbewegungen in der Philosophie. Stirner, Nietzsche, Sartre, Marcuse, Neue Linke, Darmstadt 1976.

Honecker, Erich: Aus meinem Leben, Berlin 1980.

Jäckel, Eberhard: Das deutsche Jahrhundert. Eine historische Bilanz, Stuttgart 1996.

Janka, Walter: Schwierigkeiten mit der Wahrheit, Reinbeck 1990.

Janz, Curt Paul: Friedrich Nietzsche. Biographie in drei Bänden, München 1978.

Jodl, Markus: Amboss oder Hammer? Otto Grotewohl. Eine politische Biographie, Berlin 1997.

Kais, Leila (Hrsg.): Das Daedalus-Prinzip. Ein Diskurs zur Montage und Demontage von Ideologien. Steffen Dietzsch zum 65. Geburtstag, Berlin 2009.

Kang, Yong-Soo: Nietzsches Kulturphilosophie, Würzburg 2003.

Kapferer, Norbert: Nietzsche und Heidegger in der gegenwärtigen DDR-Philosophie, in: Ideologie und gesellschaftliche Entwicklung in der DDR. Achtzehnte Tagung zum Stand der DDR-Forschung in der Bundesrepublik Deutschland 28. bis 31. Mai 1985, hrsg. von Ilse Spittmann-Rühle und Gisela Helwig, Köln 1985, S. 77–96.

Kaufhold, Bernhard: Zur Nietzsche-Rezeption in der westdeutschen Philosophie, in: Beiträge zur Kritik der gegenwärtigen bürgerlichen Geschichtsphilosophie, hrsg. von Robert Schulz, Berlin 1958, S, 279–409.

Kaufhold, Bernhard: Was hat uns Nietzsche heute noch zu sagen. Kein Platz für Übermenschen, in: SONNTAG 17.10 (1962), S. 15.

Kessler, Harry Graf: Das Tagebuch. 1880–1937, Bd. 3: 1897–1905, hrsg. von Carina Schäfer und Gabriele Biedermann, Stuttgart 2004.

Kirsten, Wulf: Stimmenschotter. Gedichte, Zürich 1993.

Kliche, Holger: »Wir haben doch unsere Zeit ausgelebt...«. Aus dem Leben der Anna Auerbach (1861–1933), in: An der Seite gelehrter Männer. Frauen zwischen Emanzipation und Tradition, hrsg. von Sonja Häder und Ulrich Wiegmann, Bad Heilbronn 2017, S. 58–74.

Kluge, Gerhard: Der »NATO-Professor« Walter Brödel: Dokumentation, Erfurt 1999.

Leo, Annette: Umgestoßen. Provokation auf dem jüdischen Friedhof in Berlin, Prenzlauer Berg 1988, Berlin 2005.

Leshnew, I.: Also sprach Nietzsche, in: Tägliche Rundschau, Bd. 2.2/3 (1947), S. 68–81; S. 87–105.

Lessing, Theodor: Wortmeldungen eines Unerschrockenen. Publizistik aus drei Jahrzehnten, hrsg. u. m. einer Einl. vers. von Hans Stern, Leipzig 1987.

Lübbe, Hermann: Der Fortschritt und das Museum, in: Dilthey-Jahrbuch für Philosophie und Geschichte der Geisteswissenschaften 1 (1983), S. 39–57.

Lukács, Georg: Die Zerstörung der Vernunft, Berlin 1954.
Maffeis, Stefania: Zwischen Wissenschaft und Politik. Transformationen der DDR-Philosophie 1945 - 1993, Frankfurt a.M. 2007.
Malorny, Heinz: Friedrich Nietzsche, in: Philosophenlexikon der DDR, hrsg. von Erhard Lange und Dietrich Alexander, Berlin 1982, S. 693–698.
Malorny, Heinz: Zur Philosophie Friedrich Nietzsches, Akademie Verlag, Berlin 1989.
Mann, Golo: Deutsche Geschichte des 19. und 20. Jahrhunderts. Frankfurt a.M. ²1991, S. 471–480.
Mann, Thomas: Doktor Faustus. Das Leben des deutschen Tonsetzers Adrian Leverkühn, erzählt von einem Freunde, Stockholm 1947.
Mann, Thomas: Nietzsches Philosophie im Lichte unserer Erfahrung. Ein Vortrag, Berlin 1948.
Marcuse, Ludwig: Mit geschlossenem Visier. Authentische Nietzsche-Texte - Authentische Kommentare, in: Die ZEIT 42 (1961).
Marti, Urs: »Der große Pöbel- und Sklavenaufstand«. Nietzsches Auseinandersetzung mit Revolution und Demokratie, Stuttgart 1993.
Meckel, Markus: Der Weg Zarathustras als der Weg des Menschen. Zur Anthropologie Nietzsches im Kontext der Rede von Gott im »Zarathustra«, in: Nietzsche-Studien 9 (1980), S. 174–208.
Mehring, Franz/Lukács, Georg: Friedrich Nietzsche, Berlin 1957.
Mende, Georg: Besprechung: Erich Podach: Nietzsches Werke des Zusammenbruchs, in: DZfPh 10.2 (1962), S. 1584–1588.
Mende, Georg: Gespräch, in: Urania-Universum, Bd. 8 (1965), S. 389–398.
Mende, Georg: Philosophie und Ideologie. Marxistisch-leninistische Polemik in philosophiehistorischer Bewährungsprobe, Berlin 1971.
Meyer, Susanne: Schule der Besten. Die Pforta in Sachsen-Anhalt, wo Nietzsche und Klopstock lernten, soll wieder werden, wie sie war, in: Die ZEIT 22 (1991).
Meysenbug, Malwida von: Memoiren einer Idealistin und ihr Nachtrag: Der Lebensabend einer Idealistin, Bd. 2, Berlin 1917.
Middell, Eike: Totalität und Dekadenz. Zur Auseinandersetzung von Georg Lukács mit Friedrich Nietzsche, in: Weimarer Beiträge 31.4 (1985), S. 558–572.
Montinari, Mazzino: Nietzsche lesen, Berlin 1982.
Müller-Lauter, Wolfgang: Ständige Herausforderung. Über Mazzio Montinaris Verhältnis zu Nietzsche, in: Nietzsche-Studien 18 (1989), S. 32–62.
Naake, Erhard: Zur Rolle Peter Gasts im Leben und Schaffen Friedrich Nietzsches, in: Schriftenreihe der Hochschule für Musik »Franz Liszt« 2 (1983), S. 30–50.
Naake, Erhard: F. Nietzsches Verhältnis zu wichtigen sozialen und politischen Bewegungen seiner Zeit, Dissertation A, Jena 1986.
Naake, Erhard: Das Verhältnis Franz Liszts zu Richard Wagner im Urteil Friedrich Nietzsches, in: Bericht über die Wissenschaftliche Konferenz »Das Weimarer Schaffen Franz Liszts und seine Ausstrahlung auf die Weltmusikkultur«, Weimar 1987, S. 123–132.
Neumann, Franz: Behemoth. The Structure and Practice of National Socialism. New York ²1944.
Niekisch, Ernst: Im Vorraum des Faschismus, in: Der Aufbau 2 (1946), S. 122–137.
Niekisch, Ernst: Europäische Bilanz, Potsdam 1951.
Niekisch, Ernst: Erinnerungen eines deutschen Revolutionärs, Bd. 1: Gewagtes Leben, Köln 1958, S. 252–254.
Niethammer, Lutz: Posthistoire. Ist die Geschichte zu Ende? Reinbek 1989.
Nietzsche, Friedrich: Werke in drei Abtheilungen, Leipzig 1910ff.
Nietzsche, Friedrich: Also sprach Zarathustra. Ein Buch für alle und keinen, Leipzig 1927.
Nietzsche, Friedrich: Gedichte, mit einem Nachwort von Kurt Hildebrandt, Leipzig 1942.

Nietzsche, Friedrich: Werke in 3 Bänden, Bd. 3, hrsg. von Karl Schlechta, München 1956.
Nietzsche, Friedrich: Ecce homo. Faksimileausgabe der Handschrift, Transkription Anneliese Claus, komm. von Karl-Heinz Hahn und Mazzino Montinari, hrsg. von Karl-Heinz Hahn, Leipzig 1985.
Nietzsche, Friedrich: Sämtliche Briefe (s. KSB im Abkürzungsverzeichnis).
Nietzsche, Friedrich: Sämtliche Werke (s. KSA im Abkürzungsverzeichnis).
Nietzsche, Friedrich: Die fröhliche Wissenschaft (La gaya scienza), hrsg. mit Anm. zum Nietzsche-Text und mit einem Essay: Friedrich Nietzsches »Fröhliche Wissenschaft« oder vom zerbrechlichen Gleichgewicht einer Philosophie von Renate Reschke, Leipzig 1990.
Nietzsche, Friedrich: Der Wille zur Macht. Mit einem Nachwort von Ralph-Rainer Wuthenow, Frankfurt a.M. und Leipzig 1992.
Nipperdey, Thomas: Deutsche Geschichte 1866–1918, Bd. 1: Arbeitswelt und Bürgergeist, München 1990.
Oduev, Stefan Fedorovič: Auf den Spuren Zarathustras. Der Einfluß Nietzsches auf die bürgerliche deutsche Philosophie. aus dem Russischen übertragen von Günter Rieske, mit einem Vorwort von Hans-Martin Gerlach und Günter Rieske, Berlin 1977.
Pepperle, Heinz: Revision des marxistischen Nietzsche-Bildes? Vom inneren Zusammenhang einer fragmentarischen Philosophie, in: Sinn und Form 38 (1986), S. 934–969.
Pernet, Martin: Das Christentum im Leben des jungen Friedrich Nietzsche, Opladen 1989.
Pieck, Wilhelm: Um die Erneuerung der deutschen Kultur, in: Um die Erneuerung der Kultur, Dokumente 1945–1949, hrsg. von Gerd Dietrich, Berlin 1983, S. 101–121.
Ploenus, Michael: »... so wichtig wie das täglich Brot«. Das Jenaer Institut für Marxismus-Leninismus 1945–1990, Köln u.a. 2007.
Podach, Erich F. (Hrsg.): Der kranke Nietzsche. Briefe seiner Mutter an Franz Overbeck, Wien 1937.
Podach, Erich F.: Nietzsches Zusammenbruch. Beiträge zu einer Biographie auf Grund unveröffentlichter Dokumente, Heidelberg 1930.
Podach, Erich F.: Gestalten um Nietzsche. Mit unveröffentlichten Dokumenten zur Geschichte seines Lebens und seines Werks, Weimar 1931.
Podach, Erich F.: Friedrich Nietzsches Werke des Zusammenbruchs, Heidelberg 1960.
Prokop, Siegfried: Ich bin zu früh geboren. Auf den Spuren Wolfgang Harichs, Berlin 1997.
Reichert, Herbert W.: Die gegenwärtige Lage Nietzsches: Nietzsche-Literatur in der Nachkriegszeit, in: Monats-hefte, Bd. 51.3 (1959), S. 105f.
Remy, Dietmar: Opposition und Verweigerung in Nordthüringen (1976–1989), Duderstadt 1999.
Reschke, Renate: Die anspornende Verachtung der Zeit. Studien zur Kulturkritik und Ästhetik Friedrich Nietzsches, Promotion B, Berlin 1983.
Reschke, Renate: Kritische Aneignung und notwendige Auseinandersetzung. Zu einigen Tendenzen moderner bürgerlicher Nietzsche-Rezeption, in: Weimarer Beiträge 29.7 (1983), S. 1190–1215.
Reschke, Renate: Denkumbrüche mit Nietzsche. Zur anspornenden Verachtung der Zeit, Berlin 2000.
Riedel, Manfred: Zeitkehre. Wege in das vergessene Land, Berlin 1991.
Riedel, Manfred/Decker, Gunnar: Weltenwechsel, in: NdL 44.2 (1996), S. 126–132.
Riedel, Manfred: Nietzsche in Weimar. Ein deutsches Drama, Leipzig 2000.
Ritter, Henning: Notizhefte, Berlin [8]2011.
Rosenberg, Alfred: Der Mythus des 20. Jahrhunderts. Eine Wertung der seelisch-geistigen Gestaltenkämpfe unserer Zeit, München 1930.
Sabrow, Martin (Hrsg.): Erinnerungsorte der DDR, München 2009.

Sandvoss, Erich: Sokrates und Nietzsche, Leiden 1966.
Sandvoss, Erich: Hitler und Nietzsche. Eine bewusstseinsgeschichtliche Studie, Göttingen 1969.
Sautet, Marc: Nietzsche et la Commune, Paris 1981.
Schäfer, Peter: »Schreiben Sie das auf, Herr Schäfer«. Erinnerungen eines Historikers an seine Universitäten in Berlin und Jena, Jena 2007.
Schäfer, Peter: »Die Studenten gehören zu den positiven Seiten meiner Erinnerung«, in: Universitätserfahrung Ost, S. 161–193.
Schaumann, Gerhard: Tautenburg bei Jena. Kulturgeschichte einer thüringischen Sommerfrische, Bucha bei Jena 1998.
Schaumann, Gerhard: »Ich warf mich in den Kommunismus aus den Himmeln der Dichtung«, in: Universitätserfahrung Ost. DDR-Hochschullehrer im Gespräch, hrsg. von Steinbach, Matthias, Jena 2005, S. 194–223.
Schaumann, Gerhard: Nietzsches Bänke und Ehrung in Tautenburg, in: Nietzsche-Studien 38 (2009), S. 393–395.
Schieder, Theodor: Bismarck und Nietzsche, Krefeld 1963.
Schilling, Rolf: Scharlach und Schwan. Frühe Gedichte und Dramen (Gesammelte Werke 1), München 1990.
Schilling, Rolf: Zum Nietzsche – Tag. Rede, gehalten auf dem Kirchhof zu Röcken am 25.8.1976, in: Ders.: Kreis der Gestalten. Zwölf Huldigungen (Gesammelte Werke 2), München 1990, S. 67–81.
Schilling, Rolf: Nietzsche Ring der Ringe, in: Ders.: Kreis der Gestalten. Zwölf Huldigungen (Gesammelte Werke 2), München 1990, S. 199–223.
Schilling, Rolf: Lebens Mittag. Erstes Buch: Notizen und Träume (Gesammelte Werke 4,4), München 1995.
Schirmer, Gregor: »Ja, ich bin dazu bereit«. Eine Rückblende, Berlin 2014.
Schirnhofer, Resa von: Vom Menschen Nietzsche, in: Zeitschrift für Philosophische Forschung 22.2/3 (1968), S. 250–260 u. S. 441–458.
Schlechta, Karl: Der Fall Nietzsche. Aufsätze und Vorträge, München 1958.
Schubert, Werner: Friedrich Nietzsche und seine Nachwelt in Weimar, Leipzig 1997, S. 69–74.
Seiler, Lutz: Kruso, Berlin 2014.
Steinbach, Matthias (Hrsg.): Universitätserfahrung Ost. DDR-Hochschullehrer im Gespräch, Jena 2005.
Steinbach, Matthias: Eineinhalbjährig-unfreiwillig. Ein Soldatentagebuch 1986–88, Jena 2001.
Steinbach, Matthias: Breschnews Tod – oder »Die Kremlmauer als Tor zur Hölle«, in: Wie der gordische Knoten gelöst wurde. Anekdoten der Weltgeschichte historisch erklärt, hrsg. von dems., Stuttgart 2011, S. 226–234.
Steinbach, Matthias: Die Sache mit dem Ofen, oder: Der Philosoph friert. Nachträge zu Friedrich Nietzsches südlicher Existenz, in: Ideengeber Nietzsche? Denkentwürfe für die Zukunft, hrsg. von Renate Reschke, Berlin 2014, S. 305–322.
Steinbach, Matthias/Heyer, Andreas: »Ins Nichts mit ihm!« – Ins Nichts mit ihm? Zur Rezeption Friedrich Nietzsches in der DDR, Berlin 2016.
Stiller, Werner: Der Agent. Mein Leben in drei Geheimdiensten, Berlin 2010.
Stroux, Johannes: Nietzsches Professur in Basel, Jena 1925.
Teller, Jürgen: Briefe an Freunde. 1942–1999, hrsg. von Hubert Witt und Johanna Teller, Frankfurt a.M. 2007.
Tomberg, Friedrich: Basis und Überbau. Sozialphilosophische Studien. Soziologische Essays, Neuwied 1969.
Tomberg, Friedrich: Polis und Nationalstaat: eine vergleichende Überbauanalyse im Anschluß an Aristoteles, Darmstadt 1973.
Tomberg, Friedrich: Über mich – aus gegebenem Anlass. An die Autoren einer Festschrift zu Tombergs 60. Geburtstag, Oberkrämer 1992.
Tomberg, Friedrich: Der Streit Nietzsche

contra Wagner im historischen Vorfeld des Faschismus, in: Beiträge zur Kritik der bürgerlichen Philosophie und Gesellschaftstheorie. Wiss. Beiträge der Universität Halle-Wittenberg 7/8 (1987), S. 187–197.

Tönnies, Ferdinand: Der Nietzsche-Kultus. Eine Kritik, hrsg. von Günther Rudolph, Berlin 1990.

Tucholsky, Kurt: Fräulein Nietzsche. Vom Wesen des Tragischen, in: Ders., Gesammelte Werke, Bd. 10, Reinbeck bei Hamburg 1975, S. 9–15.

Volz, Pia Daniela: Nietzsche im Labyrinth seiner Krankheit. Eine medizinisch-biographische Untersuchung, Würzburg 1990.

Waibel, Harry: Rechtsextremismus in der DDR bis 1989, Köln 1996, S. 56.

Walser, Martin: Nietzsche lebenslänglich. Eine Seminararbeit, Hamburg 2010.

Weber, Ronald: Peter Hacks, Heiner Müller und das antagonistische Drama des Sozialismus, Berlin 2015.

Wehler, Hans-Ulrich: Deutsche Gesellschaftsgeschichte, Bd. 5: Bundesrepublik und DDR 1949–1990, München 2008.

Weiss, Richard: The secret of individuality: reflected in a hundred historical lives, Sydney 1957.

Westernhagen, Curt von: Nietzsche, Juden, Antijuden, Weimar 1936.

Wippermann, Wolfgang: Die Bonapartismustheorie von Marx und Engels. Stuttgart 1983.

Würzbach, Friedrich: Nietzsche. Sein Leben in Bildzeugnissen, Briefen und Berichten, München 1966.

Wuthenow, Ralph-Rainer: Nietzsche als Leser. Drei Essays. Hamburg 1994.

X. Schriftstellerkongreß der Deutschen Demokratischen Republik, Bd. 1: Plenum, Köln 1988.

Ziemann, Rüdiger: Poetische Gestalt. Studien zum lyrischen Spätwerk Johannes R. Bechers, Frankfurt/M. 1992.

Zweig, Stefan: Der Kampf mit dem Dämon. Hölderlin, Kleist, Nietzsche, Leipzig 1925.

Zwerenz, Gerhard: Ernst Bloch als Nietzscheaner oder die Lust am erektiven Denken, in: UTOPIE kreativ 15 (1991), S. 79–87.

PERSONENREGISTER

ORTSREGISTER

Gedruckt mit Unterstützung der Bundesstiftung zur Aufarbeitung der SED-Diktatur
und der Gerd und Irmela Biegel Stiftung für Geschichtsvermittlung

Umschlagabbildung: Porträt Friedrich Nietzsche, 19. Jahrhundert (© iStock – clu)

Bibliografische Information der Deutschen Nationalbibliothek
Die Deutsche Nationalbibliothek registriert diese Publikation in der Deutschen Nationalbibliografie; detaillierte bibliografische Daten im Internet unter http://d-nb.de.

www.mitteldeutscherverlag.de

Gesamtherstellung: Mitteldeutscher Verlag, Halle (Saale)
Layout und Satz: Stefanie Bader, Leipzig

ISBN 978-3-96311-424-3

Printed in the EU